Ensayos InterAmericanos

Volumen 8

Editores | Herausgeber

Wilfried Raussert
Center for InterAmerican Studies, Universidad de Bielefeld
Olaf Kaltmeier
Center for InterAmerican Studies, Universidad de Bielefeld

Heinrich Wilhelm S c h ä f e r

Las 'sectas' protestantes y el espíritu del (anti-) imperialismo

Entrelazamientos religiosos en las Américas

Las 'sectas' protestantes y el espíritu del (anti-) imperialismo
Entrelazamientos religiosos en las Américas.

Autor: Heinrich Wilhelm S c h ä f e r
Traducción al español: Marietta Saavedra Arellano
Asuntos técnicos: Sebastian Matthias Schlerka

Ensayos InterAmericanos, Vol 9
Bielefeld: Kipu-Verlag, 2020

ISBN Print: 978-3-946507-55-0
ISBN E-Book: 978-3-946507-56-7

SPONSORED BY THE

Federal Ministry
of Education
and Research

Diese Publikation wurde unter Verwendung
der vom Bundesministerium für Bildung und
Forschung (BMBF) bereitgestellten Mittel
veröffentlicht.

Cover Image: Maria Tomeczek

Kipu-Verlag
c/o
Center for InterAmerican Studies (CIAS)
Universität Bielefeld
PF 101131
33501 Bielefeld, Deutschland
http://www.uni-bielefeld.de/cias/

Para
Julio de Santa Ana
con mucho aprecio y amistad

En este caso [del capitalismo victorioso] los «últimos hombres»
de esta cultura harán verdad aquella frase:
«Especialistas sin espiritu, hedonistas sin corazón,
estas nulidades se imaginan haber alcanzado
un estadio de la humanidad superior a todos los anteriores».
(Max Weber 1983a, 166)

Contenido

Prefacio

El presente libro se basa en la cooperación del autor con el *Center for InterAmerican Studies* (CIAS) de la Universidad de Bielefeld. Al final de un proyecto de investigación interdisciplinaria del Ministerio Federal de Educación e Investigación de Alemania (BMBF) con el tema "Las Américas como espacio de entrelazamientos", se está publicando una serie de ensayos desde diferentes perspectivas disciplinarias sobre este tema en español e inglés. Este libro es el ensayo dedicado a la perspectiva de la sociología de la religión. Por lo tanto, se ocupa de los entrelazamientos de la praxis religiosa entre América Latina y los Estados Unidos. Dado que éstos han sido y son generados principalmente por el protestantismo, nuestra atención se centra sobre todo en los protestantes; y dado que la relación entre los dos subcontinentes se caracteriza por la expansión de la economía y la sociedad capitalistas, el contexto para interpretar las interrelaciones debe esbozarse en forma correspondiente.

Si uno se refiere a los dos, el capitalismo y el protestantismo, Max Weber no se encuentra muy lejos tampoco. Por lo tanto, utilizaré su estudio sobre los Estados Unidos como un trampolín para ahondar en una historia de los entrelazamientos religiosos que está formada primero por la dinámica de la misión estadounidense y luego, cada vez más, por la energía del movimiento pentecostal latinoamericano y de los inmigrantes latinos a los Estados Unidos.

Los que ahora esperan un árido tratado histórico sean advertidos. No es solamente el concepto de la serie de ensayos lo que está diseñado para culminar polémicamente. También yo, como autor, confieso que después de casi 40 años de ocuparme profesionalmente de la praxis religiosa en América Latina y los Estados Unidos, no estoy libre de experiencias que difícilmente se pueden poner en el papel salvo con acentuación polémica. Sin embargo, en la introducción discutimos principalmente cuestiones de teoría. Aquellos que prefieran adentrarse directamente en la historia misma pueden empezar la lectura sin más con el capítulo sobre Panamá 1916.

Para terminar el prefacio quisiera agradecer a mis colegas del CIAS por su iniciativa e incentivo, en primer lugar a Olaf Kaltmeier y Wilfried Raussert; y también a la Rectoría de la Universidad por todo su apoyo. Además me complace dar las gracias a la traductora, Marietta Saavedra Arellano, quien con muchos conocimientos y habilidad de estilo ha sabido transferir mi alemán, un tanto técnico, a la riqueza del idioma de Cervantes.[1] Una vez más, también me gustaría agradecer a mi asistente Sebastian Schlerka por su excelente, fiable y

---

[1] Una excepción es este prefacio, que el propio autor ha escrito con el apoyo de los útiles duendes electrónicos de DeepL. Citas largas que no sean en español son traducidas por la traductora, sin que esto se notifique. En este punto, me gustaría dejar algunas líneas sobre la capitalización de nombres de iglesias. Distinguimos entre nombres de instituciones (Iglesia Católica, Primera Iglesia Bautista de la calle principal, Nº 23, etc.) y términos genéricos (iglesias mainline, iglesias históricas, iglesias protestantes, iglesias negras, iglesias hispanas, etc.). Así no seguimos a las reglas de la Real Academia pero evitamos algunos presupuestos tácitos que posiblemente rigen en ellas. El adjetivo en "Iglesia católica" indica con la minúscula que la institución a la que se refiere tiene una pretensión universal legítima, ya que se entiende como una propiedad de ella. Las mayúsculas en "Iglesia Católica" solamente indican que es un nombre. Los conceptos genéricos como "iglesias históricas" o "iglesias luteranas" se refieren a conglomerados de organizaciones formados en función de una cierta propiedad adscrita, como por ejemplo la de adherir al credo luterano o de haberse formado, a dieferencia de otras iglesias, en un cierto período histórico. Además usamos el término "evangelical" de la misma manera como se aplica en Brasil y en los Estados Unidos. A diferencia de "evangélico" – que lo usamos como sinónimo de "protestante" – el concepto de evangelical se refiere al protestantismo conservador biblicista surgido a partir de la segunda mitad del siglo IXX en los Estados Unidos. Luego, en este libro no se documentan las entrevistas, los interlocutores y otras fuentes en un apéndice separado, sino sólo en las notas a pie de página. El libro solo es un ensayo, ya sobrecargado con notas a pie y bibliografía. Finalmente, como nuestro enfoque teórico es praxeológico, basado en la sociología de Pierre Bourdieu, usamos el concepto de "praxis" en el sentido del conjunto de actuaciones y operaciones cognitivas, afectivas y corporales, tanto colectivos como individuales, orientadas y limitadas por las condiciones del entorno social. Usamos "praxis" en distinción de "prácticas".

humorístico apoyo en todos los asuntos técnicos. Si a pesar de todo hay errores o ambigüedades, el autor es responsable de ellos.

HWS, Bielefeld, enero de 2020

1. Introducción

El viaje de *Weber*

Durante su viaje a St. Louis en 1904, Max Weber pudo conocer la diferencia, que ya había investigado, entre "iglesia" y "secta" de manera práctica y esencialmente más clara, de lo que había encontrado en Alemania. Por una parte, los católicos en Europa fuertemente institucionalizados: instituciones de salvación y gracia. Por otra parte, estaban las "sectas"[2] de bautistas, metodistas y otros, basadas en una membresía voluntaria y que tenían en los EE.UU. un papel conductor importante. También podría hablarse de "iglesias libres o independientes" dado que estaban (y están) libres de la administración estatal. En su artículo "Las sectas protestantes y el espíritu del capitalismo" (Weber 1983b, 169ss.), Weber expuso algunas observaciones que también son interesantes desde una perspectiva interamericana. La diferencia entre "institución" o bien "fundación de gracia" con una membresía casi obligatoria y la "asociación voluntaria" (172) de los que comparten ideas afines tiene importancia cuando se reflexiona sobre los entrelazamientos (*entanglements*) religiosos entre los EE.UU. y América Latina. Para obtener la confianza o el reconocimiento público de otras personas, por ejemplo, como político u hombre de negocios, tiene poca importancia la membresía en una institución en la que se ha nacido. En cambio, la membresía voluntaria en una institución, que además exige conversión y un determinado espíritu de cuerpo es significativa. En el círculo de hermanos y hermanas se fundamenta algo así como la credibilidad. Y si esta comunidad de almas gemelas aumenta a un número considerable de la población, digamos al 25%, la credibilidad religiosa puede convertirse en capital político. Weber informa de un bautizo grupal de un pariente, donde este llama su atención sobre un joven y predice que será bautizado, lo cual efectivamente sucede. ¿Cómo lo sabe el pariente...? "Porque quiere abrir un banco en M.". Y una vez que está bautizado "tendrá

---

[2] Utilizamos el concepto de "secta" en sentido estrictamente sociológico, el cual no se une a ninguna valoración teológica.

por cliente a toda la comarca, y los otros no podrán hacerle competencia." (Weber 1983b, 171) El hecho de ser miembro de la Iglesia Bautista es considerado en M. como prueba de sus cualidades éticas, lo que le garantiza la aceptación y confianza de la población.

Bolsonaro

Jair Bolsonaro con toda seguridad no ha leído a Weber, pero probablemente alguno de sus amigos de la derecha religiosa sí lo ha leído – quizás Silas Malafaia – y le habrá señalado este efecto. Brasil tiene una población protestante de cerca del 30% y los políticos de la derecha religiosa confían en un voto corporativo, el "voto evangélico": "Hermano, vota por tu hermano". De modo que el ultraderechista católico Bolsonaro fue bautizado en 2016 en el río Jordán por el Pastor Everaldo, un conocido derechista pentecostal, lo cual se publicó en los medios y quedó anclado en la mente del público. Pero dado que la situación en Brasil es diferente a la de Estados Unidos y a que la jerarquía católica y también la derecha católica siempre han gozado y gozan de una fuerte influencia, Bolsonaro ha repetido continuamente que él sigue siendo católico, aún después del bautizo. Por supuesto que esta noticia no fue transmitida por los canales de televisión de los medios protestantes y solo apareció más bien en la segunda o tercera página de la prensa secular. Prescindiendo de este hecho, también es increíblemente interesante la interpretación teológica del rebautismo y el consiguiente desmentido parcial, así como también la nula reacción de la jerarquía católica. A fines de la Edad Media, semejantes anabaptistas habrían sido metidos en sacos y ahogados. Esto no sería conveniente en nuestros tiempos, pero la excomunión habría sido perfectamente adecuada. Igual, sea como sea: la acción del bautizo le concedió a Bolsonaro seguramente los votos de miembros de las iglesias evangelicales, pentecostales y neopentecostales. En todo caso, en la Cámara de Diputados y en el Senado contaba ya con el apoyo de la *Bancada Evangélica*, o sea, del frente parlamentario interpartidario de los protestantes conservadores (y carismáticos católicos).

Ruptura de la hegemonía católica

En resumen, la expansión de las iglesias protestantes en América Latina está rompiendo la hegemonía católica en el continente, lo cual ha traído diversas consecuencias. Primero, hay competencia y, por lo tanto, un campo religioso. La Iglesia Católica que, de por sí, sufre la escasez estructural de sacerdotes y, dependiendo del país, padece las consecuencias del laicismo, ha recibido una sólida competencia para conquistar nuevos miembros. Otro efecto es que los actores protestantes entretanto son activos en la política, ya sea como candidatos independientes o como partidos protestantes. Dicho en términos generales, si antes, en el campo político, se habían constituido tres polos formado por los partidos de las viejas oligarquías, los de los liberales modernizantes y los de la izquierda organizada, ahora entran en escena nuevos actores, que sobre todo están orientados hacia intereses corporativos propios y, actualmente, tienden más bien a la derecha, ¡al poder!, lo cual presiona más que nada a la izquierda latinoamericana.

Migrantes en los Estados Unidos

A la inversa, los migrantes latinoamericanos en los EE.UU. en parte católicos, en parte pentecostales, movilizan allí el campo religioso, lo cual entretanto también se refleja en la política. En 2016, Trump fue elegido presidente con el 81% de votos de los evangelicales blancos. Todos los pronósticos estadísticos señalan, sin embargo, que esto no se logrará en el futuro, porque el peso de los evangelicales blancos disminuirá. En relación con las elecciones presidenciales de 2024 hay cálculos (Wong 2018, 96) que estiman que los republicanos, aunque recibieran el 100% de los votos de los evangelicales blancos, se ubicarían por lo menos un 3% debajo de la mayoría. Este cambio de relación se deriva no por último del hecho de que los migrantes latinos con derecho a voto – y los que no lo tienen probablemente todavía en mayor número – tienen una actitud positiva hacia el *Big Government*, la atención médica estatal, una mayor tributación de los ricos, así como hacia la política climática. Además, las iglesias negras son todavía más progresistas que las de los latinos, lo que no tiene que ver con los entrelazamientos interamericanos, sino con la discriminación étnica[3] y social que se superpone a la población afroamericana.

Weber: clases y capitalismo

Volviendo a Weber. A él le interesa la relación entre las "sectas" protestantes y el desarrollo del capitalismo y la democracia. Así, por ejemplo, se ocupa de las conexiones entre la organización de las diferencias sociales, culturales, étnicas y religiosas en los clubes, asociaciones o sectas de membresía voluntaria y el desarrollo de las estructuras democráticas (Weber 1983b, 175). No obstante, también llama la atención sobre el hecho de que la pertenencia a diferentes clases sociales implica, sin duda alguna, posiciones diferentes frente a la religión y a los usos que se hacen de ella; un argumento que desarrolla en detalle en el capítulo "Estamentos, clases y religión" de su libro *Economía y Sociedad* (Weber 2002, 376ss.). Por ejemplo, los multimillonarios no necesitan la religión para su autocomprensión y el ascenso social (Weber 1983b, 174s.), sino que, desde la perspectiva actual de la situación en las Américas, habría que decir, con mayor propiedad, que la utilizan.

Además, este enfoque weberiano de las clases sociales diferenciadas, impide una lectura unilateral de la teoría de modernización que presenta en su ensayo. Para Weber, el capitalismo no es el paraíso al final de la evolución social. Es aconsejable leer las últimas páginas de su libro sobre la ética protestante (Weber 1983a, 164 ss.), que se usa a menudo y con gusto para la teoría de la modernización. El capitalismo industrial determina hoy con fuerza "irresistible el estilo de vida de todos cuantos nacen dentro de sus engranajes (…) y lo seguirá

---

[3] En nuestro trabajo hablaremos de "etnia" en vez de "raza", como es habitual en los EE.UU., dado que este último término no es científico, sino un efecto del racismo. Ver: Deutsche Zoologische Gesellschaft: *Jenaer Erklärung*, Sept.2019. (https://www.unijena.de/unijenamedia/Universit%C3%A4t/Abteilung%20Hochschulkommunikation/Presse/Jenaer%20Erkl%C3%A4rung/Jenaer_Erklaerung.pdf   (Acceso 22.09.2019)

determinando quizás mientras quede por consumir la última tonelada de combustible fósil" (165). Solo como un manto sutil que se puede arrojar en cualquier momento, la preocupación por los bienes externos solamente debería recaer "sobre los hombros de sus santos." Pero el "destino ha convertido este manto ligero en férrea envoltura" (165). El capitalismo victorioso convierte al ser humano en "especialistas sin espíritu [y] hedonistas sin corazón". Además, según Weber, "estas nulidades se imaginan haber alcanzado un estadio de la humanidad superior a todos los anteriores" (166). Con esto estaríamos frente a la problemática del *American exceptionalism*, o sea el "excepcionalismo" autoadjudicado de los EE.UU.

Puritanismo

Que el protestantismo puritano en el Nuevo Mundo y con él, también los EE.UU. como Estado, son algo muy especial, pertenece a la leyenda del nacimiento de la nación, tal como se acostumbra a relatar desde el tiempo de las colonias puritanas. El proyecto puritano en el nuevo continente – habitado por "indios", pero así y todo *tan falto de habitantes* – es la Nueva Sion, la Ciudad sobre la Colina de la cual vendrá la salvación para toda la humanidad.

Este estado de excepción compromete al pueblo de los colonos a extender cada vez más los límites de la comunidad sagrada, tal como lo declaró más tarde James Madison en su interpretación del nuevo sistema estatal: solo se puede actuar significativamente en una "esfera ampliada", la cual tiene que expandirse más y más. Con una posición totalmente contraria a la de muchos luchadores por la independencia, Madison se opone a la tesis de Montesquieu de que "la autodeterminación solo puede existir en un Estado pequeño" y opina audazmente lo contrario afirmando que "la gran potencia imperial es imprescindible para la libertad" (Williams 1980, 45). De este modo, este padre de la Constitución, ilustrado y secular, transformó el proyecto religioso misionero y civilizador en una programática secular expansiva. Durante su presidencia (1809-1817), siguiendo sus metas, compró Luisiana y declaró la guerra al Reino Unido (Guerra de 1812). Con

James Monroe (1817-1825) – su sucesor en la presidencia – el expansionismo, conocido a través de la Doctrina Monroe, se extendió a todo el hemisferio occidental. Y posteriormente fue utilizada también por el presidente James Polk (1845-1849) para legitimar la guerra contra México. Se trataba de dar al mundo ley y libertad (Williams 1980).

Esferas de influencia

En el contexto de nuestro planteamiento es importante considerar que la ley y la libertad tienen en los EE.UU. un fuerte trasfondo religioso y que, en relación con la expansión de las esferas de influencia, hay una colusión entre el celo religioso misionero de las iglesias protestantes, los intereses de las casas comerciales y, en última instancia, con casi toda la economía así como con los actores político-militares. Solo porque esto es así, uno no puede simplemente asumir que aquí haya existido una acción concertada entre los misioneros, por un lado, y la economía y los actores político-militares, por el otro. Pero, por otra parte, tampoco se pueden excluir casos de estrecha cooperación entre los misioneros y los servicios secretos. Las diferentes operaciones y procesos sociales no solo toman cursos semejantes porque las personas interesadas planifican y se reúnen, lo que, por supuesto, también puede ser el caso. Los procesos, la mayoría de las veces, se desarrollan de manera parecida o en la misma dirección, porque los actores siguen lógicas prácticas homólogas, en razón de que las han incorporado a causa de una socialización similar. De este modo se sintonizan también determinadas identidades de intereses que no conducen a resultados idénticos, sino a resultados semejantes. La expansión territorial de las esferas de influencias se desarrolla, determinada por la lógica práctica de estos diferentes actores, de acuerdo a su propia normatividad, a sus legitimaciones y motivaciones específicas, a su semántica especial y a sus intereses peculiares; pero todos siguen la misma dirección: después de cerrar el límite de asentamiento, *the frontier*, y así agotar el territorio hacia el oeste siguen rumbo al sur.

Conservadores y liberales

Pero el sur era un territorio ya con su propia historia muy diferente. Cuando en la década de 1830, poco después de la proclamación de la Doctrina Monroe, los primeros protestantes organizados del norte se pusieron en camino hacia Latinoamérica, las naciones allí se encontraban en lucha contra la Corona española precisamente en la fase poco después de haber logrado la independencia. De interés especial es que la lucha por la independencia hubiera continuado como un conflicto entre las élites conservadoras y las liberales. Una, anclada en el sistema de hacienda y aliada con la jerarquía católica; la otra caracterizada como anticolonialista, republicana y sin representatividad religiosa. Es obvio que esta última, sobre todo en el norte de Latinoamérica, se iba a orientar a *grosso modo* más en los Estados Unidos que en Europa y, de esta manera, llegarían a ser aliados "naturales" de los primeros misioneros estadounidenses. (En Argentina, Uruguay y Brasil, Francia ejerce una influencia especial.)

Disposición hacia la jerarquía

Sin embargo, no se puede subestimar a la Iglesia Católica en América Latina. Un catolicismo pretridentino, ritualista y mágico había marcado este subcontinente hacía ya 300 años, cuando empezaron las rebeliones anticolonialistas. Monarquía – no colonia puritana – y las estructuras de la economía de hacienda habían dado forma a las sociedades por medio de jerarquías impenetrables, aunque, al mismo tiempo, habían establecido relaciones de responsabilidad corporativa y plausibilidad para un Estado fuerte que estaban aseguradas por la Iglesia Católica de manera religiosa. Pero, sobre todo, fue esta estructura social la que conformó el *habitus* de la mayoría de los latinoamericanos, que sobreviviendo a un cambio estructural rápido ayudó a establecer las nuevas estructuras a la manera de un *big government* como Estados fuertes, en parte dictaduras bajo el gobierno de las élites liberales. También en la vida social se mantuvo la orientación hacia las jerarquías y las estructuras corporativas fuertes en la familia, la economía, la religión y la política; la centralidad de las relaciones de la gran familia en lugar del individualismo tanto en la clase alta como en la clase baja; y la impermeabilidad de los límites de clase para el ascenso social. En el marco de la migración de latinoamericanos a los EE.UU. ya hemos visto que las disposiciones mencionadas conforman las opciones políticas de los migrantes y así ejercen influencia política, con mucho disgusto de los evangelicales blancos de la derecha religiosa. Estas disposiciones, no obstante, también marcan su huella en el protestantismo de América Latina. En la mayoría de los casos – con excepción de Brasil – se trata en último término del protestantismo misionero de los EE.UU. Sin embargo, su amalgamiento con la cotidianidad latinoamericana ha conducido al surgimiento de nuevas prácticas e incluso formaciones de actores religiosos, que determinan otros rumbos e influyen en el protestantismo estadounidense. En este contexto nombraremos solamente la influencia de los evangelicales latinos o de la Teología de la Liberación para la creación de una izquierda evangelical en los EE.UU. durante la década de 1970.

A modo de resumen, las relaciones religiosas entre EE.UU. y América Latina llegan a caracterizarse en el transcurso del tiempo por un fuerte entrelazamiento. Incluso, casi se tiende a considerar relaciones de intercambio simétricas; pero esta primera impresión, sin embargo, no debe conducir a engaño, pues las relaciones de entrelazamiento siguen siendo asimétricas.

Literatura 1

En la literatura sobre las relaciones religiosas interamericanas poco se tematiza el entrelazamiento y, mucho más, la influencia unilateral de norte a sur y, en la otra dirección, la migración. Lo primero concierne especialmente a la misión protestante en Latinoamérica y a la interpretación de la presencia protestante allí que, en sí misma, es una fuente de polémicas por la soberanía de la interpretación y la influencia en la política religiosa. En líneas generales encontramos cuatro interpretaciones.[4]

La primera es claramente polémica. Ya en la primera mitad del siglo XX se encuentran opiniones públicas de dignatarios católicos en las cuales los protestantes son catalogados como "agentes del neo-colonialismo yanqui" y del "imperialismo"; también son designados como "traidores de la patria"; y, además, son acusados de fomentar el ateísmo, la masonería, el espiritismo y el comunismo. Casi clarividente, aunque mucho antes de la aparición del fenómeno, parece ser desde la perspectiva actual, la declaración del católico y experto en misiones, Josef Peters, quien ya en 1927 afirmó que el protestantismo en América Latina difundía un "espíritu puritano altamente utilitario" (cf. Prien 1985, 800). Un juicio que llegó a ser realmente válido 50 o 60 años después. Semejante tipo de crítica continuó en la década de 1980 con los representantes de la Teología de la Liberación y la izquierda política bajo la presión de los gobiernos militares y por su percepción de la colaboración protestante con las dictaduras. Las "sectas" seguían siendo consideradas como los topos de la CIA. Aunque esto es demasiado general, esta afirmación no puede desestimarse por completo puesto que la colaboración entre misioneros y los servicios secretos de los EE.UU. ha existido continuamente, como quedó demostrado con los casos del *Frank Church Committee* del Senado de EE.UU. (1975), el escándalo público Irán-Contra o *Irangate* (1985) y las cooperaciones entre militares y misioneros en Guatemala en la década de 1980.

La segunda interpretación es sociocientífica y está representada ante todo por los trabajos del alemán-brasileño Emilio Willems (1967) en Brasil y en Chile y del suizo Christian Lalive d'Epinay en Chile, en la década de 1960 y la primera fase de la década de 1970. Ambos autores han investigado la práctica protestante desde una perspectiva sociológica partiendo de los miembros de la congrega-

---

[4]Cf.. Escobar 1994; sin embargo, nos desviamos de su presentación en varias ocasiones. Comp. además Smith 1998 3s.; Prien 1985, 800ss.

ción en el contexto de los procesos de industrialización. En su opinión, la conversión al protestantismo era un subproducto de los cambios que experimentaba la población de escasos recursos económicos, en especial, a causa de la migración y de la pérdida de lealtades y formas de vida tradicionales (por ej., la hacienda). Estas pérdidas eran compensadas en las congregaciones y, por este medio, el protestantismo se convirtió en un agente de la modernización. Un papel importante le cabía al extático movimiento pentecostal, que une una práctica congregacional altamente integradora con una legitimación carismática por medio de "revelaciones" directas para los analfabetos y, de este modo, protestaba simbólicamente contra el sistema. El diagnóstico de protesta es el resultado de la investigación de microprocesos, como la glosolalia, y entra en contradicción con la afirmación de una dinámica de modernización.

La tercera línea de interpretación se basa en la teoría de la dependencia, la cual, según Escobar (1994, 122 ss.), recoge el pensamiento antiimperialista, como el del marxista peruano José Carlos Mariátegui, que fue confirmado a través de un análisis etnológico de indígenas adventistas que realizó el antropólogo peruano Luis Valcárcel (1972). La interpretación actual del protestantismo desde la perspectiva de la teoría de la dependencia corresponde más que nada al teólogo metodista argentino José Míguez Bonino (1995). El protestantismo estadounidense, en esta interpretación, es visto especialmente como un agente de la cultura de EE.UU. en América Latina. Básicamente, desde una perspectiva histórica, Míguez contempla el protestantismo histórico (en EE.UU., *mainline*) como una opción para las élites liberales del siglo XIX. Esta alianza se sigue escribiendo en la historia por medio de la propagación de una imagen positiva de los EE.UU. en Latinoamérica. Y el movimiento pentecostal, en este contexto, se percibe como un paso hacia la indigenización del protestantismo en América Latina; no obstante, con un defecto, que es tener un efecto socialmente alienante. El compromiso político del protestantismo histórico – o sus remanentes – no da *actualmente* ningún motivo para tal evaluación. En relación con el movimiento pentecostal es necesario exponer diferenciaciones bastante importantes. Así hay algunos pentecostales que esperan el Más Allá, otros buscar utilizar la ley de Dios y otros enseñan (¡con éxito!) estrategias de administración para alcanzar riqueza y poder político.

En la cuarta línea de interpretación siguiendo el espíritu de la autocomprensión de la tradición misionera evangelical, se intenta presentar[5] el protestantismo y, especialmente, "el" movimiento pentecostal como la solución de todos los problemas de América Latina. En el contexto de las polémicas en torno al papel político de este movimiento en Latinoamérica, durante la era de Ronald Reagan, David Martin toma una manifiesta posición partidaria por la política exterior de EE.UU. que lo conduce a un prejuicio positivo frente a "el" movimiento pentecostal que sin filtrar atraviesa sus resultados. Aplica una "tesis de Weber" comprimida para llegar a una teoría trivial de la modernización, la que somete el protestantismo latinoamericano a una teoría de la modernización reduccionista. Dado que retomaremos más adelante el tema del trabajo ideológico de Martin, aquí nos limitaremos a la utilización de esta "tesis" en general, que también se encuentra en otros trabajos (Sherman 1997). En consecuencia, según estas opiniones, la "tesis de Weber" se podía comprobar en América Latina, aparentemente, por el hecho de que allí los protestantes, en general, habrían experimentado un "mejoramiento social" (Martin) a través de la práctica del ascetismo que habrían recibido gracias a la tradición "metodista". Además se aseguraba que el protestantismo y, no por último, el movimiento pentecostal favorecería la democracia. La tesis del mejoramiento social es cierta dentro de determinados límites, pero no se reduce a los fieles protestantes. También los creyentes católicos ortodoxos de la clase media o del movimiento carismático practican el ascetismo en ese sentido: no fuman, no beben o lo hacen de forma moderada o rara vez, no van a burdeles, no pierden el dinero en juegos de azar... Si se quisiera hacer una diferencia entre

---

[5] Escobar incluye a Stoll (1990) y a Martin (1990) en una misma línea interpretativa. Personalmente no veo cómo el trabajo etnológico de Stoll, altamente crítico y ampliamente libre de teoría, pueda ser relacionado de alguna manera con el escrito de Martin, guiado por prejuicios.

los protestantes latinoamericanos (o protestantes de EE. UU) y católicos de manera general sobre la base de semejante "tesis de Weber", esto no solo sería trivial, sino falso. No se trata de la pertenencia a una determinada confesión, sino de la existencia de creencias fuertemente religiosas en el contexto de una religiosidad ética; da lo mismo si se orienta en la enseñanza social de la Iglesia Católica o en los reglamentos de las Asambleas de Dios. Además hay otra limitación. La religiosidad de los profetas de la prosperidad conduce la mirada a la riqueza monetaria y, de hecho, al resultado mágico de las ofrendas a las organizaciones religiosas y a la creencia en el milagro de las 100 veces de recompensa monetaria del Señor; y en la clase media alta con la legitimación de la prosperidad aparece una valoración especial del placer en el seno de un protestantismo que alguna vez fue ascético: lo que vale ahora son coches lujosos, viajes de larga distancia con la familia, casa de vacaciones, trajes caros, etc. Y en lo que respecta a la democracia: basta una mirada a las estrategias de los derechistas protestantes latinoamericanos y estadounidenses, especialmente a los neopentecostales orientados en la lógica de la gerencia empresarial, la que nos muestra que socavan los procesos democráticos y que, a mediano plazo, legitiman y fomentan una refeudalización (Kaltmeier 2019). Sería muy difícil poder asegurar que el apoyo a la dictadura militar brasileña y la ayuda electoral de la *Bancada Evangélica* a Bolsonaro o, también la cooperación con la dictadura de Ríos Montés en Guatemala hayan sido actos de promoción de la democracia. De una posición programáticamente democrática puede hablarse en todo caso en relación con el protestantismo histórico del siglo XIX y de algunas iglesias actuales como las metodistas, luteranas o presbiterianas. También pueden mencionarse las simpatías antiguas – que hoy por hoy ciertamente están disminuyendo– de los cristianos evangelicales por los partidos de izquierda, como el APRA (Perú), PT (Brasil) y PRD y PRI (México) que, sin embargo, se debe más que nada al apoyo de estos partidos a la libertad de religión. De los actores históricos y de los evangelicales mencionados, algunos pertenecen en la actualidad al movimiento ecuménico y en *esas* relaciones de cooperación benefician la democracia y por esto son atacados por

aquellos actores que con la ayuda de la "tesis de Weber" – tal como
la interpreta Martin – los estilizan como demócratas perfectos, siendo
ellos, en verdad, autoritarios.

Literatura 2

El flujo inverso, es decir, de Latinoamérica hacia el norte tiene
en el contexto religioso un significado menor, como ya lo he establecido antes, al hablar de una asimetría. Con la mayoría de los trabajadores mexicanos que llegaron a EE.UU. en el marco del Programa
Bracero, en las décadas de 1940 y 1950, el catolicismo empezó a tomar fuerza lentamente en el suroeste (donde actualmente se encuentra
su foco principal desplazando a Rhode Island). Para las ciencias sociales que trabajan sociodemográficamente, la migración se vuelve
interesante a partir de la dictación de la ley *Immigration and Natura-
lization Act* (1965); no obstante, la religión solo entra en la mira de la
sociología de las migraciones y transnacionalidad desde la década de
1990 (Vásquez y Marquardt 2002; Alba, Raboteau y DeWind 2009;
Juergensmeyer 2005). Clara Buitrago Valencia (2020) diferencia dos
enfoques analíticos. El aproximamiento incorporativo (*incorporation
approach*) analiza el papel de las comunidades latino-pentecostales
en la integración de los migrantes en la sociedad estadounidense. Empero, el funcionalismo que se pone de relieve en este contexto considera especialmente los factores no religiosos. Por otra parte el enfoque de la religión en movimiento (*religion on the move*) se ocupa del
papel de las empresas misioneras transnacionales para la mantención
de relaciones duraderas entre los migrantes y su patria, aunque des-
cuida en ello el papel que le cabe a las creencias religiosas. Y esta es
la problemática de la que se ocupa la investigación de Buitrago. Al
hacerlo, encuentra una conexión entre la posición social, las creencias
y la redefinición de las identidades y estrategias religiosas a través
del trabajo misionero en el norte. De este modo, los migrantes necesitados se convierten en *expatriados* que brindan ayuda espiritual.
Este cambio de posición y estrategias origina otros efectos en la sociedad de acogida. De modo que, en la actualidad, los predicadores
protestantes latinos pueden llenar de gente los estadios, mientras los

católicos latinos transforman el catolicismo estadounidense. La práctica religiosa ocurre aquí precisamente por medio del efecto de las creencias religiosas como un entrelazamiento auténtico.

Actores colectivos

El punto central del presente ensayo se ubica en el entrelazamiento, de allí que los axiomas centrales de la historia de entrelazamiento (*histoire croisée*) (Werner y Zimmermann 2002) son los que dirigen este trabajo. En aras de la simplificación nos centramos en dos actores colectivos, los protestantes estadounidenses, incluido los misioneros, y los protestantes latinoamericanos. La investigación inductiva de esta relación considera naturalmente factores contextuales como la Iglesia Católica y la estructura de clase social. Por esto no solo está permitido, sino que es necesario tomar en cuenta diferentes escalas y unidades de investigación. Dado que no existe "el" protestantismo, en la literatura sobre las denominaciones o confesiones ya se ha desarrollado una taxonomía según la pertenencia a un grupo denominacional: protestantes históricos (o, respectivamente, mainline), evangelicales, iglesias pentecostales y neopentecostales. Esta taxonomía como norma es adecuada solo hasta un punto muy limitado. Nuestras investigaciones han demostrado más bien que se pueden extraer otras diferenciaciones dependientes de la clase social. Sobre todo, la taxonomía es poco eficiente si se trata de la movilización política de los actores. Por esta razón es que hemos hecho una distinción entre formaciones de actores políticamente relevantes, que *cum grano salis* son activas tanto en los EE.UU. como en América Latina:

- Quienes confían en la salvación en el Más Allá y no son políticamente activos; provienen en su mayor parte del movimiento pentecostal clásico y de grupos evangelicales; socialmente pertenecen mayoritariamente a la clase baja informal (ESPERANZA EN EL MÁS ALLÁ).
- Quienes desean promover los valores del reino de Dios en el mundo practicando un ministerio social. Pertenecen en su mayoría al protestantismo histórico o *mainline*, al evangelicalismo, y a las

iglesias de indígenas; se encuentran en la clase media y en la clase baja (VALORES DEL REINO DE DIOS)

- Quienes desean hacer valer la ley de Dios de manera legalista. Son parte también de la tendencia evangelical o de la pentecostal y, a menudo, se sitúan en la clase media (baja) descendente(LEY DE DIOS)
- Quienes movidos por los ideales de prosperidad y gestión ansían controlar el sistema político; provienen en gran número del neo-pentecostalismo o también del pentecostalismo clásico; se ubican socialmente en la clase media alta (ascendente), o incluso en la clase alta (GERENCIA).

En general, las dos últimas formaciones constituyen en la actualidad la derecha religiosa y la segunda, la izquierda religiosa. Esta polarización tiene una gran importancia en la situación política actual.

Es necesario hacer otra diferenciación, y es la que existe entre los creyentes y los expertos religiosos. Estos últimos son los que producen los "bienes de salvación" (Weber) para los cuales existe demanda de los primeros. Los expertos compiten por conseguir seguidores y, a través de esa competencia entre expertos, constituyen el campo religioso; quienes dominan el campo son los que tienen la mayoría de los simpatizantes y los más ricos. Así, en Latinoamérica es la Iglesia Católica y en los EE.UU. son los actores importantes de las formaciones Gerencia y Ley. Es decir, un clúster institucionalmente no homogéneo. Los creyentes tienen algo que ver con el campo religioso solo en la medida en que a través de sus preferencias fortalecen a determinados candidatos. Pero esto no significa de ningún modo que los creyentes no sean religiosos. Todo lo contrario, se puede suponer que viven su religiosidad en las más diversas esferas sociales: en la economía por su diligencia; en la moda por su moderación; en cuestiones legales por su honradez; y en la política por elegir a políticos religiosos que son obispos de su iglesia, como, por ejemplo, el derechista religioso Marcelo Crivella de la Igreja Universal do Reino de Deus en Brasil. De este modo, podemos apreciar que bajo la condición de una democracia formal, al influenciar la conducta electoral de los actores religiosos, el capital religioso (reconocimiento de un experto como experto religioso por su clientela) puede convertirse en capital político (votos de los electores). Para estudiar la práctica religioso-política es imprescindible, en primer lugar, observar a los expertos y, solo en segundo lugar, a los laicos.

Contenedor

La historia de los entrelazamientos busca evitar el tratamiento de las naciones como contenedores. No obstante, hablamos aquí de los EE.UU. en oposición a Latinoamérica. Esto lo hacemos así, porque el fenómeno histórico no puede entenderse de otra manera. Son precisamente los misioneros estadounidenses, quienes sobre la base de un panamericanismo concebido como protestante asumen la misión en la América Latina católica y así confirman de manera práctica la mencionada oposición, convirtiéndola en el punto de partida de su programática. Y viceversa, los latinoamericanos católicos y protestantes califican a los misioneros como enviados por un país cuya intromisión en los asuntos internos de los países latinoamericanos no puede ser negada ni justificada y aún más, lingüísticamente son muy fáciles de identificar como gente que no comparte el *habitus* colectivo latinoamericano. Pese a todas estas diferencias en lo que sigue no trataremos ambas regiones como contenedores. Sin embargo, no excluimos categóricamente la comparación ni tampoco el examen de las transferencias como formas de trabajo. Frente al hecho de que la misión protestante transfirió a América Latina disposiciones religiosas que habían surgido en el calvinismo de los EE.UU. y que, de ninguna manera, se corresponden con la socialización católica, el examen de la situación inicial en los EE.UU. en comparación con América Latina, así como el procesamiento de las disposiciones en América Latina constituyen un requisito esencial para entender el entrelazamiento del *habitus* estadounidense con el latinoamericano para la creación de nuevas formas de práctica religiosa.

Transnacionalismo

Con todo, este ensayo estaría sobrecargado, si fuera de los entrelazamientos interamericanos, se tomara en cuenta la práctica transnacional de los actores religiosos en general.[6] De hecho, actores relevantes como el Vaticano, el Consejo Mundial de Iglesias o la Alianza Evangelical Mundial (*World Evangelical Alliance*) serán tratados marginalmente. Un examen profundo de estos y otros actores semejantes, como las organizaciones de cooperación y beneficencia internacional, por ej., *Act Alliance*, no es posible en el marco de este trabajo.

Imperialismo

No obstante, la simetría, tal como lo enfatizan Werner y Zimmermann es engañosa. No existe simetría entre ambas regiones como actores políticos y económicos, tampoco entre el protestantismo misionero y el catolicismo anclado localmente y ligado a la Iglesia Universal Romana. El desarrollo histórico de esta declaración teórica corresponde a las intervenciones imperialistas de los EE.UU. en los países latinoamericanos. Basta con examinar las listas de las intervenciones militares desde el año 1800, con más o menos 100 casos, para no poner en duda lo sucedido y entender el porqué de las posiciones latinoamericanas frente a EE.UU. Empero, sería muy importante determinar cuáles son los actores que reaccionan positiva y cuáles negativamente ante estas violaciones territoriales. Es decir que en la perspectiva de los entrelazamientos entre EE.UU. y Latinoamérica, tenemos que optar por un enfoque similar al de las teorías del imperialismo, o bien, de la teoría de la dependencia. Esto siempre y cuando no queramos, como Martin (1990), ocultar la práctica de los actores latinoamericanos bajo el manto de un prejuicio estadounidense. Especialmente en el marco de una historia del entrelazamiento, nuestra transformación del título del artículo de Weber se justifica. No obstante, se trata solamente de una similitud. Pues, primero, las creencias

---

[6] En relación con el transnacionalismo cf. Schäfer 2016. También cf. a Juergensmeyer 2005.

religiosas no pueden imponerse y, segundo, el comportamiento religioso, incluso impuesto por el imperialismo, se *re*-significa, lo que no es otra cosa que un entrelazamiento religioso. Por otra parte, no puede perderse de vista que determinadas situaciones sociales – como, por ejemplo, la guerra de contrainsurgencia – pueden producir una demanda religiosa, que nuevamente puede ser fácil de manipular. Pero esto también es entrelazamiento.

Una situación muy delicada en ambas regiones – que puede ser apreciada por comparación – se produce cuando, de manera recíproca, el hegemón del campo religioso respectivo es sometido a presión. En los EE.UU. es el protestantismo blanco anglosajón, que frente al protestantismo hispano, al catolicismo y al agnosticismo ha perdido tanta membresía que, en las elecciones de 2024, ya no podrá determinar al ganador, aun cuando todos los protestantes blancos votaran por el mismo partido (Wong 2018, 96). En comparación con esto, en América Latina el catolicismo es dominante e igualmente está bajo presión: por causa de un creciente porcentaje de población protestante (hasta de casi un 50% en Guatemala)[7], por la laicidad de los Estados y por diversos otros factores, como la fuerte presencia mediática protestante. Ya hemos citado los airados comentarios de las jerarquías católicas contra el protestantismo; ahora es en los EE.UU. donde se encuentran comentarios semejantes de los derechistas protestantes contra los migrantes latinoamericanos, igual si los migrantes son católicos o evangélicos.

Observadores

La historia de los entrelazamientos tiene aún un aspecto reflexivo que consiste en tematizar el entrecruzamiento de los observadores científicos respectivos con sus temas, para poder experimentar en el desarrollo de la investigación, si se da el caso, un cambio de posición. Al respecto, se puede señalar que el autor de este ensayo ha estado

---

[7] Sin embargo, México tiene solamente un 9%, y la mayoría de los otros países está entre estas cifras.

dedicado desde fines de la década de 1970 a investigar temas de religión y cambio social en Latinoamérica. Su primera investigación de campo importante la realizó en 1983, 1985 y 1986 en Guatemala, Nicaragua y los EE.UU. En más de 200 entrevistas en profundidad y grabaciones de sermones enfocó fundamentalmente la práctica de los creyentes protestantes en las guerras de contrainsurgencia, así como las consecuencias en las organizaciones misioneras y el público interesado en los EE.UU.[8] Entre fines de 1994 hasta 2003 se desempeñó como catedrático de Teología y Sociología en la Universidad Bíblica Latinoamericana de San José, Costa Rica formando estudiantes protestantes y además, realizando pequeños estudios de campo. Desde 2006, como sociólogo de la religión en la Universidad de Bielefeld ha estado dirigiendo y realizando personalmente una serie de estudios de campo sobre actores religiosos, entre los que destaca una gran investigación sobre Nicaragua y Guatemala entre 2012 y 2014. Además, el autor es el único miembro europeo de la Red Latinoamericana de Estudios Pentecostales (RELEP). Todas estas experiencias lo han conducido a sentir profunda simpatía por los actores protestantes. En 2008, una investigación comparada entre el fundamentalismo estadounidense y el islámico nubló un poco el ambiente (Schäfer 2008). En los últimos años surgió una nueva investigación sobre las actividades políticas de los *expertos* protestantes en los EE.UU. y en Latinoamérica, que confirma en toda su extensión los abismos ya sospechados. La corrupción de la *Bancada Evangélica* en Brasil, por ejemplo, es sobrepasada solo por su abuso de las creencias religiosas. La derecha religiosa en EE.UU. trabaja con una falsedad deliberada. Sin embargo, sus actores líderes no deben confundirse con los creyentes protestantes comunes y corrientes y viceversa.

Para una investigación de los entrelazamientos religiosos entre los EE.UU. y Latinoamérica es necesario tener presente la diferencia

---

[8] A causa de situaciones adversas, una investigación de 600 páginas permanece hasta ahora sin publicar. Un breve resumen se encuentra en Schäfer 1992a; en alemán, en una versión acortada, Schäfer 1990.

entre expertos y no expertos y evitar enfrentar a los expertos con parcialidad. También es preciso no proyectar simplemente los resultados de estudios sobre creyentes comunes a los expertos. Dado que los expertos, por lo general, disponen de una capacidad significativamente mayor de actuación social, perciben el contexto social de otra manera, juzgan la situación de modo diferente y, en consecuencia, actúan de otra forma. Otra diferencia existe entre los actores de la derecha religiosa (LEY y GERENCIA) y la izquierda religiosa (REINO DE DIOS). Apoyado en sus investigaciones anteriores, los años de práctica con protestantes en América Latina y su visión europea, el autor se inclina hacia la izquierda. Esto es muy importante tenerlo en cuenta tanto al escribir como al leer. Desde una perspectiva europea – y siguiendo a Habermas – la cuestión de la postsecularidad se plantea en dos aspectos: en primer lugar, está la cuestión de si los actores religiosos están dispuestos a traducir sus posiciones a principios éticos públicamente comunicables y a ponerlos en discusión o, si desean universalizar sus reinvindicaciones de validez legitimadas religiosamente. En segundo lugar, está el interrogante de qué resultados revela la traducción post-secular de los discursos religiosos en discursos éticos. Los estudios previos del autor muestran que los actores de la izquierda religiosa se esfuerzan precisamente en esa traducción; en cambio, los de la derecha religiosa buscan imponer sus pretensiones religiosas de poder con medios políticos.

Estructura del libro

El presente trabajo es un ensayo; esto significa que no intenta, como sería el caso de un artículo científico, de iluminar un problema de la forma más completa posible. Pero tampoco significa que se presente una colección desordenada de aforismos.

Desarrollamos nuestro objeto de estudio estableciendo a la vez un marco temporal y objetivo con la conferencia de misioneros estadounidenses en Panamá en 1916 y su revisión crítica en una conferencia de pentecostales latinoamericanos un siglo después y en el mismo país (Panamá, 2016). En este marco se discuten algunos episodios de la historia misionera y los entrelazamientos respectivos entre las Américas. Después de tratar el Congreso de Panamá sigue una mirada retrospectiva al desarrollo del protestantismo en los EE.UU., ya que solamente conociendo este trasfondo pueden entenderse los entrelazamientos con el sur. Un capítulo central trata el entrelazamiento de las disposiciones religiosas. Se muestra de qué manera en América Latina, narrativas fundamentales del protestantismo estadounidense se transforman en disposiciones religiosas que adoptan un significado diferente.

Nuestra mirada enfoca exclusivamente a los protestantes, entendiendo el término en su sentido más amplio. Naturalmente que el trabajo podría haber sido más amplio, en especial, respecto al papel de la Iglesia Católica en relación con la migración a los EE.UU., o las contraestrategias en oposición al protestantismo en Latinoamérica. Aún más, podrían haberse trabajado otros episodios. Pero este siempre es el caso: no se puede abarcar todo lo que uno quisiera.

2. Panama 1916 y sus antecedentes

El arzobispo de Panamá estaba ya informado y preparado para el congreso que los protestantes estadounidenses querían realizar en Ciudad de Panamá, su lugar de residencia, y había amenazado a todos los hoteleros que estaban dispuestos a alojar a los protestantes con la excomunión.[9] El encuentro se había propuesto coordinar y unificar temáticamente el asunto de la misión protestante en América Latina, que ya llevaba casi 100 años; una meta que fue difícil de conseguir en dos sentidos. Por una parte, los organizadores intentaron conservar una perspectiva panamericana y, por otra parte, no querían enemistarse completamente con la Iglesia Católica. Invitaron a observadores católicos, pero estos no asistieron, quizás, porque temían el anatema de sus colegas episcopales. El congreso en Panamá, cuyo trabajo fue proseguido por otros encuentros regionales y continentales, fue el comienzo de un trabajo coordinado y estructurado de las iglesias misioneras pioneras de las tradiciones *mainline* y evangelical en América Latina.

Dado que este esfuerzo no puede ser comprendido sin sus antecedentes en el protestantismo estadounidense, después de una corta reflexión acerca del congreso misionero, intercalaremos una mirada retrospectiva histórica.

2.1 Panama 1916

El *Congress on Christian Work in Latin America* (CCWLA, Congreso sobre la Obra Cristiana en América Latina), organizado por el *Committee on Cooperation in Latin America* (CCLA, Comité sobre la Cooperación en América Latina) y realizado entre el 10 y el 20 de febrero de 1916 en la Zona del Canal y no en Ciudad de Panamá a

---

[9] Cf. Prien 1985, 878. Zum Congress on Christian Work in Latin America (CCWLA) des Committee on Cooperation in Latin America (CCLA) Cf. Prien 1985, 878ss.; Salinas 2017.

causa de la amenaza de excomunión arzobispal, fue el resultado de un desengaño.

La preparación en EE.UU. fue masiva en la medida en que el movimiento misionero ya a fines del siglo XIX marchaba a toda máquina. Habían sido creadas varias sociedades misioneras siguiendo el modelo de las empresas comerciales y la *Ecumenical Missionary Conference* (Conferencia Misionera Ecuménica, 1900) que tuvo lugar en Nueva York, con 200.000 participantes, había sido el evento mayor de este tipo. De los seguidores del predicador del avivamiento, el evangelista Dwight Moody, emergió la figura del joven estudiante activista John Mott, quien en 1888 fundó el movimiento *Student Volunteer Movement for Foreign Missions* (SVM) (Estudiantes voluntarios para las Misiones en el Extranjero) bajo el lema *Evangelization of the world in one generation (La Evangelización del mundo en una generación)*. Este lema acompañó también la conferencia denominada *World Missionary Conference* (1910), organizada por varias sociedades misioneras para 1200 delegados y realizada en Edinburgo, cuyas sesiones plenarias fueron moderadas por Mott. Llevar el evangelio a todos los pueblos no cristianos era un programa con un matiz colonialista, aunque en la comprensión de la mayoría de los delegados no incluía a Latinoamérica, porque sobreentendían que allí la Iglesia Católica ya había hecho el trabajo a fondo. Pero, para los delegados estadounidenses, que habían empezado a trabajar en Latinoamérica, hacía ya mucho tiempo, esta posición no era aceptable. De allí que realizaran otra reunión, al margen de congreso, dirigida por el Rev. Robert Speer – teórico misional presbiteriano – en la que decidieron medidas especiales para las misiones estadounidenses.

Ya de regreso a los EE.UU. se creó en 1913 el *Committee on Cooperation in Latin America* (CCLA) (Comité de Cooperación para América Latina) con el mandato específico del trabajo misionero en Latinoamérica; una institución que no debería trabajar en contra de los católicos, sino dar a conocer a Dios en un "continente desatendido". En este comité colaboraban misioneros con buen conocimiento de América Latina, que intentaban dar una impresión irénica. Por eso, la conferencia planeada para realizarse en Panamá, en vez de conocerse solo como *Latin America Missionary Conference*, también era llamada *Congress on Christian Work in Latin America* porque este nombre "sería mejor entendido por los amigos latinoamericanos".[10] Con todo, asistieron muy pocos delegados latinoamericanos. Era una conferencia de los misioneros para misioneros. Se abordaron explícitamente los problemas *sociales* de Latinoamérica, para los cuales "el evangelio tiene preparada la única solución" (ibd.). Quienes prepararon la conferencia recibieron la bendición y el dinero no solo de las sociedades misioneras, sino también de diplomáticos y hombres de negocios. Uno de ellos, "presidente de uno de los bancos más grandes de América del Norte" colocó la conferencia muy correctamente en relación con el "panamericanismo", además de alabar las actividades misioneras ya que promovían las relaciones pacíficas.

> "Las intenciones pacíficas de esta nación y nuestras dignas ambiciones nacionales han quedado impresas en nuestros vecinos del sur como nunca antes. Están viendo que los motivos que subyacen a nuestras relaciones con ellos no son imperialistas." (Ibd.)

Juntos podrían tener éxito en mejorar los estándares religiosos y educativos en esos países. Los documentos de preparación así como los informes de la conferencia respiran la habilidad del educador bien intencionado. El evento fue preparado detalladamente por un equipo de 215 miembros quienes trabajaron la experticia de 600 corresponsales de América Latina. Además Speer realizó un viaje de investigación de un año por los países latinoamericanos. En el contexto de los estándares científicos de ese tiempo, difícilmente podría haberse hecho mejor.

En los informes se puede apreciar la mano cautelosa y autocrítica del movimiento del Evangelio Social. En la 1ª Comisión, denominada "Sondeo y Ocupación" se especifica que la vocación de las iglesias es "evangelizar, no americanizar" (Committee on Co-operation in Latin America 1917, 130). Por lo demás, el racismo latente y manifiesto

---

[10] ... según el Boletín Informativo del CCLA en Agosto de 1915 (Comité de Cooperación con América Latina, 1915).

en la relación de los estadounidenses con los latinoamericanos es fuertemente criticado y se alaba a la Unión Panamericana como instrumento para superarlo. Sin embargo, se observa la ambivalencia del protestantismo estadounidense en cuestiones raciales al compararla con la 2ª Comisión (Committee on Co-operation in Latin America 1916, 11ss.). También en el Evangelio Social había racistas manifiestos como, por ejemplo, en la persona de Josiah Strong, uno de los líderes del movimiento.

Para examinar la cuestión de los entrelazamientos, el informe de la 2ª Comisión "Mensaje y Método" es el más interesante de todos (ibd.), puesto que, de manera muy moderna, coloca la cuestión de la tarea de la misión en el marco de un análisis detallado de la situación de América Latina, la que se entiende como un desafío para el trabajo misionero. Los "hechos relevantes" tocan en primer lugar la "complejidad racial", luego el "espíritu latino", la herencia religiosa, el aislamiento político y, finalmente, la democracia. Aparte de los genes indígenas, afirman que para la misión representa un gran problema el hecho de que la Conquista hubiese producido, en primer lugar, una "mezcla racial" entre la sangre indígena y la de "aventureros, filibusteros, soldados sin principios, sin ley, que despreciaban la moral y solamente se interesaban por el oro" y que solo más tarde se añadió la "cultura castellana superior". No obstante, la tradición hispánica en América Latina estaba muy influida por el derecho, la religión y el arte de España e Italia, así como por el racionalismo, socialismo y espíritu poético de Francia. Solo recientemente el "espíritu latino" intentaba adaptarse a "las realidades utilitarias del comercio anglosajón, teutónico o norteamericano" y que, sobre todo habría que analizar con toda exactitud la influencia francesa. En la medida en que los misioneros eran anglosajones, la mayor dificultad de la "empresa misionera" era "penetrar de manera comprensiva (*sympathetic*) en el espíritu latinoamericano". Además, que la herencia religiosa representaba un desafío especial, porque la Iglesia Católica no había conseguido eliminar las religiones paganas y porque – ¡a pesar de los aspectos buenos de su trabajo! – desgraciadamente interpretaba de manera errónea el cristianismo: solo quedaban la coerción y la institucionalización. Por lo demás, estudios científicos habían demostrado que la Iglesia Católica se encontraba en modo de una lenta decadencia, por lo cual no se podía hablar de una América Latina cristiana. Empero, la libertad religiosa introducida por los liberales había provocado que en muchos lugares todavía el catolicismo siguiera siendo *de facto* la religión del Estado y con ello un impedimento para el evangelio. En consecuencia, el catolicismo en Latinoamérica había sido un completo fracaso. En vista de esto, las misiones protestantes llegadas con posterioridad necesitaban ser aunadas. Cuando uno lee esto, queda realmente con la impresión de un continente vacío de toda verdad religiosa. También este texto recuerda un poco a la polémica en torno a los migrantes católicos llegados a EE.UU. Además, se responsabiliza a la influencia del sistema colonial del aislamiento político que había bloqueado las relaciones con los países no latinos; es decir, especialmente, con los EE.UU. Otra crítica es que, además del control del comercio, la política y la vida intelectual, la educación había sido descuidada deliberadamente. Esto coincidía con la posición misionera que sostiene que el subdesarrollo se debe a la falta de educación y de allí su preferencia por programas educativos. Y, por último, en relación con la democracia habría que reconocer que el liberalismo – aunque, a menudo, violento – encarnaba la lucha de los latinoamericanos por la igualdad, hermandad, libertad y el individualismo; por lo tanto, la democracia. Sabiendo muy bien que muchos de estos demócratas eran agnósticos, el capítulo termina con una interesante figura argumentativa. Los autores se refieren a un poeta francés (¡!), importante para los liberales, el romántico Alphonse de Lamartine y afirman que este había tomado sus ideas políticas del Nuevo Testamento y que con él se puede definir la democracia como "'el Reino directo de Dios', la aplicación de los principios cristianos a los problemas del mundo". Por lo tanto, el sermón protestante tiene que dirigirse positivamente a las aspiraciones idealistas de los líderes liberales y explicarles que

> "(...) a través de la aceptación y aplicación del Evangelio de Cristo, las esperanzas más altas de los líderes pueden ser cumplidas si son correctas, y trascendidas si son imperfectas; y que el verdadero bienestar de las repúblicas puede lograrse estableciendo en este mundo lo que Jesús querría decir con el Reino de Dios." (Committee on Cooperation in Latin America 1916, 33)

Es decir que la Iglesia está encargada de predicar los puntos esenciales puros del cristianismo, sin el oscurantismo católico o del protestantismo ultrasectario.[11] "Detrás de este Evangelio está la seguridad de que la verdadera Iglesia cristiana es el hogar y la fuerza impulsora de la verdadera democracia." (Ibd.)

Desde la perspectiva de la comisión, los contenidos esenciales de la fe cristiana son, más o menos claramente, los del protestantismo histórico del penúltimo cambio de siglo mezclado con algo de evangelicalismo, lo que se muestra con nitidez en la acentuación de la Biblia como la fuente ultimativa de la verdad. Esto rige tanto para los "pobres e ignorantes como para los ricos y eruditos". No obstante, en lo que se refiere a los métodos para alcanzar a las "clases educadas" proponía una interpretación *light* de la Biblia. En concordancia con los evangelicales conservadores se proclamaba la divinidad de Cristo y su muerte expiatoria por los pecados humanos como convicciones necesarias para la salvación. De aquí nacería una vida espiritual que rompería la "tiranía de la 'brujería clerical'" (*tyranny of priestcraft*), formulan con una afilada punta de lanza anticatólica. La visión es típica de la variante evolucionista del Evangelio Social: el Reino de Dios en la tierra, un concepto altamente elástico que, en la actualidad, se emplea a fondo para las aspiraciones teocráticas de la derecha religiosa. Empero, para los misioneros del Evangelio Social el concepto no está unido con el deseo de una teocracia totalitaria. Por el contrario, el Reino de Dios podría experimentarse, en sus comienzos, solo por medio de la actuación moral de acuerdo a los valores correspondientes. Y de esta manera, el concepto despierta también connotacio-

---

[11] Aquí se abre paso la controversia sobre el fundamentalismo en los EE.UU.

nes políticas, que podrían considerarse más adecuadas de una izquierda moral: rechazo de la injusticia y compromiso "para liberar al pobre de la injusticia y la opresión" (p.41). El programa en su totalidad resulta en la siguiente amalgama: salvación personal, patria, amor al prójimo; además de liberar a la vida política e industrial de la crueldad, a los negocios de la deshonestidad, y a la vida social del vicio y la inmoralidad (p.42).

Después de describir los problemas latinoamericanos y su propio programa religioso, la comisión, en vez de preocuparse de otros temas, retoma la programática social. Considera esta vez aspectos específicos de la revolución industrial que cabe esperar en América Latina y se dirige a las "clases educadas" como sus destinatarios especiales. Las reflexiones se centran en la industrialización iniciada en Latinoamérica en los aspectos de la utilización de los recursos, el desarrollo de la industria productiva (es decir, no el extractivismo, como es hoy en día), el capital indispensable para ello y el consumo urbano. Un segundo aspecto son los nuevos problemas sociales ocasionados por los cambios abruptos, como los conflictos ideológicos, el socialismo, los sindicatos y la deserción de la clase trabajadora de las iglesias. Se afirma que las élites latinoamericanas no tendrían conocimientos en torno a estos aspectos, sino que poseerían "habilidades en otro sentido"; en cambio, Inglaterra, Alemania e Italia sí los tendrían, pero, desgraciadamente, también hombres de negocios que ejercen una mala influencia moral (naturalmente con loables excepciones). Los clérigos evangelicales, la YMCA así como las personas de otras naciones que desean cultivar mejores relaciones con Latinoamérica, serían más adecuadas. Esta ayuda al desarrollo industrial debe centrarse en la prevención y, precisamente aquí, las experiencias de los EE.UU. en la industria (por ejemplo, contra el trabajo infantil) serían fructíferas. El trabajo misionero social tiene su lugar en este entorno, porque su tarea "no es solo ganar almas para Cristo, sino crear una civilización cristiana" (p.49). La imputación de que a los países de América Latina les falta "un sentir común", conduce a la conclusión de que los latinoamericanos que han conquistado su soberanía ahora "tienen que ser entrenados para cumplir sus deberes". La correspondiente iluminación del espíritu y la purificación de la moral son una tarea genuina del evangelio que, de este modo, activa la democratización (p.51). En los EE.UU. y en las misiones protestantes en América Latina, se encuentran muchos ejemplos al respecto. Jesús tiene leyes que solo tendrían que aplicarse correctamente para satisfacer la voluntad de Dios tanto en la tierra como en el cielo, de manera que, entonces, el Reino de Dios pueda convertirse en una realidad (p.57).

Pero de acuerdo a la apreciación de la comisión, de esa programática solo el evolucionismo inherente podría convencer a las "clases educadas", en su mayoría, agnósticas. En cambio, el componente religioso, en razón de una "hostilidad generalizada hacia la fe cristiana" (p.58), tendría mucho menos posibilidades. Por esto, los misioneros deberían estar especialmente bien preparados para enfrentar los debates intelectuales con los liberales. Deberían poder explicar la teoría de la evolución de manera cristiana con un "sesgo moderno", dar una interpretación histórica de la Biblia fácil de entender y plausibilizar la religión como algo antropológicamente necesario, además de presentar a la Iglesia como una comunidad. Por último, la libertad, igualdad y fraternidad deberían ser cooptadas de tal manera que puedan ser presentadas como ideales originalmente cristianos, que precisan su fortalecimiento por medio de la argumentación religiosa. Dicho de otro modo, los misioneros se aprovechan del hecho de que el Estado liberal moderno no tiene otra argumentación legitimadora más que su propia existencia, para presentarse a sí mismos como especialistas en la justificación trascendente no católica. A este respecto, pueden citarse las experiencias de la misión presbiteriana en Guatemala, a la que, en 1883, el presidente de Guatemala invitó explícitamente al país; el trabajo preliminar de misioneros protestantes en la Revolución Mexicana urbana bajo Carranza o, la introducción del sistema escolar Lancaster por la misión presbiteriana en Colombia.[12]

---

[12] En México deberían nombrarse también, por lo menos a Benito Juárez y Lázaro Cárdenas; en Venezuela a Guzmán Blanco; en Colombia, a Hilario López; en Ecuador, a Eloy Alfaro y Leonidas Plaza. Cf. Damboriena 1963, 20s.

Un entrelazamiento objetivo y subjetivo de los intereses de las élites liberales latinoamericanas y la misión protestante se dio continuamente durante el siglo XIX. El Congreso de Panamá debía conducir esta relación a un programa misionero panamericano organizado sistemáticamente. El lema del congreso de Edinburgo "Evangelización del mundo en una generación", se interpreta, ocasionalmente, de manera ingeniosa. La más compartida, ha sido la trivial, la interpretada literalmente: En una generación el mundo debería ser inundado por un "evangelio" noratlántico, en su mayor parte anglosajón, para así acelerar el regreso de Cristo en las nubes del cielo o, en otra versión, crear el cielo en la tierra. En el Congreso de Panamá, este lema se transformó en un programa civilizador para el hemisferio en cuyo centro se encontraba la Biblia y una cristología reducida a la muerte de Cristo para expiar el pecado humano. Este enfoque es civilizador no por esta tendencia teológica, que podría combinarse muy bien con un distanciamiento del mundo, se vuelve civilizador más bien por la proyección de un estado ideal religioso-social – el Reino de Dios en la tierra – que contrarresta las deficiencias sociales concretas en los territorios de la misión. La necesidad de la expansión de sus convicciones de fe y de sus organizaciones está dada *a priori* por motivos religiosos: la orden de misionar (*great commission*) y la expectativa de la propagación del cristianismo noratlántico como obediencia frente a Dios así como la esperanza de la gran reacción de Dios. No obstante, como proyecto civilizador la expansión tenía que ser fundamentada, independientemente del imperialismo de los EE.UU. y de las condiciones sociales en que vivía América Latina. Los elaborados análisis sobre la situación social muestran una estructura de argumentación recurrente y, por último, siempre solamente un resultado: a Latinoamérica, sus habitantes y a los católicos se les certifica que tienen potencial y que algunas personas lo han demostrado con nitidez, pero – ¡por desgracia! – visto en su conjunto, la raza, la cultura, la actividad económica y la religión estaban sumiendo al subcontinente en la ruina social. Por ello, el evangelio puro y los conocimientos protestantes eran necesarios para sacarlos del atolladero. Pero, para no despertar sospechas entre los amigos latinoamericanos, era necesario alejarse del imperialismo militar y económico. Actitud que en la presentación de un programa civilizador tiene que haber sido inevitable considerando la práctica política y militar de los EE.UU. durante el siglo XIX. Por eso es que los misioneros declaran que no iban a americanizar, sino a evangelizar. En verdad, iban porque querían ayudar. En ello hay un rechazo implícito a la diplomacia del Gran Garrote o *Big Stick* del presidente Theodore Roosevelt. De hecho se parecían más a la amabilidad imperial de su coetáneo Woodrow Wilson, quien deseaba que el *American way of life* fuese más vinculante con la diplomacia multilateral bajo el liderazgo de los EE.UU. a nivel mundial (Cf. Williams 1980, 133ss.).

Con todo el distanciamiento verbal, la utilidad general y objetiva de la misión para las empresas económicas en el extranjero era bien conocida por los líderes económicos, especialmente por el interés que tenían los misioneros de entregar educación y apoyo técnico. Para fortalecer esa sinergia donan. Por ejemplo, John D. Rockefeller Senior (*Standard Oil*) donó grandes sumas para la misión. Su administrador de finanzas y consejero, el bautista Frederick Gates, es citado con la reflexión de que "las naciones paganas" a través de la misión eran bendecidas con "la luz y la civilización, con la vida industrial y las aplicaciones de la ciencia moderna". Como resultado, el mayor "poder productivo" de esos países "también nos beneficiará a nosotros como importadores de sus mercaderías". "Estamos solo en los albores, con todas sus promesas, de los canales abiertos por los misioneros cristianos". Nelson Rockefeller, el nieto de John D. Rockefeller Senior, y autor del *Rockefeller Report on the Americas* (1969) amplió la cooperación con el *Summer Institute of Linguistics/Wycliff Bible Translators*,[13] institución que por su colaboración con las autoridades estadounidenses y su influencia dañina para las culturas indígenas ha sido muy controvertida. Todo esto debía servir al propósito de "asegurar recursos y pacificar a los pueblos indígenas en nombre

---

[13] Hvalkof y Aaby 1980; Arbeitskreis ILV 1979.

de la democracia, las ganancias corporativas y la religión".[14] Finalmente, junto al *American way of life* también el "camino americano de la fe" debería hacerse mundialmente vinculante. El hecho de que incluso los protestantes históricos, a pesar de la influencia del pensamiento hermenéutico europeo, no lograran dejar de lado en su teología el patrón de la expansión, podría ser explicado con la identificación de la nación estadounidense con la religión de los peregrinos (*Pilgrims*).

2.2 Perfeccionismo puritano: ley, expansión y *liberty*

El nacimiento del Estado nación estadounidense y el papel de la religión – especialmente del protestantismo – prácticamente es poco comparable con los procesos correspondientes en Europa y Latinoamérica. El Estado nación estadounidense surge de la historia de una minoría religiosa europea que ve en el "nuevo" continente el terreno propicio para hacer realidad una utopía religiosa: la Nueva Jerusalén. Emerge así una modernidad religiosa, no secular. Las instituciones de esta modernidad *sui generis* nacieron no de la transformación de lo existente (como fue el caso de Europa), sino del mito de un nuevo comienzo drástico en un continente vacío, de la conquista *de facto* del territorio de los "nativos americanos" y a través de la liberación revolucionaria del poder colonial que inicialmente había ayudado en la conquista. La diferencia principal en pocas palabras: En la época moderna europea y latinoamericana caracterizada por un fuerte anticlericanismo, la religión desaparece del discurso público político, mientras que entre el Estado y las iglesias fuertemente institucionalizadas se cierran o se rechazan explícitamente convenios de cooperación. Por el contrario, en los EE.UU. con la interpretación de Jefferson de la Primera Enmienda Constitucional se establece una separación institucional entre el Estado y la Iglesia, en tanto que la religión

---

[14] Citado según Blanke 2003, 3s.

determina el discurso político público y, de manera concreta, – no cualquiera religión, sino la de los puritanos.[15]

John Winthrop, el fundador de la Colonia de la Bahía de Massachussets, en su sermón "Un modelo de caridad cristiana" (1630), pronunciado frente a un grupo de disidentes religiosos (*Dissenters*) que llegaban a las colonias recién establecidas (desde 1611), diseñó la programática de una "Ciudad sobre la Colina".[16] El ideal de una Nueva Jerusalén y la idea de un pacto exclusivo de Dios con la comunidad de colonos puritanos, va acompañado de una alta exigencia de preservación de un buen comportamiento moral y del celo misionero. Esta es la base en que descansa el dogma del *American exceptionalism*. Si los creyentes no se atienen a esta exigencia, aparece la amenaza del castigo de Dios. Muy en la línea de la Ginebra de Calvino, a partir de la teoría de la elección, se desarrolla un régimen social coercitivo interno. Como criterio para medir la buena conducta social se reifica el concepto de pecado y se incluye en catálogos de vicios verificables como, por ejemplo, conversaciones licenciosas, crímenes, pereza, rebelión contra las autoridades, libertinaje, juegos de azar y adulterio. Desde la perspectiva teológica la reificación es una aberración que actúa como un instrumento para imponer la disciplina, fácilmente adaptable al sentido común social, religioso y político predominante. El amenazante telón de fondo se une a entidades y lugares apocalípticos o del otro mundo, como el diablo, los demonios, las brujas, así como también el infierno (Cf. Fuller 1995); ideas medievales tardías que son usadas hasta el día de hoy por la derecha religiosa con las mismas intenciones. La represión interna, legitimada religiosamente, alcanzó su punto crucial con la quema de 160 "brujas" y simpatizantes en Salem (1692). La idea religiosa que está en el trasfondo es que el mundo se encontraría en una guerra de Satanás y sus instrumentos contra Cristo y sus seguidores; en el mundo existirían solamente dos campos, el del Cordero y el del dragón (Samuel Perris, 11.9.1692, cit. según Fea 2018, 83).

---

[15] Hochgeschwender 2007; Schäfer 2008, 91ss., entran en mayores detalles.

[16] "City upon the Hill". Fea 2020, 78ss.

Esta es también una estrategia de demonización hacia el exterior que fue aplicada a la población americana autóctona. Cotton Mather (1663-1728), clérigo puritano y uno de los primeros profesores de Harvard, con un doctorado honorario de la Universidad de Glasgow, asegura en su libro *Historia de las Colonias Americanas*[17] que los *Indians* habían sido arrojados en el Nuevo Mundo como la primera línea de defensa en contra del Evangelio de Nuestro Señor Jesucristo. Con este fundamento o, simplemente, por medio de la deshumanización se legitimaron numerosas masacres de la población indígena. Por cierto, Mather en su *Essay to convey religion into the Spanish Indies*[18] ya consideraba la expansión de su modelo de civilización más allá del Golfo de México. La radicalidad racista de la posición calvinista se hace especialmente visible cuando se argumenta que Franklin, Jefferson y Washington, los padres deístas o respectivamente unitario-universalistas de la Constitución, estaban a favor del reconocimiento étnico y/o la asimilación cultural de los *Natives* del continente, pero no necesariamente en contra de la expansión territorial.

Un segundo elemento constitutivo de la religión en los EE.UU. es el emocionalismo. Mientras que los límites de los asentamientos continuaban extendiéndose hacia el oeste, continuaban llegando nuevas iglesias a los EE.UU. que estaban menos ligadas al régimen colonial. La ocupación de tierras se convirtió en el contexto de grandes campañas misioneras, los llamados Grandes Avivamientos a contar de 1734. Aquí se mezclaron, en primer lugar, la programática puritana (Jonathan Edwards) y el emocionalismo metodista (George Whitefield): la Ciudad sobre la Colina, la elección por gracia, la realización del Reino de Milenio en el proceso histórico a través el mejoramiento moral así como también la espiritualidad enfática. Sin embargo, las ideas del avivamiento y de la decisión subjetiva por una vida piadosa a largo plazo entran en tensión con el objetivismo calvinista de una elección divina. Con la modernidad y la posmodernidad,

---

[17] *Magnalia Christi Americana*, 1702, cf. Fuller 1995.

[18] Cf.. Prien 1985, 761; también cf. Rosenberg 1999.

el subjetivismo de la decisión individual se aplicaba, siempre en mayor escala, para generar legitimidad y pretensiones de verdad frente a otros creyentes; en la relación externa con los no creyentes de cualquier tipo permaneció en boga la posición del calvinista luchador por la fe, consciente de su labor misionera.

Entretanto, el motivo de la demonización se estableció ya en la política exterior durante la guerra por la independencia, motivo representado en la persona del rey de Inglaterra, George III, quien fue declarado como agente del Anticristo (Fuller 1995, 68ss.). La demonización del enemigo político tiene una larga historia, en la cual el esquema básico dualista ha demostrado ser transformable de muchas maneras. En una situación social en la que no entran en cuestión las iglesias estatales, el dualismo ejerce aún otra función especial: al interpretar las relaciones *exteriores* como una lucha entre el diablo y Dios, los actores religiosos se posicionan a sí mismos como legítimos representantes de *toda* la nación correspondiente. De una manera similar, el predicador de avivamiento y multimillonario Billy Sunday quiso estilizarse como representante religioso de la nación, cuando abogó por la participación de EE.UU. en la Primera Guerra Mundial. También funcionaron de manera semejante las estrategias de legitimación de la derecha religiosa para avalar las acciones de los servicios secretos estadounidenses en Centroamérica durante el gobierno de Ronald Reagan y la guerra en Irak de George W. Bush.

¿Tales acciones no violan el principio de separación entre el Estado y la Iglesia prescrito en la Constitución? En primer lugar: la Constitución de EE.UU. no es ni laicista ni puritana en su totalidad. El preámbulo se basa simplemente en la teoría de tratado (United States Senate 1791). En el año en que la Constitución entró en vigor (1789), en su discurso inaugural como presidente, George Washington le dio a la Constitución, respectivamente al gobierno que regiría bajo ella, un resplandor ligero de eternidad, reservado como es el estilo deísta; si se quiere, una religiosidad deísta *light*. Según Washington, no sería conveniente abstenerse de hacer peticiones fervientes al "Ser Todopoderoso" que "rige las leyes del universo" y que preside el "Consejo de las Naciones". Mucho más que cualquier otra nación en el mundo los EE.UU. tendrían el deber de "conocer y adorar esa mano invisible que conduce todos los asuntos humanos". Cada paso que el país había dado para llegar a ser una nación independiente, parecía haber sido distinguido por la señal de una intervención de la providencia (*National Archives and Records Administration* 1789). De esta manera, el primer presidente estableció, por decirlo así, el estándar mínimo de religiosidad para gobernar. Un Ser Todopoderoso que rige el universo y las naciones y como con una mano invisible providencial dirige los destinos políticos: esto es lo mínimo que debería de haber en términos de religión civil.[19] Frente a esta apertura y a la influencia creciente de las iglesias establecidas de la Costa Este, parecía aconsejable aclarar la relación entre Estado y Religión. La primera enmienda constitucional (1791) tenía como meta conseguir esta clarificación. Sin embargo no establece una laicidad estricta del Estado en el sentido francés, que protege al Estado y, hasta cierto punto, a la vida pública con respecto a la influencia de los activistas religiosos. Por el contrario, la enmienda prohíbe solamente la creación de una iglesia estatal y protege la práctica libre de la religión de la intromisión del Estado.[20] La claúsula adicional declara que el Congreso "no podrá aprobar ninguna ley con respecto al establecimiento de una religión y no prohibirá la práctica libre de ella" (United States Senate 1791). Empero no dice nada sobre la intromisión contraria, es decir, de parte de los actores religiosos en asuntos estatales. Sin embargo, en 1802, Thomas Jefferson interpretó la Primera Enmienda como un "muro de separación entre el Estado y la Iglesia" (Jefferson 1998 [1802]), con el interés puesto en evitar la injerencia de las iglesias establecidas (coloniales) en las cuestiones políticas. Esta fórmula que reproduce las tensiones entre los activistas religiosos y los deístas, caracteriza el debate público mucho más que la enmienda en sí misma. Aún en la actualidad provoca una fuerte controversia entre el

---

[19] Cf. Respecto a religión civil en los EE.UU., la obra clásica de Robert Bellah 1967.

[20] La libertad de practicar cualquier religión sin restricciones estatales se estableció por primera vez en la colonia de Maryland en 1634 por iniciativa del *católico* Lord Baltimore, quien puede considerarse como precursor de la Primera Enmienda.

laicismo universalista y la derecha religiosa, que siguiendo la tradición puritana quiere instaurar una "nación cristiana". Ya las campañas religiosas de miedo contra Jefferson (cf. Fea 2018, 13ss, 75ss.) permiten reconocer que, desde sus comienzos, el programa liberal de separación de la Iglesia y el Estado fue atacado por los partidarios religiosos de una nación cristiana. Sentencias judiciales posteriores (p.ej. 1947 Everson vs. Board of Education) y la Enmienda Johnson (1954) confirman, no obstante, la interpretación de Jefferson. La prohibición a las organizaciones religiosas de realizar propaganda política, establecida en la Enmienda de Johnson, explica por qué en las campañas de evangelización antes de las elecciones no se habla de "republicano", sino de "rojo"; y "rojo" se dice claramente. Resumiendo: Es precisamente la separación entre el Estado y la Iglesia, establecida constitucionalmente, la que ha conducido a una fuerte y constante reescenificación de la religión en el discurso social y político (Noll 2008, 28 s.).[21]

No obstante, a diferencia de muchas naciones europeas y latinoamericanas, hay que poner en claro que la posición no puritana no significa que sea antirreligiosa. Ya en el mencionado discurso inaugural de George Washington, el primer presidente entiende el perfeccionismo, la aspiración del pueblo de EE.UU. a "libertad, paz y felicidad", como una bendición de la Divina Providencia. También el excepcionalismo aparece de manera implícita con su referencia a que ningún pueblo puede estar más obligado que los EE.UU. a reconocer y adorar la mano invisible de la providencia.

Con respecto a los entrelazamientos entre los EE.UU. y América Latina es precisamente la orientación deísta-religiosa de los supuestos políticos seculares la que muestra una coincidencia parcial entre sus disposiciones y las de los puritanos. De esta manera, siguiendo a Robert Bellah, se podría hablar de una religión civil deísta-cristiana generalizada. La religiosidad puritana, de antaño y de hoy en día, retoma aspectos determinados de la religión civil y los radicaliza. El excepcionalismo y las obligaciones que conlleva para con los menos

---

[21] De manera similar Prätorius 2003, 61s.

afortunados – por ejemplo, la gente al sur del Río Grande – ya no se encuentran solamente en una vaga providencia, sino que se cimentan en un Dios que legisla y castiga y que se encuentra en una lucha contra Satanás. A través de esta homología de los *habitūs*, el mito cristiano de la fundación de los EE.UU., junto con su obligación de llevar la "Luz de los Pueblos" a otros pueblos y naciones fue convirtiendo con el tiempo en un operador altamente eficaz en el campo político, que también produce homologías entre la expansión política, militar, económica y religioso-misionera.

Perfeccionismo y expansión: la primera mitad del siglo XIX

En la primera mitad del siglo XIX hasta la Guerra Civil (1861-1865) existe un amplio consenso sobre el proyecto utópico del modernismo estadounidense: la creación de la Nueva Jerusalén en el territorio de la nación por medio de la conversión a un cristianismo vivido conscientemente y por el mejoramiento moral. La idea metodista de la mejora individual y social a través de la actuación moral se unió a la expectativa postmilenarista de un reino de mil años en la tierra. Esta posición era compartida en forma moderada por la mayoría de las iglesias participantes del Congreso de Panamá, como ya lo hemos visto. Pero estas iglesias distaban de ser todas las que participaban activamente en la misión en Latinoamérica. La disputa en torno a la comprensión de la Biblia en el protestantismo estadounidense condujo al surgimiento del evangelicalismo en oposición a las iglesias *mainline*.

La diferencia entre la comprensión literal de la Biblia como un código de leyes y como un documento histórico – pero que también así representa todavía la palabra de Dios (las ambivalencias correspondientes pueden reconocerse en los documentos del Congreso de Panamá) – se entiende a partir de la situación social de los actores. Las comunidades bautistas y metodistas de los asentamientos fronterizos no disponían de personas con formación teológica y los pequeños asentamientos rara vez contaban con instituciones jurídicas. Es así entonces que las leyes tenían que ser aplicadas por aquellos que sabían leer el único documento legal que existía y que por lo menos estaba disponible en la iglesia: la Biblia. La Biblia creaba el orden público, el sentido común comunitario y la autonomía local. Como instancia legal tenía que ser interpretada literalmente y reclamar su validez pública. Esto era de vital importancia para las comunidades de colonos. Como lo destaca Huntington, crear una ley oscilaba entre el derecho, la moral y la religión, e incluso la razón de Estado tenía que ser legitimada moral y religiosamente (Huntington 1982, 241 s.). Por el contrario, en la Costa del Este, los teólogos de las iglesias protestantes ya establecidas (presbiterianos, episcopales, congregacionalistas y algunos metodistas) de la burguesía urbana adoptaron una interpretación histórica de la Biblia, influida por Europa. En la zona rural del los EE.UU., esta posición solo podía percibirse como un atentado al orden público y, en última instancia, a la Palabra de Dios y a Dios mismo. Sin embargo, la división se produjo plenamente solo en la segunda mitad del siglo XIX, sobre todo por el desarrollo del fundamentalismo bíblico y de las sociedades misioneras evangelical-conservadoras independientes. La diferencia que resultó aquí es relevante hasta la actualidad para el entrelazamiento entre la misión estadounidense y los conversos latinoamericanos.

Un segundo desarrollo religioso-cultural de gran importancia es el perfeccionismo, que sobre todo fue impulsado por el Segundo Gran Avivamiento metodista (entre 1837 y 1838, Charles Finney, Henry W. Beecher, Richard Allen). A los metodistas les preocupaba la santificación, que se muestra en la actuación moral y contribuye a un perfeccionamiento individual y colectivo. Esta idea se fundió con el tiempo con la de los Padres Constitucionales acerca de la "búsqueda de la felicidad" (*pursuit of happiness*) y se convirtió en la idea de un perfeccionamiento civilizador. De este modo, incluso el *habitus* de la aspiración llega a ser un bien cultural, como requisito previo para el mandamiento de reinventarse a sí mismo una y otra vez y, con ello también, de una fuerte expresión de apertura hacia el futuro. Ya no existe una ética social metodista por la que hay que luchar, sino puede ser cualquier objetivo, en especial, la "búsqueda de la suerte" individual. La tradición religiosa fortalece desde entonces la idea del sueño americano y se adelanta ya con su teleología religioso-social al desarrollo de la teoría de la evolución de Darwin hacia el darwinismo social de la Edad de Oro en los años 80 del siglo XIX. El afán religioso de conseguir la prosperidad económica tiene su origen aquí. En esta fase, van de la mano el optimismo social y la confianza en sí mismo lograda a través de la religión.

En consecuencia, la religiosidad de avivamiento – en oposición a la doctrina calvinista de la elección – sostiene que cada ser humano es responsable de su salvación. Este voluntarismo religioso argumenta que cada persona elige su salvación y se preocupa de no perderla, o la rechaza. Cada cual es "artífice de su salvación". El éxito o el fracaso, en todo caso, es responsabilidad de cada uno. La idea de salvación se traduce en la voluntad de desempeño individualista, que encaja sin fisuras en la organización económica del individualismo posesivo. La justificación de las posesiones a partir del esfuerzo exitoso acompaña esta transformación implícitamente. A la inversa quiere decir: quien es pobre es que no se ha esforzado de manera suficiente.

Sin embargo, el giro voluntarista por medio de la teología de avivamiento no significó que la tradición objetivista del calvinismo (ser elegido por Dios, el pacto especial con los EE.UU., la orientación legalista) se hubiese vuelto completamente obsoleta. Ambos *habitūs* religiosos pueden fusionarse fácilmente, si la teología federal (*covenant theology*) y el excepcionalismo se comprenden como marco de los esfuerzos de los individuos. Con esto, el motivo del perfeccionamiento también tiene efectos en la relación exterior.

Excepcionalismo, política exterior y misión

Con el término de "relación exterior" nos referimos, en un principio, al interés en la expansión de los límites de colonización en el oeste. En la literatura, a menudo, se habla de la conexión entre excepcionalismo, teología del pacto, milenarismo, doctrina Monroe, destino manifiesto y panamericanismo. Y con toda razón. La disyuntiva esbozada por Huntington (1982, 40ss.) entre cruzada y aislamiento se encuentra representada en la tensión entre el aislacionismo ("no tener alianzas de entrelazamiento [*entangling alliances*] con nadie", Jefferson 2006) y el desarrollo fáctico, iniciado por Madison, hacia la doctrina Monroe. El Otro extraño, o puede ser indiferente, o ser considerado de una manera casi histérica como el cuestionamiento de la propia identidad y existencia, o también como confirmación de la propia conciencia de misión. Así lo propio se transfigura: la religión cristiana como elemento de un proyecto utópico de la modernidad. La doctrina Monroe (1823), formulada justamente en el periodo de las luchas por la independencia en América Latina y luego de una serie de intervenciones armadas en los territorios de las colonias de España, es ambivalente desde un principio. Es una doctrina para protegerse contra la intromisión colonialista y, a la vez, es la reivindicación de la hegemonía hemisférica de los EE.UU. En la política se asoció rápidamente con el motivo del Destino Manifiesto, del "destino evidente" de los EE.UU., determinado por la providencia, de tomar posesión de todo el continente. En este sentido, el presidente James K. Polk utilizó en 1845 esta doctrina de manera ofensiva para legitimar la guerra contra México, y, más tarde, los misioneros repartieron biblias en los territorios mexicanos anexados.[22]

La "Nueva Jerusalén", según Marcia Pally (2008), madura en una nación que ha experimentado que la violencia, la libertad y la bendición de Dios están en una relación recíproca positiva.

Para posicionar a las iglesias protestantes en el marco de estos desarrollos, el teólogo calvinista Lyman Beecher ideó en su tratado ampliamente difundido *A Plea for the West* ("Un clamor por el oeste", Beecher 1835, es decir, casi una década antes de la anexión de la mitad del territorio de México), una estrategia de expansión, en la cual asocia la misión universal protestante con la propagación del modelo estadounidense de "libertad" (*Liberty*). El triunfo de la misión protestante se equipara con la difusión de la civilización de la libertad por orden de la Divina Providencia. "Pero si esta nación en la Providencia de Dios está destinada a liderar en el camino hacia la

---

[22] También la compra de Louisiana en 1803 y el resultado de la Guerra con Cuba, etc., fueron apreciados como actos de la Divina Providencia.

emancipación moral y política del mundo, ha llegado la hora de que entienda su alta vocación y se prepare para la obra" (Beecher 1835, 11). Beecher ya amplía su mirada a Latinoamérica donde, según él, era necesario eliminar las fuerzas de la superstición en contra del despotismo del clero católico (Beecher, 1835, 117s.).

Mientras Beecher escribía, en América Latina tenían lugar las guerras por la independencia y el ascenso de los liberales al poder; en tanto que en los EE.UU., ya desde 1810, trabajaba el calvinista *American Board of Commissioners for Foreign Missions* (ABCFM, Junta Estadounidense de Comisionados para Misiones al Exterior). Un aspecto del trabajo de la ABCFM con los *Native Americans* es interesante para la cuestión de los entrelazamientos y aparece también con frecuencia entre los misioneros estadounidenses en Latinoamérica durante las décadas de 1970 y 1980.[23] El trabajo de los misioneros con los grupos indígenas los condujo a que se pusieran en contra de las políticas de desplazamiento y expulsión en contra de estos (como por ejemplo contra la Ley del Traslado Forzoso de los Indios de 1830 – *Indian Removal Act*). Es decir, se puede producir una identificación con los afectados y una inversión de la función. Esta lógica es incluso deseada en el trabajo religioso moderno de cooperación, por ejemplo, por parte de los Ministerios Globales de EE. UU (*Global Ministries*, USA).

En el transcurso del siglo XIX hasta 1916, la mayoría de las iglesias históricas protestantes fundaron sociedades misioneras confesionales, que comenzaron su trabajo ya en la primera mitad del siglo XIX.[24] Una nueva forma de organización, que nace del movimiento del avivamiento evangelical, se desarrolla un poco más tarde, en la segunda mitad del mismo siglo. Surgen organizaciones según el modelo de las sociedades comerciales, orientadas en determinados temas; o sea, prácticamente son organizaciones no gubernamentales

---

[23] Ross und Gloria Kinsler, Irene und Robert Foulkes, John und Irene Stam y otros.

[24] 1825, Presbyterian Church USA en Argentina; 1824 en Colombia y 1827 en México, siguiendo una invitación de los liberales.

(ONG): *Young Men's Christian Association* (1844), *Student Volunteer Movement* (1886), *Central America Mission* (1890), *Latin America Mission* (1921), y en el transcurso del siglo XX casi un número difícil de abarcar. El posicionamiento de la mayoría de estas nuevas organizaciones no es tan cuidadoso como el de los misioneros en Panamá. Prien (1985, 764) cita a la Conferencia de la Misión de Nueva York, 1913, que declara que si las iglesias en los países de misión son o no cristianos, no tiene ninguna importancia. Lo que sí tiene relieve es que "a millones y millones de sus habitantes se hallan prácticamente privados de la palabra de Dios y no saben siquiera qué es el Evangelio".

Y para que una organización no ligada a iglesias pueda llevar el evangelio a los no creyentes, se necesita dinero. El *Laymen's Missionary Movement* (1906, Movimiento Misionero Laico, Speer y Mott pertenecen a él) es uno de los muchos ejemplos de la institucionalización y profesionalización con modernas técnicas empresariales (Rosenberg 1999, 32s.). Una de estas técnicas para la captación de recursos era el levantamiento de fondos, el llamado *Fundraising*, que tenía una enorme importancia en la orientación del contenido de las organizaciones. Mientras más terrible se presentaba la situación de los seres humanos bajo el gobierno de la pobreza, la violencia, el autodesprecio, la estupidez, el retraso, etc., mucho mejor podía presentarse a los donantes como salvadores, conocedores, capaces y como representantes superiores de la especie para obtener así mayores cantidades de dinero. Un ejemplo legendario es el "Espectáculo de la oscuridad y la luz" (Cambridge Tribune1911), presentado al margen de una exposición misionera en Boston, en 1911. Nativos, esquimales y africanos experimentan allí, en su oscuridad, el mensaje de la luz entregado por los misioneros. La brutal construcción de otredad (*othering*) y la degradación de los destinatarios de los misioneros pueden utilizarse muy bien como técnica de financiación, porque el racismo ni siquiera había sido superado entre los seguidores del Evangelio Social. Josiah Strong (1847-1916) fue uno de los fundadores del Evangelio Social y, al mismo tiempo, un racista de tomo y lomo. En su libro *Expansion*[25] desarrolla, sobre la base de una diatriba sobre la economía y el dominio mundial de los EE.UU., una astuta teoría en torno a la libertad e independencia de los pueblos en vías de desarrollo, en este caso, Filipinas. Libertad verdadera significa vivir bajo la correcta ley estadounidense; independencia, por el contrario, significa permanecer en el retraso, etc. Un misionero citado por Rosenberg (1999 43s.) ve incluso una función eficaz de la cristianización en la expansión, pues "todavía ciega e indignamente, pero luego bajo Dios, segura y constantemente, las naciones cristianas están subyugando al mundo para liberar a la humanidad".

Reflexiones de eficiencia económica hicieron que los recaudadores de fondos buscaran donantes solventes, los cuales solían traer al juego religioso, de manera similar a Strong, sus propias ideas condicionadas por la economía. De manera inversa, los misioneros protestantes en el transcurso del siglo se fueron dando cuenta de que los centros de comercio eran útiles para sus propósitos. Y los comerciantes e inversionistas también advirtieron que las actividades misioneras, de una u otra forma, constituían un contexto útil para sus actividades, por ejemplo, en las ciudades portuarias. Algo similar puede haber sido el caso de los militares. En todo caso, la YMCA creció después de 1898 sobre todo en Cuba y las Filipinas (Rosenberg 1999, 31). Samuel Capen del *Laymen's Missionary Movement* es citado con la opinión de que un pagano, cuando se ha convertido, también desea tener ropa cristiana, así como también mobiliario y herramientas cristianas y "otras cosas que distingan la civilización cristiana de la vida estrecha y degradada de los paganos" (Rosenberg 1999, 32). Enton-

---

[25] Así Rosenberg (1999, 44). Cf. Strong 1900, 284 ss. Strong desarrolla aquí una teoría de legitimación de la hegemonía mundial de los EE.UU. fundada en una supremacía económica y racista. El capitalismo desarrollado necesita mercados extranjeros (72 ss.) y las regiones contempladas son, entre otras, el Canal de Panamá y el Mar Mediterráneo "anglosajón". La "aldea mundial" (214) necesita una nueva política y ética, una policía mundial que sepa ejercer una violencia bien intencionada, así como también, claridad en la distinción entre libertad e independencia.

ces, existe una identidad de intereses objetiva, percibida subjetivamente entre el quehacer de los misioneros y el de los comerciantes en la cristianización del mundo, en la cual el interés de los comerciantes es la ganancia y el de los misioneros la propagación de su fe, y esto significa también, su posición en el campo religioso.

En Latinoamérica, la Iglesia Católica era la principal opositora de la misión protestante. En casa, en los EE.UU., los protestantes tenían que vérselas desde la época colonial, por ejemplo, en la guerra "French and Indian War" (1754–1763) con franceses católicos y, más o menos a partir de 1812, con los migrantes de Irlanda y Alemania, grandes bebedores de cerveza, pero no con un poder hegemónico. Sin embargo, Lyman Beecher (1835, 61ss.), así como las comisiones del Congreso de Panamá, critican el sistema católico como "adverso a la libertad", aunque individualmente, los católicos no deberían ser temidos o discriminados en razón de su creencia. Pero los papistas han caído como "saltamontes ... de las colinas y llanuras de Europa" a los "verdes pastizales" de los EE.UU. Por eso, para que los católicos no sean conducidos al "altar de los demonios", tienen que ser convertidos (Beecher 1835, 78).

Guerra civil, la cuestión de las clases y la religión: segunda mitad del siglo XIX

La Guerra Civil por la cuestión de la esclavitud y, en última instancia, también por el predominio de uno de los dos sistemas económicos, el patriarcal rural o el capitalista urbano, así como sus consecuencias, dividieron profundamente no solo el siglo XIX, sino también a toda la población de EE.UU. El historiador Mark Noll (2008, 1) sostiene que la raza y la religión en conjunto pertenecen a los factores de mayor influencia política en los EE.UU. Este racismo traspasa también la teoría y planificación de la misión. En cambio, en América Latina tiene en todo caso un papel secundario. Las iglesias negras son muy importantes para el protestantismo estadounidense, pero no para la misión, porque contrariamente al protestantismo blanco, nunca han visto razones para una expansión civilizadora. Entonces, nos ocuparemos solo de los aspectos directamente importantes para el entrelazamiento.

La cuestión social y el milenio

Muy importante para el entrelazamiento de los diferentes tipos de misión con actores latinoamericanos es el surgimiento de dos concepciones religiosas del tiempo muy diferentes que reflejan la división social causada por la industrialización en la Edad Dorada, ¡no de oro, sino enchapada en oro! La antigua idea de construir un Reino nacional de Dios en la tierra mediante el perfeccionamiento moral depende de un margen de acción que permita la iniciación de las acciones correspondientes. Sin embargo, estos planes "*post*milenaristas" fueron frustrados por la Guerra Civil. Bajo las condiciones de la industrialización, la idea de un perfeccionamiento terrenal solo entra en consideración para las clases altas y se puede unir muy bien con el evolucionismo secular e, incluso, con el darwinismo social. No obstante, de esta línea tradicional se desarrolla el llamado Evangelio Social, que está presente en la programática del Congreso de Panamá, cuya línea más influyente está representada por el comprometido teólogo bautista Walter Rauschenbusch (1861-1918), quien estaba a favor de cambios estructurales, sobre todo en relación con el capitalismo, militarismo e individualismo. De acuerdo a este teólogo, el Reino de Dios no debería construirse del todo, sino solo debería hacerse, en parte, tangible. En la actualidad esta posición es compartida, entre otros, por los evangelicales de izquierda en EE.UU. y América Latina.

Sin embargo, el proletariado y aún más los trabajadores informales tienen en su situación pocas perspectivas de acción. La antigua idea del tiempo ya no correspondía a sus condiciones de vida. La solución vino de los predicadores conservadores del avivamiento – entre otros, Cyrus Scofield y Dwight Moody – que argumentan que "en realidad" todo avanza hacia el fin del mundo y empeorará cada vez más hasta que el Señor lleve a los verdaderos creyentes al cielo y entonces Él mismo abrirá las puertas del Reino milenario. De esta manera, la construcción del Reino de Dios ya está fuera de la competencia humana, ya no es más un proyecto nacional, aunque la conversión a la fe correcta es más importante que nunca. En este *pre*milenarismo se encuentra, desde el cambio de siglo, el germen de la actividad dirigida a la conversión y creación de iglesias de las "misiones de fe" evangelicales que muestran poco interés en los cambios civilizadores. Los predicadores premilenaristas – al igual que los sindicatos – retoman los abusos sociales que sufre el proletariado, pero dan respuestas "más americanas"; en todo caso, respuestas que no conllevan perspectivas de cambios estructurales. La persona tiene que decidirse por Cristo y superar la crisis mediante la autodisciplina y la actividad religiosa. En otras palabras, esto compensa la marginalidad social por medio de la actuación religiosa. Además, las organizaciones ofrecen ayudas caritativas. En América Latina, también, las simples posiciones evangelicales, orientadas al entorno inmediato y justificadas autoritariamente en un verso bíblico encuentran resonancia en la clase baja. Las nuevas "misiones de fe" evangelicales estuvieron representadas solo en parte en el Congreso de Panamá.

2.3 Perfeccionamiento de los puritanos: emoción, carisma y poder

Movimiento pentecostal

El movimiento pentecostal no estuvo en absoluto representado en el Congreso de Panamá. Este movimiento religioso de las clases bajas de negros y blancos se separó, a principios del siglo XX, de la estancada disputa fundamentalista cultivando las prácticas extáticas del movimiento de santidad evangelical y dándoles un nombre: derramamiento del Espíritu Santo el día de Pentecostés. El "movimiento pentecostal" fundó su primera comunidad oficial (Azusa St., Los Ángeles) en 1906 liderado por el predicador afroamericano William Seymour. Se extendió muy rápidamente entre la población marginada de blancos y negros y también directamente a México, a través del pequeño tránsito fronterizo de migrantes. El mérito especial del movimiento fue la legitimación carismática "desde abajo", que prometía autoridad divina, incluso a los analfabetos, y que se reconocía por una forma de hablar extática (la glosolalia). Además, al poner énfasis en la sanación milagrosa recogió una importante demanda religiosa de los marginados. La comunidad de Azusa St. se dividió después de pocos años a causa de problemas raciales en una congregación blanca y una negra. (Se dice que los blancos se llevaron los fondos de la iglesia.) El movimiento pentecostal negro que surgió de allí no practicaba ningún tipo de misión exterior, incluso, hoy en día solo en pequeña medida. El movimiento pentecostal blanco[26] – en especial, las grandes Asambleas de Dios – pronto echó mano al principio fundamentalista de las Escrituras, se esforzó por alcanzar una organización jerárquica y empezó con la misión exterior, utilizando rápidamente el recurso de la radiodifusión. También el movimiento adoptó el modelo de las empresas religiosas independientes[27] para desarrollar su labor misionera. Los misioneros legitimados carismática (es decir, a través del reconocimiento de la afirmación de haber recibido la revelación divina) y legalmente (mediante estudios y certificación) se interesaban únicamente por la misión de conversión, la celebración de servicios religiosos extáticos y la ampliación de sus congregaciones. En los EE.UU. el movimiento pentecostal blanco se volvió rutinario, se acercó a la clase media baja y cada vez más empezó a parecerse a los evangelicales. Los impulsos religiosos extáticos tienen mucho mayor efecto en América Latina.

Movimiento Neopentecostal

Un hecho decisivo para la actualidad sucede en la década de 1950 con la fundación de la *Full Gospel Businessmens Fellowship Inter-*

---

[26] Sobre todo: *Assemblies of God* (1914), la *Church of the Foursquare Gospel* (desde 1923), la *Pentecostal Church of God of America* (1919), la *Church of God*, Cleveland (cerca de 1907), la *Church of God of Prophecy* (1923) y la *Pentecostal Church of Christ* (1917). En 1948 fue creada la hermandad *Pentecostal Fellowship of North America* como organización paraguas.

[27] P. ej. Jimmy Swaggart, Oral Roberts, T.L. Osborne y Manuel "Yiye" Avila (Puerto Rico).

national (FGBMFI) – Fraternidad Internacional de Hombres de Negocios del Evangelio Completo, FINHEC) – por el millonario Demos Shakarian. La organización logró rápidamente dar el salto a la clase alta y la clase media alta con numerosos políticos, industriales y militares entre sus miembros. A comienzos de la década de 1960, la nueva tendencia junto con el llamado movimiento carismático se amplió hacia el protestantismo histórico y, finalmente, en la década de 1980, con la llamada "Tercera Ola" a las iglesias evangelicales. De forma paralela, del pentecostalismo con Kenneth Hagin y el matrimonio Copeland surgieron predicadores de "Salud y Riqueza" (*Health and Wealth*) con gigantescas empresas de entretenimiento religioso. Su mensaje es perfectamente compatible con el del esoterismo del siglo XIX (Phineas Quimby) y su actualización mediante el "pensamiento positivo" en la industria motivacional de la década de 1950 (Norman Vincent Peale, el pastor del joven Trump y amigo personal de Richard Nixon).

El movimiento se ha organizado mucho menos en concordancia con el modelo de las iglesias tradicionales, sino más bien, como la clientela de predicadores famosos. Entre muchos otros, se pueden nombrar en la década de 1980 – cada uno con su canal de televisión propio – , a Pat Robertson (*Christian Broadcasting Network*, CBN), Jim Bakker (*Praise The Lord*, PTL) y Paul Crouch (*Trinity Broadcasting Network*, TBN), quienes también participan activamente en la derecha religiosa. En la década de 1970 se formaron además movimientos autoritarios y teocráticos en torno a la doctrina del dominio, del reconstruccionismo con el programa de dar rango constitucional a la ley del Antiguo Testamento y de la doctrina autoritaria del discipulado.

Actualmente se ubican en esa tradición especialmente las nuevas empresas de la prosperidad (por ejemplo, la elegante Paula White con acceso directo a Donald Trump) y los postmodernos y casuales carismáticos de la *Independent Network Charismatics* (INC., Carismáticos Interconectados Independientes) en la *easy going California*. Lo decisivo es que este nuevo movimiento se orienta a la demandas religiosas de la moderna clase media alta y a la clase alta. Unen la legitimación carismática de sus propias posiciones y estrategias con la capacidad de acción social y política de las clases sociales privilegiadas y la canalizan en apoyo de la derecha religiosa.

Todos estos actores de ninguna manera están perdidos para la causa puritana. Muy por el contrario. Ya que con los medios más modernos y un alto grado de competencia manipuladora difunden las prioridades puritanas centrales e, incluso, van todavía más allá: el Estado teocrático, el excepcionalismo, la expansión en interés del "dominio", el motivo de la demonización como "guerra espiritual" y el bienestar en la forma capitalista de la prosperidad individual; por supuesto que todo esto en el modo neoliberal del Partido Republicano.

Max Weber ha comprobado un parentesco entre el calvinismo radical de las colonias de la Nueva Inglaterra y el Islam radicalizado. El "aristocratismo de la salvación" de ambos obliga a los respectivos creyentes a "dominar el mundo del pecado para la gloria" de Dios y a dar a luz la figura del "luchador por la fe" que lleva la guerra santa y justa (Weber 1983c, 448; de manera semejante también en otros lugares). La cuestión es: qué es lo que queda y qué es lo que hasta puede ser reforzado, cuando se produce el entrelazamiento con la práctica protestante en América Latina.

3. Entrelazamiento de las disposiciones religiosas

Este entrelazamiento se realiza bajo condiciones que la preceden. Por eso, es importante comprender las diferencias entre las regiones y los actores que participan en él. Sobre esta base podemos conseguir una visión general de los operadores más importantes que toman parte en este proceso de entrelazamiento y los cambios que se producen en ellos en razón de esta interrelación. Dado que nuestro interés, a causa de la facticidad histórica, se centra prioritariamente en la dinámica de entrelazamiento desde los EE.UU. hacia Latinoamérica y ya nos hemos dedicado a los EE.UU., empezaremos con una breve reflexión sobre las condiciones de América Latina. Luego retomaremos las disposiciones religiosas del protestantismo misionero estadounidense y esbozaremos sus transformaciones a través del proceso de interrelación.

3.1 Condiciones del entrelazamiento religioso

En los EE.UU., como hemos visto, el protestantismo tuvo un papel decisivo en la colonización y representaba la razón de ser del nuevo Estado: la Nueva Jerusalén, la Ciudad sobre la Colina. El protestantismo puritano era el símbolo exitoso de la liberación del poder colonial y de una revolución perfecta, de modo que los protestantes conservadores hoy en día todavía sueñan con una reforma del sistema político como un retorno al estado original de una "nación cristiana" de los blancos. La división étnica (*"racial"* como se dice allá) es un punto central. En cambio, en América Latina, la Iglesia Católica ha sido tradicionalmente el poder hegemónico religioso y social. El protestantismo fue primeramente un intruso subalterno, que solo en el transcurso del tiempo ha podido ocupar una posición relativamente fuerte; esto, sin embargo, por el precio de una serie de transformaciones que tuvieron lugar por su entrelazamiento con la realidad latinoamericana.

Hacienda

En América Latina, la Iglesia Católica tiene un papel similar al del protestantismo en los EE.UU. No obstante, lo cumple de manera diferente. En relación con las potencias coloniales europeas y premodernas estabilizó una estructura social jerárquica orientada por el sistema de estamentos a través de una estructura organizativa igualmente jerárquica y una práctica religiosa ritualista. La hacienda, su jerarquía, sus relaciones corporativas de responsabilidad, su protección religiosa mediante una legitimación directa de la Iglesia Católica (cada hacienda tiene una capilla), así como la homología de esta estructura con la estructura general de un poder social que estaba representando *pars pro toto* a la sociedad colonial latinoamericana. La hacienda desapareció como institución o, respectivamente, como dispositivo en los últimos años del siglo XIX, pero las disposiciones que surgieron de ella siguieron teniendo efecto por mucho tiempo[28]: la orientación en las jerarquías y las fuertes estructuras corporativas en la familia; la economía; la religión y la política; la centralidad de las relaciones de la gran familia en vez del individualismo, tanto en la clase alta como también en la clase baja; la impermeabilidad de los límites de las clases para el ascenso social. En los procesos actuales de refeudalización (Cf. Kaltmeier 2019), tales disposiciones están conectadas de una manera completamente nueva con la lógica neoliberal, surgiendo así un autoritarismo moderno. En relación con la política, es preciso señalar que en América Latina, a diferencia de los EE.UU., el Estado fuerte es algo natural. En relación con la religión, la afinidad de las disposiciones de la hacienda con el catolicismo organizado jerárquicamente es evidente. En cuanto al movimiento pentecostal, ya pudo comprobarse en la década de 1970 (Lalive d'Eponay

---

[28] Kaltmeier (2016) siguiendo a Foucault, entiende la hacienda como un "dispositivo", es decir, como una unidad social distinguible que está formada por la institucionalidad, las prácticas recurrentes y las correspondientes disposiciones de los actores. Si se asume que el *habitus* puede sobrevivir cuando terminan las estructuras que le corresponden (efecto histéresis, Bourdieu), entonces es de suponer que se pueden encontrar las actitudes y comportamientos de la hacienda incluso bajo estructuras sociales que han cambiado.

1969; 1975) que las comunidades o, respectivamente, las iglesias habían asumido en un contexto económico capitalista, las funciones sociales de la desaparecida hacienda. En Brasil, se aprecia un efecto similar en el papel de los *pastores presidentes,* que dirigen sus iglesias como una hacienda.

Liberalismo

El segundo factor estructural es el liberalismo de los movimientos independentistas. Las élites criollas, nacidas en Latinoamérica, que deseaban el comercio con los EE.UU. e independizarse de la monarquía europea, principalmente aspiraban conseguir la liberalización en el sector económico y constituciones republicanas. Empero, el liberalismo económico no descarta la dictadura como forma de gobierno (Guatemala), ni tampoco la posibilidad de un desarrollo social revolucionario (México). Los liberales debilitaron la Iglesia Católica – en proporción diferente según el país (lo menos en Costa Rica y Paraguay; fuertemente en México y Uruguay) – al nacionalizar los bienes eclesiásticos, dictar constituciones laicistas y abrir el campo religioso mediante la libertad de religión. Desde una perspectiva religiosa existe así una afinidad con el protestantismo. De importancia capital es la laicidad del Estado y, de esta manera, la eliminación de la presencia católica del campo político. En América Latina, la laicidad fue el resultado de una lucha sangrienta para terminar con el régimen colonial y objeto de continuos y, a veces, violentos enfrentamientos entre dos facciones de la clase dominante. En consecuencia, la laicidad en América Latina era y sigue siendo una cuestión política mucho más controversial que en los Estados Unidos, donde la Primera Enmienda Constitucional fue objeto de un debate político entre un grupo fuertemente y otro ligeramente religioso. Además, la separación entre Estado e Iglesia fue constantemente socavada en el debate público; y en la actualidad, la Primera Enmienda se ha vuelto a convertir de nuevo en objeto de conflictos a causa de los intentos fundamentalistas de manipulación religiosa de la Constitución.

Lucha de élites

En América Latina, no obstante, el conflicto con los representantes del sistema colonial no terminó con el establecimiento de las repúblicas liberales. Más bien, la tensión entre las fuerzas originariamente coloniales, conservadoras y procatólicas, por un lado, y las fuerzas originariamente anticoloniales, económicamente liberales y capitalistas por el otro, continúa hasta hoy en forma de luchas entre las diferentes facciones de las élites, como se refleja especialmente en los sistemas bipartidistas, por ejemplo, el colombiano. Las viejas oligarquías tienden a ser procatólicas y a aliarse con los derechistas católicos tradicionalistas, como el Opus Dei, los Legionarios de Cristo, etc. Estos son los únicos que miran hacia atrás y recuerdan la época colonial como una época dorada. En contra están los neoliberales ascendentes y tecnócratas, antes cercanos al protestantismo histórico y hoy partidarios del asi llamado "evangelio de la prosperidad", que miran positivista y evolucionistamente hacia adelante, a menudo hacia una "americanización" de la sociedad. Una y otra vez puede verse que con la circulación de las élites, diseñada por Pareto (Pareto 1916), en la que los "zorros" combinatorios y los "leones" persistentes se reemplazan entre sí, también las oportunidades de que los diferentes actores religiosos influyan en la política, suben o bajan.

Izquierda evangelical

Sin embargo, esta mecánica no significa que la separación jerárquica impermeable entre la parte superior e inferior de la sociedad haya quedado terminada. Incluso hoy en día, la estructura jerárquica de la sociedad se muestra tercamente persistente, aunque el hecho de haber sido bendecida por la Iglesia Católica antes del Concilio Vaticano II contribuyó al desarrollo de movimientos de resistencia no religiosos o anticlericales desde abajo. Significativamente, en los EE.UU. este no fue el caso. Werner Sombart (1906) señaló a comienzos del siglo XX que en los EE.UU. no había socialismo, pero que pronto se desarrollaría. Por lo visto Sombart no había contado con la cooptación de una gran parte de los trabajadores industriales en el siglo XIX por los evangelicales. Por el contrario, en América Latina, movimientos y partidos socialistas y marxistas estables se desarrollaron con brío anticatólico tanto en las ciudades como en el campo. Esto tiene varios efectos en el campo religioso. El más fuerte es probablemente la transformación del catolicismo por influencia de la Teología de la Liberación y de sus organizaciones de base. En el protestantismo, desde mediados del siglo XX, existen por un lado afinidades con los partidos políticos de izquierda (por ejemplo, APRA en Perú, PRD en México), presumiblemente debido a las posiciones homólogas de los dos actores marginales en relación con las clases dominantes y la Iglesia Católica. Por otra parte, de la semejanza de posiciones surgió también una competencia objetiva, por ejemplo, entre el movimiento de los trabajadores y el pentecostal en Chile (no por último, debido al tiempo que los miembros invertían en las organizaciones respectivas). La estructura social rígida y la plausibilidad social de las alternativas socialistas condujeron dentro del protestantismo latinoamericano a la formación de grupos reformistas y revolucionarios, como en Brasil, la *Confederação Evangélica do Brasil* (CEB), de base estudiantil y orientación ecuménica, bajo la dirección del presbiteriano Waldo César ya en 1934. Como consecuencia de estos desarrollos, el Evangelio Social (*Social Gospel*) es "arrastrado hacia la izquierda" al modo latinoamericano. Incluso la piedad de conversión de las organizaciones evangelicales y pentecostales estadounidenses fue alcanzada por este desarrollo a principios de la década de 1970.

De todas maneras es necesario señalar que en el protestantismo latinoamericano – según estudios anteriores (entre otros, Schäfer 2009) –, la transformación política de las creencias políticas no es tan evidente como en el caso del protestantismo estadounidense. En los EE.UU., esto se aprecia, en especial, en la carga política de las ideas apocalípticas y en la utilización política de la doctrina de la guerra espiritual. En cambio, en América Latina, el protestantismo, precisamente en su variante pentecostal, está anclado sobre todo en la vida cotidiana. Las actividades políticas de los actores protestantes han empezado a ganar importancia a través de los grupos neopentecostales de la clase media alta moderna, y hoy en día se han vuelto mucho más agresivas.

Comparación de valores

Cuando se trata de las diferencias entre EE.UU. y América Latina como condiciones para el entrelazamiento, se suele identificar al protestantismo latinoamericano con determinados valores proyectados a los EE.UU., que supuestamente deberían ser diametralmente opuestos a los valores latinoamericanos. En esta comparación de valores, la mayoría de las veces desde la perspectiva estadounidense, hay un granito de verdad y un granito de ingenua autopercepción. Por ejemplo, se considera que los EE.UU. tienen libertad e igualdad, y están asociados con los principios filosóficos de Locke, Madison y Jefferson que, por supuesto, solo se interpretan *ad bonam partem*, aunque sin duda se podría criticar la preparación de Madison para la expansión global (Cf. Williams 1980, 48ss., 59ss., 70ss.). Seymour Lipset describe a los EE.UU. como una sociedad de agricultores libres, mientras que vislumbra en América Latina una profunda desigualdad a causa del contraste entre el latifundio y el minifundio. Según este cuadro, en América Latina se postula una forma de Estado antidemocrática basada en la desigualdad, mientras que para los EE.UU. se postula lo contrario.[29] En este marco, recae en la misión protestante que trabaja en América Latina casi automáticamente el papel de llevar libertad e igualdad a las naciones latinoamericanas. En una aplicación particularmente ingenua de la "tesis de Weber" – como ya se ha señalado en la introducción – se supone que la ética protestante (acuñación metodista) traería consigo a América Latina

---

[29] Cf. Para tal fin compare las breves explicaciones de Krumwiede (2002, 26 ss.) Los argumentos mencionados, sin embargo, ocultan el hecho de que en los Estados Unidos el sistema político bipartidista está sellado plutocráticamente contra cualquiera posibilidad de una candidatura que no se financie con grandes sumas de dinero de la economía. Y en vista de América Latina se oculta la aplicación de procedimientos democráticos que han llevado a un período de gobiernos socialdemócratas o socialistas.

un empuje de progreso y un "mejoramiento" a las personas. Tales suposiciones sobre el papel del protestantismo tienen su grano de verdad en el hecho de que existen diferencias de *habitus* entre los católicos tradicionales de América Latina y los protestantes de los EE.UU. que, por supuesto, también tienen que ver con las diferentes estructuras sociales, formas religiosas de organización y prácticas religiosas. Empero, se equivocan porque el protestantismo estadounidense no puede ser simplemente transferido – de la misma manera que la *democracy* no llega con las operaciones militares de *regime change*. Incluso una breve mirada al desarrollo del protestantismo en América Latina muestra que, ya en la primera generación, los esquemas del discurso de la oferta religiosa protestante pasan por un proceso de fuerte amalgamiento con los dispositivos religiosos y culturales del contexto latinoamericano y se transforman en el encuentro con este nuevo contexto de acción. Ya una mirada retrospectiva a la era puritana, constitutiva del protestantismo anglosajón blanco de los EE.UU., apenas es comprensible para un protestante latinoamericano, incluso para los evangelicales. ¿Qué debería mirar él o ella hacia atrás? ¿La era colonial católica? ¿La revolución liberal? ¿O quizás, la colonia puritana en Massachusetts? De esta condición depende también el hecho de que la mayoría del protestantismo en Latinoamérica se volvió pronto apolítico, después del periodo liberal del siglo XIX y se expresó mucho más como piedad cotidiana. Esto mismo significa que la mirada celosa a la pureza doctrinal y el rechazo categórico de la religiosidad no protestante por parte de los puritanos no puede transferirse simplemente de la práctica estadounidense a la latinoamericana. Por el contrario, la disciplina doctrinal tiende a suavizarse en América Latina por el aumento de las formas carismáticas de piedad. Esto está representado emblemáticamente mediante el juicio de un pastor pentecostal latinoamericano sobre la declaración de un cristiano evangelical de EE.UU. en la que el último afirmaba que la salvación puede ser lograda única y exclusivamente mediante la fe en Jesucristo. El pastor latinoamericano, un pentecostal (¡!) dijo simplemente: "Ese hombre es un fundamentalista".

EE.UU.: protestantismo hegemónico

En otras palabras: Como resultado de la historia colonial inglesa, el protestantismo puritano en EE.UU. es hegemónico y ha contribuido a la formación de una religión civil. Por el contrario, en Latinoamérica como resultado de la historia colonial española, se desarrolla un catolicismo ritualista que ocupa a su vez la posición hegemónica. Esto significa para el protestantismo que nos interesa aquí que, en los EE.UU., se encuentra una línea tradicional ininterrumpida del puritanismo altamente político y fuertemente calvinista, aun cuando en las últimas décadas este se ha transformado de forma neopentecostal y neoliberal. En todo caso, a pesar de la Primera Enmienda Constitucional, la intervención de actores protestantes con argumentos religiosos en los debates políticos y en las decisiones es considerada como normal por la opinión pública. La tensión entre el colectivo religioso-político y el individuo obedientemente ortodoxo solo puede mantenerse dentro de límites suficientemente estrechos mediante un control riguroso de la ortodoxia y la práctica lícita del individuo por parte del colectivo para permitir la continuación del plan de vida colectivo. Frente a los comportamientos no conformistas, son de particular importancia las estrategias de exclusión y la imposición de duras diferencias, así como la orientación hacia la etnicidad (raza) que la acompaña. Esto se muestra claramente en las estrategias del evangelicalismo blanco. En el transcurso del último siglo, el *habitus* religioso correspondiente caracterizó siempre más y de manera manifiesta también el movimiento pentecostal blanco en EE.UU., por lo cual este difícilmente fue capaz de crear una *unique selling* position en relación a la hegemonía evangelical. Ya sea pentecostalismo o evangelicalismo, el protestantismo en los EE.UU. (especialmente el de los blancos) está determinado por una lógica de "uno u otro".[30]

---

[30] Cf. para esto y en lo que sigue Vázquez y Marquart 2003, 30.

Latinoamérica: catolicismo hegemónico

En América Latina, por el contrario, el protestantismo es primeramente una opción religiosa marginal frente a la hegemonía del catolicismo. El *habitus* religioso de la gran mayoría de la población latinoamericana, hasta la segunda mitad del siglo XX, se caracterizaba por la devoción mágico-ritualista de un catolicismo tradicional, lo que se aprecia de manera particular en el catolicismo popular y su amalgamiento con la religión indígena. La lógica práctica de ese catolicismo es inclusivista y jerárquica. El interés consiste en bautizar, no importa a qué grupo étnico o social pertenezca la persona. Se trata de extender la presencia civilizadora de un modelo de sociedad jerárquica al mayor número posible de personas físicamente presentes. Por supuesto, una y otra vez se produce la exclusión, de manera particular frente a los indígenas rebeldes. Sin embargo, el principio de diferenciación de esta lógica práctica es la clasificación de los actores en una jerarquía en cuya cima se encuentra la Iglesia Católica y, a lo sumo, otra representación del poder secular, si es posible de origen real, es decir, dependiente de la gracia de Dios. En la praxis del catolicismo popular hay variaciones infinitas de la devoción a los santos y son posibles múltiples afiliaciones religiosas, siempre y cuando los individuos estén formalmente ubicados en la jerarquía. La pertenencia a una etnia o raza se entiende en este contexto como un continuo, lo cual se ve reflejado en conceptos como el de la *morenidade* brasileña.

Latinoamérica: protestantismo marginal

El protestantismo misionero estadounidense se encuentra así en un fuerte contraste con las condiciones culturales latinoamericanas. Este es especialmente el caso del evangelicalismo y el movimiento pentecostal. El papel del protestantismo no es hegemónico como en los EE.UU., ni siquiera es dominante. Llegó como extranjero a una cultura predominantemente católica y desempeñó un papel marginal hasta alrededor de la década de 1980. Por lo tanto, al principio no era importante para la política, sino que primero tuvo que luchar por conseguir una posición significativa en la sociedad a través de la misión de conversión y un aumento cuantitativo de su membresía. Por consiguiente, para la mayor parte del protestantismo latinoamericano es de importancia central hasta nuestros días la conversión de los católicos para aumentar el número de sus miembros. La tensión que se produce en el campo religioso entre el protestantismo y el catolicismo, solo puede superarse de manera selectiva por medio de una cooperación relacionada con temas políticos, por ejemplo, en la lucha por leyes de aborto restrictivas o temas de justicia social. Los protestantes buscan combinar la misión de conversión y la valoración de su propia importancia política afirmando que los problemas sociales se resolverían por sí mismos, si tan solo el mayor número posible de personas se convirtiera al protestantismo evangelical o pentecostal. Es decir, la frontera con el entorno social se marca religiosamente a través de la pertenencia a un grupo religioso claramente definido. Sin embargo, recientemente esta frontera religiosa rígida ha sido suavizada por dos procesos. Por una parte, el protestantismo histórico transformado ecuménicamente y, en parte, dirigido por indígenas asume cada vez más iniciativas de diálogo interreligioso. Y, por otra parte, el movimiento pentecostal desarrolla – con el tiempo y en mucho mayor medida que en EE.UU. – su capacidad de admitir la diversidad y cultivarla. Mientras más arraigadas están las iglesias pentecostales en América Latina, mucho más se diversifican y mucho más a menudo se da el caso de que una misma persona practica su fe en diferentes cultos religiosos. Una valiosa informante de nuestro colega científico en São Paulo está organizada en las Asambleas de Dios, una iglesia pentecostal, porque allí se realiza un buen trabajo comunitario; pero va a la iglesia católica para lograr una distancia meditativa del estrés de la ciudad; y acude al *pai-de-santo* del candomblé, cuando se siente seriamente enferma.

Racismo

Ya hemos identificado el racismo como un factor decisivo para explicar los conflictos religiosos en los EE. UU, aunque también en Latinoamérica constituye un factor importante; no obstante, en los EE.UU. se llevó a cabo, hasta la década de 1960, una segregación mucho más brutal que en cualquier país de América Latina con la casi total exterminación de la población indígena así como con la esclavitud y la discriminación institucionalizada. Además, la diferencia de raza fue largamente un factor constitutivo para la pertenencia a una iglesia (p. ej. iglesias negras) y aún sigue siendo importante. En Latinoamérica, a pesar del racismo, se ha desarrollado un mestizaje biológico y cultural, muy fuerte y, en parte, programático, como es el caso de México, Brasil y Cuba.[31] La Iglesia Católica sigue teniendo una jerarquía mayoritariamente blanca, pero ha desarrollado también un trabajo pastoral integrador (pastoral indígena) y una simbología también integradora (Virgen de Guadalupe). En el protestantismo, la mayoría de su membresía pertenece a la clase media y baja, casi todos son mestizos o negros; solamente en algunas iglesias neopentecostales se puede observar objetivamente una diferencia racial, pero de poca importancia, si es que la tiene. Empero hay que decir que se da, por lo menos, un racismo subliminal hacia la población indígena o afroamericana, al cual los indígenas han respondido en las últimas décadas con la creación de sus propias iglesias independientes. Estas iglesias combinan la práctica religiosa generalmente con un trabajo social y cultural; también, a menudo, con una participación política en defensa de sus intereses étnicos.

Dominancia neocolonial

Una condición marco muy importante para el protestantismo misionero, que proviene fundamentalmente de EE.UU., es la dominancia neocolonial de EE.UU. sobre América Latina en casi todos los campos de práctica social, especialmente en la economía. Como continuación de la política hemisférica de la Doctrina Monroe y en pos de un acceso irrestricto a materias primas, desde el siglo XIX ha habido numerosos ataques políticos y militares a Latinoamérica. Todavía en la última fase del siglo XX, esta dominancia objetiva tenía efectos en la percepción pública del protestantismo como un submarino de los servicios secretos estadounidenses o, por lo menos, de la

---

[31] ...por mucho eufemismo que haya detrás.

cultura de ese país. Pero entre los protestantes latinoamericanos, replicar la cultura estadounidense no es de mayor interés que en la sociedad en su conjunto. La excepción la constituyen las organizaciones neopentecostales de la clase media alta modernizante para las cuales los modelos estadounidenses de la autogestión, el pensamiento positivo y la carrera profesional son determinantes de la identidad. En cambio, la mayoría de los protestantes latinoamericanos rechaza la dominación cultural y de otro tipo de los EE.UU., si bien en su mayor parte tácitamente, pero a veces también elevando voces de protesta. De particular importancia para el desarrollo del protestantismo latinoamericano fueron los conflictos entre los nacionales y los misioneros. Desde principios de la década de 1960, los líderes nacionales jóvenes empezaron a distanciarse del control, la autoridad y la programática de los misioneros estadounidenses y, a menudo, también del modelo cultural estadounidense; una situación que condujo a la creación de iglesias autóctonas, frecuentemente de tradición pentecostal (como, por ejemplo, la Unión Evangélica Pentecostal Venezolana, UEPV), que desarrollan una programática propia, a menudo orientada al compromiso social. La UEPV, a modo de ejemplo, está formada claramente por personas de la clase baja y, también está decididamente a favor de la Revolución Bolivariana.

Identidades binarias y continuas

Finalmente, con la debida cautela, se puede establecer otra diferencia entre los EE.UU. y Latinoamérica con respecto a la construcción de las identidades individuales y colectivas. Es solamente una tendencia y en ambas regiones se encuentran excepciones aunque, no obstante, corresponde a una estructura central de la construcción de la identidad. De allí que nos parezca útil su consideración para obtener una mejor orientación general. Vásquez y Marquardt (2003, 30) llaman la atención sobre una observación de Néstor García Canclini (1999, 108ss., esp.117) acerca de la construcción de la identidad en el contexto de la clasificación étnica (racial). En los EE.UU., en razón de la fuerte segregación y la correspondiente codificación binaria (negro / caucásico), las identidades se perciben como "unidades autóno-mas"; hecho que dificulta y hasta imposibilita la negociación sobre gradaciones y matices. En Latinoamérica, particularmente en Brasil, el marco cultural es ciertamente todavía jerárquico y eurocéntrico y, de este modo, "el sujeto preserva para sí la posibilidad de distintas afiliaciones, puede circular entre identidades y mezclarlas" (García Canclini 1999, 117) – como el caso de la creyente pentecostal de São Paulo, a la vez también católica y candombleista. De este modo, tam-bién se pierde la referencia esencialista a un determinado grupo ét-nico como núcleo de la cultura nacional. Esta forma abierta y variable de formación de la identidad corresponde a una concepción de las diferencias étnicas como un continuo de diferentes grados de mezcla. Mientras que el modelo atribuido a los EE.UU. está claramente aso-ciado a la práctica de la esclavitud, el modelo latinoamericano tiene su contraparte en el mestizaje, lo que no significa que no tenga po-tencial racista. Pero las identidades, o más bien su valor en el inter-cambio social, se renegocian repetidamente en la práctica cotidiana con el transcurso del tiempo y a través de las relaciones de poder. Por lo tanto, están sujetas a un cambio constante.

Si se observa la práctica religiosa en el contexto del interrogante ya planteado, se encuentran semejanzas. La presunción de la elección y la singularidad de los EE.UU., crea una fuerte oposición entre el interior y el exterior, que puede operar tanto por medio del aisla-miento como de la expansión; ambas opciones ya conocidas en la historia de este país. El exterior se identifica tradicionalmente con la vieja Europa, el papa, el feudalismo, la jerarquía eclesiástica, el con-trol exógeno, etc. En el interior funciona la libertad de la decisión individual por la verdadera religión. Adentro reina el verdadero cris-tianismo, en cambio, afuera reina algo diferente, sea ateísmo u otra religión. Con todo, lo exterior no ha sido elegido ni tampoco es esta-dounidense. En caso de optar por la expansión, se desarrolla la lógica de la misión mundial – ¡la cual, curiosamente nunca ha sido conside-rada por las iglesias negras! – en el mismo sentido que la lógica del destino manifiesto, la doctrina Monroe, las flotas mercantes y de ma-terias primas, así como igualmente las intervenciones militares.

La construcción de la identidad constatada para América Latina – con referencia a García Canclini – por un lado se desarrolla sobre un continuo percibido entre diferentes culturas y religiones; por otra partem en términos religiosos está asociada principalmente con el catolicismo. Esta asociación limita la apertura, sobre todo si se toma en cuenta la actitud de la Iglesia Católica frente a los no católicos durante la época colonial. Sin embargo, el desarrollo del catolicismo hasta nuestros días muestra que está en condiciones de abrirse interreligiosamente, aunque esta apertura siempre está subordinada a la lógica jerárquica. El catolicismo puede ser inclusivo, porque es jerárquico. Estrictamente hablando, empieza con Dios (el *primum movens*), seguido por el papa y las jerarquías eclesiásticas hasta llegar a los creyentes individuales. Y esto significa que el catolicismo reivindica su propia universalidad teológicamente construida (lo que estrictamente hablando es paradójico). El continuo de las etnias está perfectamente ubicado en esta gran pirámide de los seres; cuyos representantes étnicos individuales, como elementos bien ubicados de la pirámide, son aceptados obviamente en pleno derecho según su posición. Esto sucede de la misma manera como los representantes de las diferentes religiones son aceptados, en principio, como capaces de guardar verdades teológicas – solo que se les adscriben posiciones más cercanas o menos cercanas al centro del continuo concéntrico de las verdades. Esto corresponde también al hecho de que el catolicismo latinoamericano ya no se preocupó del exterior después de la cristianización completa o ya no necesaria de los indígenas. Es parte de una *communio*, una comunidad universal, es decir, de la Iglesia universal. Una visión semejante del mundo parece haber encontrado cabida en el *habitus* de la mayoría de los políticos latinoamericanos, lo que podría explicar en cierta medida el escaso número de conflictos internacionales en el continente y la ausencia total de una expansión extracontinental. Entre los católicos hay por cierto santos locales (La Virgen de Guadalupe, México; Nuestra Señora de la Concepción Aparecida, Brasil, etc.), pero no existe ninguna ideología religiosa de la elección referida a una nación latinoamericana. Más bien está la posición en la jerarquía, cuya cima la constituye Roma.

En consecuencia, grandes sectores del protestantismo latinoamericano tienen que encontrar su lugar en esta compleja maraña, después de quitarse de encima la ideología de la elección representada por los misioneros estadounidenses – ideología que de todas maneras, por definición solo acentúa el papel especial de los misioneros y remite a los activistas latinoamericanos a un lugar de poco valor en el parquet histórico, pues la Tierra Prometida se encuentra, estrictamente hablando, en Massachussets. Como ya se ha señalado, algunos neopentecostales de la clase media alta sueñan con asemejar sus países a los EE.UU., resacralizar la política laicista y, de este modo, solucionar todos los problemas (curiosamente también su dependencia de los EE.UU.). Empero, la mayor parte de los protestantes latinoamericanos trabajan en aras de una identidad propia y, en lo posible, auténtica. En la medida en que esta identidad sea construida sobre la base de las disposiciones protestantes religiosas, deberán recurrir al inventario discursivo del protestantismo y redefinirlo considerando la sociedad local.

¿Cuáles son los elementos esenciales de este inventario y cómo pueden proceder los protestantes latinoamericanos?

3.2 Disposiciones religiosas: transformación por entrelazamiento.

El hecho de que los migrantes puritanos trajeran consigo el discurso religioso de un grupo marginal europeo, obligado a reasentarse, pertenece a las condiciones específicas de la conquista y asentamiento en el nuevo continente. Como es común en los discursos de sectas[32], opera aquí una lógica de la dura delimitación, de "O esto/O lo otro" y de la oposición "Interior/Exterior". A diferencia de Europa, donde el discurso sectario se proyectaba desde posiciones sociales subalternas, en el nuevo continente este discurso se convierte en dominante,

---

[32] El concepto de "secta" se usa aquí tal como lo entiende Weber y designa un pequeño grupo religioso subalterno, que se delimita tajantemente frente a las grandes organizaciones dominantes, las "iglesias".

de modo que el esquema exclusivista ahora se aplica desde posiciones de poder. En el transcurso de la historia estadounidense, a partir de este discurso y de los nuevos impulsos religiosos (por ej. los metodistas), así como también de las ideologías políticas (por ej. el destino manifiesto), surgieron una serie de convicciones religiosas, en parte contradictorias, que determinaron y determinan hasta la actualidad la autoimagen de las diferentes formaciones de la sociedad estadounidense. Estas disposiciones religiosas generaron por su parte el discurso, con el cual los misioneros iban "al campo" de trabajo.

Este discurso se encontró en Latinoamérica con disposiciones e instituciones religiosas, políticas económicas, culturales, etc., que se habían formado en el curso de la época colonial y en las luchas anticolonialistas de los liberales. En el tiempo, hasta ahora, más importante del entrelazamiento a través del trabajo misionero – el siglo XX – , aparecieron como dominantes dos posiciones que entraron en competencia: el catolicismo y el liberalismo. Según el grado nacional de laicismo, predomina una de estas posiciones y ambas representan respectivamente condiciones de actuación muy diferentes para las iglesias protestantes. Pero aun cuando estas condiciones bajo el dominio liberal hubiesen sido buenas, es decir, libertad de religión y escaso laicismo (por ej. en Guatemala), el protestantismo siguió siendo subalterno. En la mayoría de los países continúa siéndolo hasta la actualidad, aún en el caso de que por diversas razones encuentre buenas condiciones políticas para operar, como en Brasil o Guatemala. Desde su posición subordinada los misioneros y expertos nacionales ofrecieron primeramente un discurso religioso según el modelo estadounidense. No obstante, este fue recibido bajo otras condiciones y con otras disposiciones de percepción y juicio que las acostumbradas en los EE.UU. Por decirlo así, en primer lugar el protestantismo misionero era escuchado "con oído católico". Las disposiciones religiosas que se excluyen radicalmente (como la salvación de un creyente/ la condena de un pagano al infierno) tropiezan con la tolerancia de la diversidad; el estricto individualismo de salvación (reconocimiento público individual de Jesús como el Señor), colisiona con el acostumbrado colectivismo de salvación (bautizos de niños y sacramentalismo). Aunque el discurso misionero afirma que la conversión cambia la vida radicalmente y que nace un "ser humano nuevo", nuestras investigaciones muestran más bien que muchas de las antiguas disposiciones están nuevamente presentes y activas; a veces, con nuevos contenidos, a veces, ni siquiera con esto. Según nuestra opinión, este es el caso – como lo veremos en el próximo capítulo – cuando los protestantes latinoamericanos contrarrestan el individualismo de salvación estadounidense a la responsabilidad social de los cristianos.

Entonces se plantea la cuestión de qué sucede con los discursos constitutivos del protestantismo estadounidense en el desarrollo de las disposiciones religiosas en América Latina.

Singularidad

Las ideas religioso-políticas en torno al excepcionalismo y, por ende, la singularidad de los EE.UU., fueron constitutivas para los peregrinos como también lo son en la actualidad para la derecha religiosa. Incluso se puede viajar en tren con estadounidenses cultos y de mucho mundo que desean instruirte en el sentido de que los EE.UU. han tenido un desarrollo maravilloso en cuestiones de democracia y tecnología y, en consecuencia, ahora tienen la responsabilidad de posibilitar tal progreso a todas las naciones de este mundo. Los peregrinos expresaban su concepto de singularidad con las metáforas de la "Ciudad sobre la Colina", la "Nueva Jerusalén" y la "Luz de los Pueblos" (Winthrop). En el fondo yace aquí la noción sionista del Antiguo Testamento del Sion escatológico como centro del poder sobre los pueblos del mundo y que aquí se traspasa del contexto judaico al contexto estadounidense. En el transcurso de la historia – especialmente desde la creación del sionismo cristiano a fines del siglo XIX – se desarrolló, junto a la reivindicación de la singularidad, una relación ambivalente respecto al judaísmo. Sobre todo, la idea de la singularidad unida con la del exclusivo pacto con Dios, así como la del destino manifiesto – *manifest destinity* – van juntas y dirigidas al proyecto de la creación de una nación cristiana. En relación con la conquista del continente americano se vinculó con el proyecto de la "Luz de los Pueblos" un fuerte motivo expansionista y misionero que, en primer lugar, fue dirigido a la conversión de los *Native Americans,* pero muy pronto, después de la fundación del Estado, también se extendió a otros territorios soberanos. La idea del pacto de Dios con los EE.UU. igualmente se deriva del Antiguo Testamento. La idea teológica del pacto exclusivo de Dios con Israel fue traspasada o respectivamente extendida al cristianismo en el Nuevo Testamento. En el calvinismo temprano, esta teoría como "teología federal" se utilizó como autolegitimación, y pronto fue tomada por los peregrinos como de uso exclusivo.[33] El exclusivo pacto con Dios, el *covenant*, confirma y fortalece el excepcionalismo por medio de la idea religiosa de ser el "pueblo elegido". Por lo demás, no se puede olvidar que en el Antiguo Testamento las narrativas del Pacto con Dios pertenecen a la preparación de la toma armada de las tierras de Canaán por Israel (Libro de Josué). Es decir, el expansionismo ya estaba considerado.

Este es también el acento al traspasar la idea de la elección a la ideología política como metáfora del destino manifiesto (*manifest destiny*), la obvia predestinación de los estadounidenses. También se puede hablar del destino divino (*divine destiny*), porque la idea está anclada religiosamente, de modo que repetidamente nos damos cuenta de que la meta es la salvación de la humanidad (*salvation of mankind*). La Divina Providencia había dado a los EE.UU. una misión especial, primero en relación con el progreso de la frontera de asentamientos, luego en el hemisferio y más tarde a escala mundial. El concepto de destino manifiesto surge en la primera mitad del siglo XIX bajo la influencia de los siguientes procesos: operaciones mili-

---

[33] Esta idea creció rápidamente con la *teoría del angloisraelismo* que durante el siglo XIX encontró muchos partidarios. Según ella, 10 tribus de Israel habrían emigrado a Europa y habrían fundado Gran Bretaña. Incluso Jesús habría sido visto allí.

tares cada vez más frecuentes en el territorio colonial ya fuera español, francés o británico[34]; el desarrollo del panamericanismo desde Jefferson (con una primera conferencia en Panamá en 1826); la interpretación hegemónica del panamericanismo en la Doctrina Monroe (1823), que proclama la protección de los Estados latinoamericanos recientemente independizados frente a los ataques europeos, presuponiendo, por lo tanto, la hegemonía militar de EE.UU. en el hemisferio occidental. Si uno lee uno de los primeros documentos sobre el destino manifiesto – el artículo "Annexation" de John O'Sullivan en la revista *Democratic Review* (O'Sullivan 1845) – comprende de inmediato el uso de la narrativa para la sobredeterminación religiosa de las reivindicaciones territoriales. O'Sullivan exige, con vehemencia, la separación de California y Texas de México y su admisión en la Unión. Los colonos anglosajones en estas zonas tenían mayor derecho a estos territorios que la "soberanía artificial" de México.[35] También abre la perspectiva de la anexión del Canadá británico y de la América española. Según O'Sullivan, allí no habría un crecimiento real de la población como en los EE.UU.; por eso la masa pura de millones de estadounidenses que se juntaban bajo la bandera estrellada en contra de las bayonetas europeas tenían todo el derecho a poblar y anexar esos territorios. Afirma que no permitirían que los europeos les impidieran "cumplir con nuestro destino manifiesto de cubrir el continente señalado por la Providencia para el libre desarrollo de nuestros millones multiplicados cada año". En realidad, el motivo político-religioso se utiliza para legitimar la guerra contra México y la anexión de los territorios mexicanos.

Este hecho permite darnos cuenta de repente que los latinoamericanos tenían dificultades para aceptar este círculo de ideas en torno a la singularidad expansiva de los EE.UU. Así, como consecuencia

---

[34] 1798-1800 Guerra naval contra Francia; 1806 Ataque a Río Grande; 1810 Florida Occidental; 1812 Florida Oriental; 1813 Florida Occidental; 1814-25 diversas islas caribeñas; 1822-23 Cuba; 1824 Puerto Rico; 1831 Islas Falkland; 1833 Argentina; 1835 Perú; 1844 México…

[35] "Un México estúpido y distraído nunca podrá ejercer realmente autoridad gubernamental en estos territorios."

de la guerra con México, las condiciones de trabajo de los misioneros estadounidenses en México se vieron empeoradas durante mucho tiempo. Las ideologías de la singularidad y del destino manifiesto no son transferibles sin dificultades al protestantismo latinoamericano. La misión divina está encomendada a los EE.UU., no a los países latinoamericanos, porque estos solamente son destinatarios de las pretensiones de poder de EE.UU. En la pretensión civilizadora de los primeros misioneros en América Latina vibraba la idea del destino manifiesto de los EE.UU., pero como motivación de fondo de los misioneros, no de los misionados. En todo caso, actualmente puede hablarse de una identificación subordinada con este reclamo civilizador de parte de los neopentecostales de la clase media alta, quienes se identifican con el modelo cultural de los EE.UU., especialmente con el neoliberalismo; en el contexto nacional se presentan como embajadores del *way of life* protestante e intentan, de esta manera, traspasarse a sí mismos el capital simbólico de EE.UU. Ni siquiera en el Brasil de Bolsonaro se expresa la idea de un destino manifiesto nacional con el propósito de dominar todo el hemisferio. En consecuencia, tampoco existe la necesidad de una decisión entre cruzada y aislamiento la que, ocasionalmente, afecta al protestantismo estadounidense.

No obstante, los protestantes latinoamericanos pueden transferirse a sí mismos el motivo del pacto de Dios con su pueblo. Solo que entonces ya no es el pacto de Dios con los EE.UU., una nación con territorio y estructuras de poder, sino es un pacto divino con un actor religioso colectivo en una posición subordinada en el contexto de una sociedad predominantemente hostil. En situaciones especiales, los motivos de la elección y el pacto también pueden ser reivindicados para ciertas naciones latinoamericanas. Este fue el caso durante el año y medio en que Guatemala fue gobernada por el dictador neopentecostal Ríos Montt, cuando las iglesias neopentecostales de la GERENCIA espiritual sustentaban la tesis de que Guatemala habría sido escogida como la tierra elegida y al dictador como el Rey David. En este mismo sentido y en razón de una pura simbología, podría entenderse la edificación en São Paulo del Templo de Salomão por la

Igreja Universal do Reino de Deus, como la reconstrucción del Templo de la Nueva Jerusalén. Entonces tendríamos aquí la pretensión de que la legítima elección de Dios había pasado del pueblo de Israel – que no logra reconstruir el templo y, por tanto, no cumple con sus obligaciones espirituales – a la multimillonaria compañía de eventos del "obispo" Edir Macedo. El operador para la elección ya no sería la decisión divina, sino el grosor de la billetera.

Ley y revelación

La comprensión de la Biblia como una ley de Dios dictada literalmente fue muy útil bajo las condiciones de vida de las comunas de colonos (igual fueran los puritanos en Nueva Inglaterra o más tarde los colonos en la frontera). En especial, debido a la escasa representación de la legislación secular, la ley bíblica operaba como un principio de orden social y moral. Este hecho explica la valoración de la Biblia como tal en los EE.UU. Sin embargo, el biblicismo va de la mano con una comprensión de las Sagradas Escrituras no hermenéutica, ahistórica y reificante. En el siglo XIX, esta concepción entró en competencia con una hermenéutica histórica proveniente de las academias europeas, que comprendía la Biblia en primer lugar como un documento histórico. En tanto que para los colonos y, más tarde, para la población rural en general esta hermenéutica histórica representaba simplemente un peligro para el acceso ingenuo, pero práctico a las Sagradas Escrituras, los teólogos universitarios evangelicales contraatacaban esta posición con una teoría positivista muy especial de la inducción que sostiene que la Biblia modela lisa y llanamente realidades trascendentes. De este fundamentalismo bíblico se desarrolló en las décadas de 1970 y 1980 la *Moral Mayority* en la que Jerry Falwell era el actor principal de los derechistas religiosos. Fieles a los principios biblicistas, los líderes de la derecha religiosa de aquel tiempo manejaban a menudo y de manera autoritaria las citas bíblicas. El mismo Falwell, en razón de su exégesis pronosticó incluso la Segunda Venida del Señor para mediados de la década de 1980. La arbitrariedad y la frecuencia del uso de las Sagradas Escrituras, además de las disputas en torno a las "verdaderas" interpretaciones de los versículos bloquearon, sin embargo, la capacidad de este movimiento para actuar políticamente. Por lo tanto, en los años posteriores a Ronald Reagan, Falwell fue desplazado por estrategas, como Ralph Reed, quienes revisaron completamente la capacidad de acción del movimiento; y los neopentecostales le proporcionaron una nueva fuente de revelación.

La idea de que Dios da revelaciones directas en forma de visiones, audiciones o (buenas) ideas es tan antigua como la religión misma y constituye una forma clásica de la legitimación carismática. En los EE.UU. este acceso a la verdad divina se desarrolló a partir del emocionalismo metodista y del subsiguiente movimiento de santificación. Esta forma de revelación cumplió una función clave en el movimiento pentecostal temprano, porque ayudaba a los marginalizados y analfabetos a obtener dignidad y confianza en sí mismos. Al ser adoptada por el movimiento neopentecostal la revelación directa cambia su sentido social al ser ubicada en otra posición social. Si en el movimiento pentecostal era un modo de compensación religiosa por la marginalización experimentada, en el movimiento neopentecostal de la clase media alta – especialmente entre los expertos y animadores – se convirtió en un instrumento de pretensión arbitraria, legitimación del poder y, en caso dado, también de distinción. Ahora cualquiera puede argumentar – teniendo un micrófono suficientemente poderoso – que Dios le ha hablado directamente y que tiene que cumplir el mandato divino. Por ejemplo, Pat Robertson, quien, en 2005 en su espectáculo televisivo *700 Club,* afirmó que Dios le habría dicho – quizás cuando se estaba afeitando – que el presidente de Venezuela Hugo Chávez tenía que ser eliminado por un comando asesino de la CIA para evitar una guerra con ese país, que de otra manera sería necesaria, pues allí el gobierno estaba sentado sobre yacimientos petrolíferos estadounidenses. (Aún después de la masiva crítica pública, Robertson volvió a confirmar lo que había dicho).

Cuando ahora nos preguntamos acerca de las ideas divinas en torno al derecho internacional, estamos rezándole al santo equivocado. Pues Dios, según la información de los profetas de la derecha religiosa, está totalmente en contra del derecho internacional y a favor de la teocracia. Lo decisivo es que el devoto pueblo televiso, y si es posible, también el gobierno, actúen en concordancia con la voluntad divina anunciada por el animador y la lleven a la práctica. Es obvio que para la movilización religiosa, esta lógica de la revelación directa es mucho más práctica que una tediosa interpretación de las Escrituras. La legitimidad de los mensajes se decide a mediano plazo por el índice de audiencia, la afluencia de las donaciones así como por la fortuna privada de los profetas de la prosperidad y, de esta manera, simplemente por el capital económico. El lugar de los profetas caídos – como Jimmy Swaggart por motivos sexuales o los Bakker por razones financieras y sexuales – suele ser ocupado rápidamente por nuevos infalibles. Y la coordinación con los políticos interesados – principalmente los republicanos – es muy simple. A través de la creciente mediatización y con una tecnología de eventos cada vez más perfecta también aumenta el potencial de manipulación. En la actualidad, el ejercicio del liderazgo religioso mediante la pretensión de la revelación directa y la lealtad religiosa por medio de la creencia en tales afirmaciones, se ha convertido en la amplia base de un autoritarismo casi ilimitado de los líderes religiosos.

Allí donde se pueden dar informaciones detalladas sobre la voluntad de Dios, también se sabe lo que Él no quiere. Desde el tiempo de los peregrinos, el concepto de pecado es para el protestantismo en EE.UU. un instrumento central de la conducción de la vida religiosa y, además, de un dominio autoritario sobre los seres humanos. Lo decisivo para ello es que el pecado pueda comprenderse como un hecho concreto y no de manera abstracta como lo entiende el luteranismo teológico que lo concibe como una perturbación en la relación del ser humano con Dios. De lo contrario, para la myoría del protestantismo estadounidense el pecado existe más bien en plural, por lo que es posible poder definir actos concretos como pecados. En el puritanismo la brujería era pecado, tal como lo eran también un estilo de vida licencioso y el consumo de alcohol, por lo cual las "brujas" de Salem pudieron ser condenadas a muerte. La reificación del pecado en forma de acciones claramente definidas se orienta tácitamente, por lo general, en el sentido común social. Entonces, los pecados son acciones que no están conformes con la idea que un grupo social determinado tiene en torno a los vicios y las virtudes. Así, el concepto reificado de pecado sirve para incriminar acciones concretas y para disciplinar socialmente el comportamiento de las personas en el sentido del colectivo social. En gran medida, el debate actual sobre la familia, el aborto y la homosexualidad lo lleva la derecha religiosa sobre la base de estas premisas. La izquierda evangelical en los EE.UU. no es fundamentalmente diferente: sólo reifica el pecado en otras áreas, como, por ejemplo, en el comportamiento ecológico.

En Latinoamérica, el motivo de la ley tiene un papel importante en la vida cotidiana y en la proyección política del protestantismo. Sobre todo en el evangelicalismo se supone que la Biblia tiene disponible las regulaciones apropiadas para los asuntos sociales y políticos. La formación GERENCIA también extrae estas reglas de la revelación directa. La Biblia ocupa un lugar central en el protestantismo latinoamericano – excepto para el movimiento neopentecostal – y se interpreta generalmente de acuerdo a la tradición del biblicismo estadounidense; aunque, sin embargo, la lucha enconada entre la verdad científica (teoría de la evolución) y la verdad bíblica (creación del mundo en seis días para finalizar con un séptimo día de descanso) que se ha estado desarrollando en los EE.UU. desde los últimos años del siglo XIX, no tiene en América Latina casi ninguna importancia. Aquí se trata más bien de la utilización práctica del discurso bíblico como una guía divina para el comportamiento social. Esta función cumple un papel importante en la medida en que los rápidos y complejos procesos de cambio social, así como la existencia no planificada en la economía informal de la extrema pobreza, se experimenten como un desorden que requiere de un poder ordenador. Además, al comparar a los creyentes protestantes con los católicos se puede establecer una homología funcional entre el uso de la Biblia como poder ordenador y el poder ordenador de una Conferencia Episcopal. En el movimiento pentecostal y, especialmente, en el movimiento neopentecostal, la suposición de la revelación directa de Dios, tiene un rol importante, por lo menos, tanto como el de la Biblia. Mientras en el movimiento pentecostal, en las clases bajas, la revelación directa, por ejemplo, a través de los "profetas" o "profetisas", se realiza en el contexto de la atención pastoral y de las prácticas curativas, esta es usada gustosamente por los neopentecostales en las clases media y alta como garantía de verdad para la evaluación de situaciones políticas y la recomendación de estrategias políticas. Esto se parece a su utilización en los EE.UU., pero tiene mayores problemas en la plausibilidad a causa de la tensión con el catolicismo.

El concepto de pecado en América Latina generalmente se reifica de manera similar como en los EE.UU. No obstante, después de una comparación exhaustiva de ambos discursos, tenemos la impresión de que se usa con menos encarnizamiento que en el país del norte. Esto puede deberse probablemente a las razones que nombraremos a continuación. Primero, la legitimación pseudocientífica no es necesaria en América Latina dado que no existe un conflicto pronunciado entre el realismo conceptual fundamentalista y la hermenéutica. En segundo lugar, el contraste interno/externo entre los creyentes protestantes y los creyentes de otros credos se perfila con menos nitidez. Tercero, las disposiciones religiosas socialmente dominantes del catolicismo relativizan los pecados de comisión a través del sacramento de la penitencia. Además, se puede observar una diferenciación socio-estructural del concepto de pecado en América Latina, que es menos evidente en los EE.UU. En la clase baja, por ejemplo, beber alcohol es pecado, lo que tiene que ver con los efectos socialmente destructivos del alcoholismo y los escasos ingresos de las familias. Empero, en los grupos neopentecostales de la clase media alta, el consumo social moderado no es un problema. Los factores políticos también juegan un papel. Puede ser un pecado no hacer servicio militar o hacerlo, dependiendo del gobierno.

El emocionalismo con base en el metodismo (George Whitefield) empezó a ser cada vez más importante en los EE. UU desde el Primer Gran Avivamiento (1730-1740). El emocionalismo impartió al individualismo un matiz emocional-subjetivo preparando la marcha triunfal de la legitimación carismática, la cual encontró dentro del movimiento pentecostal (desde cerca del año 1900) su primer marco organizativo. No obstante, el movimiento pentecostal negro en los EE.UU., debido al fuerte impacto del racismo, se amalgamó con el protestantismo negro y el clásico movimiento pentecostal blanco se ubicó de manera relativamente rápida en la clase media (baja) y adoptó formas rituales evangelicales. En el movimiento neopentecostal, el emocionalismo es en la actualidad la forma de expresión ritual generalmente más reconocida. Con las emociones ocurre de manera semejante que con la pretensión a la revelación directa. Las experiencias emocionales y el sentimiento religioso son considerados la vara para medir la legitimidad religiosa. Mientras más extática sea la vivencia, más verdadera será. De esta manera, el actual emocionalismo, que se encuentra en las organizaciones de prosperidad o entre la generación de los *Millennials* en tanto organizados en los grupos de los *Independent Network Charismatics*, se conecta a la perfección con el intelectual *laissez faire* de la postmodernidad y con la substitución populista de la verdad discursiva por los sentimientos de superioridad impulsados por el instinto. Si el sentimiento en el evento es bueno, entonces, la recomendación de votar "rojo", o sea por los republicanos, también debe ser correcta.

En América Latina, la emoción se ubica en un contexto social similar al contexto del movimiento pentecostal original de los EE.UU. En las iglesias latinas de la clase baja, la emocionalidad juega un papel importante para compensar la marginalidad social y la experiencia de ser etiquetado como inferior. Además, la etnicidad no cumple un rol segregacionista. A pesar de ciertos procesos de aburguesamiento de las iglesias pentecostales clásicas, también en América Latina, la emocionalidad compensatoria está todavía muy extendida en la clase baja. Para el movimiento neopentecostal en América Latina se aplica algo similar a lo que ocurre en los EE.UU. Dependiendo del grado de laicidad de la política, la manipulación populista de derecha de la emocionalidad religiosa es una práctica común de los líderes de ese movimiento religioso. Si bien en México se han establecido límites estrechos a esta actividad, en Brasil se está extendiendo sin obstáculos y aparece acompañada por toda forma de corrupción, aprovechamiento, mentira y difamación.

Diablo y demonios

La satanización es una técnica muy extendida para descalificar a los enemigos. En el mundo de la imaginación religiosa de los puritanos, el diablo y los demonios tenían un papel importante para disciplinar por dentro y conquistar por fuera. Tanto la persecución de las brujas (Salem) como la demonización de los nativos americanos siguieron esta lógica dualista. Y, por lo general, la violencia comunicativa funcionaba como legitimación de la violencia física. De una manera ligeramente modificada este esquema se sigue utilizando hasta hoy en día. El biblicismo fundamentalista de la década de 1980 todavía hablaba de una manera relativamente inespecífica del diablo y del infierno, y el futuro en el Más Allá era aún un punto de referencia importante, porque en último término se trataba de la salvación eterna. Esto cambió con el fundamentalismo carismático de los neopentecostales a partir de las décadas de 1980 y 1990. Para ellos, lo que está en juego no es la eternidad, sino más bien el presente y, en última instancia, la promoción de principios teocráticos (dominionismo) en la política. Así se empezó a elaborar un escenario de la batalla cósmica de los ángeles contra los demonios, una especie de guerra espiritual en la cual los seres humanos, lo quisieran o no, se veían involucrados ya fuera a favor de los demonios o de los ángeles. En consecuencia, esto permite diagnosticar a cualquier individuo el estar poseído por fuerzas demoniacas y, en caso dado, someterlo a un exorcismo. Del gran ejército de los escritores altamente imaginativos[36] se destaca por esto y muchas otras cosas el exmisionero evangelical y más tarde misionólogo, C. Peter Wagner. Wagner fue catedrático de la renombrada *Fuller School of World Mission* en Pasadena

---

[36] Teológicamente, los tratados de estas fuentes no pueden tomarse en serio; a lo sumo en el sentido de que son productos de la herejía moderna.

y, como tal, no solo dio un nuevo impulso a la propaganda fundamentalista del miedo con una sofisticada demonología. Durante su actividad docente, por ejemplo, instruía a sus estudiantes para expulsar a los demonios del equipaje que llevaban consigo al visitar sitios religiosos indígenas de América Latina. Una triste celebridad alcanzó Wagner con su invención de los demonios territoriales (*territorial demons*). Estos tíos, según él, tenían la facultad de tomar bajo su control territorios completos, naciones o, incluso, regiones del mundo; hecho que tenía como consecuencia que todos los líderes políticos, y finalmente, todos los habitantes de esas regiones estuviesen poseídos por fuerzas demoniacas. Por lo menos allí, era preciso misionar, aunque lo mejor era el cambio de régimen, el *regime change*. Sobre todo, sin embargo, era imprescindible no dejarse engañar por los líderes políticos satánicos ni tampoco por sus intenciones. No se necesita mucha fantasía para darse cuenta de que no estaba pensando solamente en los pueblos indígenas latinoamericanos, sino también en la cuestión palestina y, en general, en todo lo islámico. Entre esta teoría y el proyecto misionero un poco más serio *10/40 Window* (Ventana 10/40) hay transiciones fluidas. 10/40 describe, usando la jerga militar en latitud y longitud, una "ventana" sobre el mundo musulmán y el este asiático, lugares donde se considera imperiosa la necesidad de la misión.[37]

En la misión temprana y en el protestantismo latinoamericano los diablos del puritanismo eran de importancia secundaria. En particular, no se utilizaban para el discurso político. La posesión demoníaca jugó, a lo sumo, en la piedad popular pentecostal un papel en los lugares donde no había médico o en las ocasiones en que el médico no conseguía mejoría, por ej., en los trastornos psicológicos como la depresión maníaca. Cuando tal "tratamiento" se lleva a cabo en un contexto congregacional, generalmente significa un acompañamiento ritual del paciente por parte del pastor y los diáconos durante las fases agudas de la enfermedad. No se trata – como en el caso de Wagner y

---

[37]https://joshuaproject.net/resources/articles/10_40_window. Fecha de acceso: 29.09.2019.

sus seguidores – de un diagnóstico remoto y de una satanización generalizada de grupos de población que a uno no le parecen simpáticos. En este último sentido, el "wagneriano" para decirlo así, la ideología de la guerra espiritual es ampliamente aplicada por los actores de la formación GERENCIA. En Guatemala, se utilizó en la guerra para satanizar a la guerrilla y a toda la izquierda; o más tarde en las campañas electorales presidenciales como ideología de movilización y para satanizar el patrimonio cultural indígena. En Brasil se encuentra en la base de toda la propaganda de la derecha religiosa como requisito previo al discurso. Toda esta construcción está, por lo tanto, al servicio de conseguir el acceso al poder político.

En los EE.UU. la llamada doctrina del dominio o dominionismo representa la reivindicación, fundamentada religiosamente, de controlar el Estado y la sociedad de una manera "cristiana".[38] No solo comparte este reclamo con el puritanismo; sino, también tiene raíces en la tradición calvinista. Uno de los principales ideólogos de este estilo de pensamiento neopentecostal surgido en la década de 1980, Rousas Rushdooney, se esfuerza por reconstruir el estado original del Paraíso (Génesis 1:28): el dominio del hombre sobre todas las cosas. Solo que "el hombre" aquí es él mismo y sus seguidores y que el gobierno alcanzado por medio de la guerra espiritual se logrará cuando "el pueblo de Dios implemente un gobierno duradero en todo el mundo y todos los enemigos estén vencidos bajo los pies de Cristo" (Rushdooney 1986, 24; citado según Diamond 1989). La ideología persigue la meta de un totalitarismo religioso, que niega radicalmente toda legitimidad a las otras posiciones políticas y religiosas. El jefe de la *Coalition on Revival* (Coalición para el Avivamiento), Jay Grimstead, elaboró un plan de 10 años en torno a cómo lograr que en California, el Condado de Orange (con mucha industria armamentista) y el Condado de Santa Clara (incluido el *Silicon Valley*) pudieran ser cristianizados completamente. El objetivo principal era lograr el control de las posiciones de liderazgo y la creación de cadenas de

---

[38] Cf. Diamond 1989, 136 ss., Schäfer 1992c, 80ss.

mando. El núcleo duro del movimiento se proponía alcanzar la reintroducción de normas jurídicas que ya aparecen en el Antiguo Testamento y que contemplan la pena de muerte para los homosexuales, la servidumbre forzada de la deuda y la eliminación de la economía crediticia. Los activistas políticamente más cooperadores ya se mostraban contentos con el capitalismo neoliberal, la rebaja de impuestos, la privatización de los servicios sociales, el armamentismo y la estrategia de la guerra imperialista, así como también con el apoyo a las fuerzas terroristas en el llamado Tercer Mundo, por ejemplo, a los Contras nicaragüenses en la década de 1980. De todos modos, el núcleo duro del movimiento no duró suficientemente para experimentar una dominación duradera sobre el mundo, aunque su idea básica de ejercer un control religioso-teocrático sobre la política encontró una amplia aceptación entre la derecha religiosa estadounidense. Pat Robertson, estrella televisiva y precandidato a las elecciones presidenciales en 1988, ha estado trabajando con esta lógica desde la década de 1980. En la actualidad esta lógica práctica es conocida como el *Seven mountain dominionism* (dominionismo de las Siete Montañas) y está representada por los *Independent Network Charismatics* cuyas relaciones con los parlamentarios derechistas son estrechas. No obstante, esta ideología es observada con escepticismo por el protestantismo misionero dominado por los evangelicales.

En América Latina tampoco son los misioneros evangelicales, quienes propagan esta ideología, sino los líderes latinoamericanos de la formación GERENCIA, quienes son suficientemente cultos como para entender y sentirse atraídos por esta posibilidad de afianzar políticamente la práctica religiosa. Ocasionalmente también ayudan a extender esta ideología algunas personas sospechosas de trabajar para los servicios secretos. Un ejemplo probado de lo que acabamos de decir es nuevamente Guatemala, donde la doctrina del dominionismo dio a la dictadura del neopentecostal Efraín Ríos Montt (1982-1983), la consagración superior como el nuevo Rey David. Además, el exministro de Relaciones Exteriores, Harald Caballeros (2012-2014), era especialista en la utilización de esta doctrina contra sus enemigos políticos. En resumidas cuentas, se puede afirmar que el compromiso político de la formación GERENCIA tiende completamente hacia la teocracia.

Tiempo: milenarismo

La concepción del tiempo tiene una importancia capital en la utilización política de las convicciones religiosas. En este contexto se puede observar una diferencia estructural entre la corriente neopuritana del protestantismo estadounidense y el protestantismo latinoamericano. Los protestantes blancos estadounidenses encuentran la imagen ideal de una sociedad en el pasado puritano y, en consecuencia, la reforma o revolución de la sociedad contemporánea se comprende como la limpieza del presente de las escorias de la historia y su retorno al estado ideal de la sociedad netamente puritana. Una construcción histórica similar es imposible para los protestantes de Latinoamérica. Más bien son los grupos católicos reaccionarios, como el Opus Dei o los Legionarios de Cristo, quienes miran hacia el pasado y cuya imagen ideal es la sociedad barroca con un predominio casi ilimitado del catolicismo. Esto se puede encontrar, por ejemplo, en la arquitectura con la nueva construcción de iglesias según el modelo barroco con la cooperación del Opus Dei, tal como se aprecia en Guatemala en la comunidad cerrada de Cayalá. Por el contrario, el pasado colonial no permite ninguna referencia positiva para el protestantismo latinoamericano y solamente le queda, por decirlo así, escapar hacia adelante: por un lado, hacia las ideas positivistas de la evolución social; por el otro, hacia las proyecciones milenaristas de un fin del mundo cercano o de un reino teocrático en el futuro. En este último constructo social se basa la atractividad del dominionismo para las clases media y alta latinoamericanas, porque proyecta la reconstrucción de un estado ideal en el futuro, representado o por el dominio de Adán antes del pecado original o, también, por el tiempo idealizado del Antiguo Testamento. Esto plantea la cuestión de la construcción del tiempo según el modelo milenarista.

Milenarismo, la expectativa de un reino de Dios de mil años, está unida estrechamente con el programa de la Nueva Jerusalén. Sin embargo, hay dos variantes del milenarismo.[39] El postmilenarismo (Cristo vendrá *después* del reino de mil años) se refiere a la realización del reino en la historia; posición que fue dominante en los EE.UU. hasta la Guerra de Secesión. El postmilenarismo pudo amalgamarse más tarde con ideas de progreso seculares y evolucionistas influyendo tanto el darwinismo social como también el trabajo social (evangelio social) del protestantismo *mainline*. La variante premilenarista (Cristo vendrá *antes* del reino de mil años) apunta al Más Allá. El reino llegará solamente, después de que Cristo victorioso baje de las nubes para llevar al cielo a la Iglesia que lo espera llena de esperanzas, pero políticamente inactiva. Esta posición se convirtió en predominante después de la Guerra Civil como reacción a ese corte tan crucial y conflictivo en la historia nacional, al fracaso del proyecto nacional general y como plausibilización de las extremas diferencias de clase producidas por la industrialización. El presente aparece así como una época de decadencia en el caos; y las perspectivas de acción correspondientes o son religiosas o son fatalistas. El premilenarismo influyó especialmente el movimiento evangelical blanco. Una variante conservadora del premilenarismo es el llamado dispensacionalismo, que divide la historia universal en periodos temporales y, de este modo, aporta orden y fiabilidad a la teoría del caos premilenarista. Además, tiene un rol importante en el protestantismo misionero conservador focalizado en la salvación eterna, aun cuando el lema de "Evangelización del mundo en una generación" está en cierta tensión con la programática del Más Allá. En la actualidad, este concepto de la teoría misionera ha perdido peso frente a modelos carismáticos de legitimación y frente al postmilenarismo de la doctrina del dominio.

En América Latina, el milenarismo es prácticamente desconocido en la Iglesia Católica, excepto en unos pocos movimientos mesiánicos del catolicismo popular. En cambio, en el protestantismo

---

[39] Sobre la lógica práctica cf. Schäfer 1992c, 46ss. y 52ss., así como Schäfer 2020, 414ss.

tiene un papel importante. Pero no existe precisamente una conexión con el mesianismo o milenarismo indígena, afroamericano o del catolicismo popular; sino que existe más bien una aguda delimitación. Sin embargo, en cuanto al dispensacionalismo se puede observar una vinculación bastante buena, específicamente, con las disposiciones de los creyentes indígenas. Se cree que esto podría darse a causa de que el modelo de fases históricas dispensacionalistas es parecido a las ideas indígenas de periodos históricos que se van turnando (en Guatemala: *baktún*). En todo caso, la Misión Centroamericana orientada al dispensacionalismo se ha expandido rápidamente en las Tierras Altas guatemaltecas. Similar parece ser el caso de las iglesias miembros de la organización indígena protestante ecuatoriana FEINE (Consejos de Pueblos y Organizaciones Indígenas Evangélicas del Ecuador; anteriormente Federación Ecuatoriana de Indígenas Evangélicos). El dispensacionalismo o el premilenarismo abierto determinan las convicciones de prácticamente todos los evangelicales y del movimiento pentecostal clásico en América Latina y coinciden en un aspecto decisivo: colocan a la Iglesia en la posición de una espera pasiva frente a los acontecimientos sociales y concentran toda su actividad en las cuestiones religiosas internas congregacionales. De esta manera, el premilenarismo responde a la demanda de una religiosidad compensatoria en una situación en que la acción social o, incluso política, es imposible. Es, por consiguiente, una religiosidad típica de la clase baja, un "teodicea del sufrimiento", según Weber.

"La religión fugitiva no hace ejércitos" acostumbran a decir los seguidores del concepto teocrático del premilenarismo. Si los actores religiosos disponen de un buen margen de acción para la intervención política, es mucho más plausible para ellos (como en la Iglesia Católica), u olvidar por completo la perspectiva milenarista o transformarla en una perspectiva postmilenarista. Esto es lo que sucedió en EE.UU. y, en América Latina, fue asumido de inmediato por la formación GERENCIA. Las organizaciones guatemaltecas ya mencionadas, durante la guerra civil (1960-1996) no solo cambiaron su propio discurso premilenarista en uno postmilenarista, sino que un estadounidense utilizando la propaganda radial intentó a gran escala reemplazar las convicciones premilenaristas de los evangelicales y pentecostales, así como el premilenarismo residual de algunos neopentecostales por un postmilenarismo compatible con la guerra. Al analizar las disposiciones religiosas del movimiento neopentecostal en ese tiempo, se pueden apreciar claras contradicciones internas en este aspecto que se deben a la transformación de las disposiciones. Actualmente, el postmilenarismo se ha establecido firmemente entre los neopentecostales de la clase media alta. En la época más reciente, estos actores han estado hablando cada vez más de hacer realidad el Reino de Dios en la tierra y con ello están cazando furtivamente en el terreno discursivo del protestantismo del Evangelio Social y de la Teología de la Liberación.

De esta manera, tanto en los EE.UU. como en América Latina, el concepto de Reino de Dios se convierte en un concepto multivalente del vocabulario religioso actual.

En EE.UU., este concepto fue asociado inicialmente, de forma poco precisa, a la visión de la perfección nacional, pero sin convertirse en un operador discursivo central. Solo se transformó en tal operador cuando entró en la programática del Evangelio Social. El *Social Gospel* se refiere tanto a una teoría social religiosa como también a una corriente en el protestantismo *mainline*. Influido por las consecuencias sociales negativas de la industrialización en el norte de los EE.UU., el protestantismo *mainline* (por ejemplo, con Walter Rauschenbusch) desarrolló, a principios del siglo XX, una teoría de la responsabilidad social basada en la fe y reflejada hermenéuticamente, la que fue practicada en una variedad de proyectos sociales. No obstante, en esta teoría, la comprensión predominante del concepto "Reino de Dios" no era que este se haría realidad, consumada en el mundo gracias al esfuerzo humano. Más bien, la suposición predominante era que una orientación hacia los valores asociados con el Reino de Dios – especialmente, la justicia social y la paz – llevaría a una similitud cercana y repetidamente experimentada con el esperado Reino de Dios. Esta comprensión, en el marco de las ideas panamericanas, fue predominante en la meta misionera de las iglesias históricas tal como se discutió en el Congreso de Panamá. Hoy en día, la influencia del *Social Gospel* se encuentra sobre todo en las principales iglesias protestantes organizadas bajo el alero del *National Council of Churches* (NCC-USA, Consejo Nacional de Iglesias), que en su trabajo internacional se une con asociaciones intereclesiásticas promoviendo a la vez proyectos de desarrollo. En esta tradición, la idea de la misión para la conversión ha sido dejada de lado cediendo el paso por completo al concepto de aprendizaje ecuménico compartido sobre la base del hermanamiento y la solidaridad. El concepto de Reino de Dios asume un papel como marco ético de las actividades en el sentido latinoamericano.[40]

En tanto que en los EE.UU. el Evangelio Social siempre sigue unido con iglesias de la clase media (alta), en Latinoamérica ha seguido un desarrollo diferente. El protestantismo histórico latinoamericano está posicionado más bien en la clase media, actualmente en descenso, y en la clase baja a causa de las anteriores actividades misioneras en las zonas rurales. No rara vez toman su conducción grupos sociales reformistas o, incluso, grupos revolucionarios entre los estudiantes universitarios, como por ejemplo, Iglesia y Sociedad en América Latina (ISAL) en Brasil y el Cono Sur, así como el Movimiento Estudiantil Cristiano-Comisión Evangélica Latinoamericana de Educación Cristiana (MEC-CELADEC). La práctica histórica protestante "desde abajo" sitúa la conciencia ética social en un contexto de acción en el que hay que luchar primero por la capacidad de configurar el futuro contra la marginación económica y la represión política. Con ello resulta una posición similar a la de los actores de la Teología de la Liberación, hecho que conduce a la cooperación ecuménica y al intercambio teológico. Los debates sobre cuestiones teológicas en sentido estricto contribuyen menos a la comprensión y al desarrollo ulterior común de los conceptos teológicos que al trabajo

---

[40] Un enfoque muy especial para una teología de la liberación y de la justicia, que opera con el motivo del éxodo, se encuentra en el protestantismo negro en los Estados Unidos. Pero como este no ha desarrollado casi ninguna cooperación con América Latina, no se tratará aquí.

común sobre problemas sociales en institutos como el Departamento Ecuménico de Investigaciones (Costa Rica), el Centro Antonio Valdivieso (Nicaragua), el Koinonia (Brasil) o el Centro de Estudios Ecuménicos (México). Desarrollos similares se están dando en la educación teológica latinoamericana, con institutos como la Universidad Bíblica Latinoamericana[41] (Costa Rica), la Comunidad Teológica (México), el Instituto Superior Evangélico de Estudios Teológicos (Argentina), el Instituto Superior Ecuménico Andino de Teología (Bolivia) y varios otros. El concepto de Reino de Dios no connota aquí en general la realización perfecta de una estado ideal (como en la doctrina teocrática del dominionismo), pero, de todas maneras, un cambio social radical que también, en caso dado, se tendría que conseguir por medio de la resistencia armada y la revolución, como fue el caso de Nicaragua en la década de 1980. El Reino de Dios adquiere la función de una utopía, que – en sentido estricto y deslindado por un concepto de la filosofía de Kant – no es otra cosa que una idea reguladora de la ética social-revolucionaria. Y así se produce aquí un paralelismo conceptual con la Teología de la Liberación de las iglesias negras de los EE.UU. que, también, se expresa en el hecho de que algunas iniciativas de este tipo en América Latina ocasionalmente también eligen como figura conductora a Martin Luther King (por ejemplo, el Centro Martin Luther King en Cuba).

Perfeccionamiento, santificación, prosperidad

Entre las disposiciones religiosas y culturales del protestantismo estadounidense, el *perfeccionismo* ocupa un lugar central. La idea metodista de la santificación – unida al emocionalismo y la piedad espiritual – concibe el individuo creyente, después de su conversión, en un movimiento de avance continuo hacia el perfeccionamiento religioso y espiritual. Algunas escuelas consideran que es posible alcanzar el perfeccionamiento completo en vida, en tanto que otras ven al individuo solo en el camino hacia allá. En la primera mitad del siglo XIX, también se creía factible el perfeccionamiento de toda la

---

[41]Para detalles, cf. Kirkpatrick 2019.

nación. Ya de Tocqueville había reconocido que este motivo de la redención por medio de la perfección, homólogo a la religión, también podía encontrarse en la dominante meritocracia, individualista-posesiva de la economía. Después del quiebre social en la segunda mitad del siglo XIX, la idea de perfeccionamiento continúa como disciplinamiento religioso en las iglesias de santificación de la clase baja. Otros expertos religiosos, cercanos a la clase alta, como Henry Ward Beecher, transforman la idea de perfeccionamiento con una pizca de evolucionismo en un darwinismo social bastante brutal. Beecher hizo saber a los trabajadores de ferrocarriles que estaban en huelga que no serían capaces de sobrevivir si no les bastaba el pan y el agua. Ya en el siglo XIX, se unía el esquema del perfeccionamiento con un vulgar motivo de bendición calvinista para prometer salud y riqueza. La focalización a la riqueza en el llamado "evangelio de la prosperidad" se va volviendo cada vez más fuerte en el transcurso del siglo XX y alcanza su punto cúlmine, por ahora, en el contexto del capitalismo financiero neoliberal, el cual los seguidores de la prosperidad apoyan sin reservas.

En América Latina sucede una división semejante del motivo del perfeccionismo. La tradición de santidad se encuentra representada en el emocionalismo de las iglesias pentecostales y la obligación de llevar una "vida sagrada" sirve sobre todo como medida de disciplinamiento de los creyentes. Su traspaso a proyectos nacionales de perfeccionamiento moral no llega a realizarse debido a que los actores protestantes o son de poca importancia o están interesados meramente en su propio acceso al poder político y utilizan la moral en todo caso, a través de temas como "aborto" o "familia", para una movilización populista de derecha de los electores. Los diputados de la *Bancada Evangélica* brasileña, en todo caso, no se atienen muy estrictamente a la moral: tienen el índice de corrupción más alto que el promedio de todos los parlamentarios. Desde la década de 1980, los actores de la formación GERENCIA han estado introduciendo la doctrina de la prosperidad en la clase media alta. En el contexto de las fuertes contradicciones sociales, esta doctrina tuvo primeramente una función legitimadora como una "teodicea de la felicidad" (Weber) y quitó los marginalizados de la vista; luego dirigió la conciencia religiosa y social de los miembros a la acumulación de capital económico en el marco de las economías neoliberales y, finalmente, preparó para los líderes del movimiento una mesa ricamente servida con donaciones financieras frente a los ojos de sus enemigos. En relación con las donaciones, se asegura a menudo que el dinero donado será retribuido cien veces por Dios a los donantes. En verdad, este hecho solamente ha llenado los bolsillos de los líderes del movimiento con millones y millones de dólares. Una realidad que, desde la perspectiva europea, es difícil de creer dada la obstinada negativa a limosnas religiosas tan extendida en esta región del mundo. Un nuevo desarrollo es la transferencia de la ideología de la prosperidad a las iglesias neopentecostales de la clase baja. En este contexto, la doctrina retoma la condición social de un generalizado fracaso económico y lo atribuye a que los clientes de las organizaciones están poseídos por demonios. Para tener éxito en la vida, tienen que someterse, en primer lugar, a procedimientos de expulsión de los demonios de sus cuerpos, lo que solo pueden hacerlo los funcionarios designados. Y si no hay éxito, esto se atribuye nuevamente a la poca fe del cliente. Dado que en muchas sociedades sometidas continuamente al desmontaje social ya no existen oportunidades viables de mejoramiento colectivo y el éxito individual es la única y última opción, estas iglesias están llenas. No obstante, los esfuerzos de perfeccionamiento se agotan en el eterno ciclo de *trial and error* (método de ensayo y error) y la culpa recae naturalmente en la víctima de este mecanismo.

Comunitarismo e individualismo

A menudo, puede observarse en la cultura estadounidense una tensión entre comunitarismo e individualismo. El biblicismo, la teología federal y la devoción comunitaria pueden considerarse precursores y contrapartes de una concepción comunitaria de sociedad y, en última instancia, también de la concepción republicana de nación. Al unísono, el mismo biblicismo junto con el individualismo salvífico protestante (cada individuo es directamente responsable ante Dios) y la disposición al perfeccionismo son precursores y contrapartes de las concepciones de una sociedad individualista y de ideas liberales de nación y política. Hay mucho que indica que la práctica comunitaria religiosa es más bien propia de los sectores rurales y está unida a la clase baja o enmarcada étnicamente. Además, que la práctica individualista es más bien (sub-)urbana y orientada a la clase media y que con el tiempo se transmite de manera más agnóstica que religiosa. Esta diferenciación se refleja también en la sociodemografía de los votantes republicanos en comparación con la de los demócratas.

También en América Latina se produce esta oposición entre comunitarismo e individualismo. En términos de religión, puede estar determinada por la tensión entre un comunitarismo anclado culturalmente en el corporativismo católico y en los movimientos políticos de izquierda, por un lado; y, por el otro lado, en una misión dirigida a la conversión individual. En consecuencia, el individualismo aparece en Latinoamérica, a menudo, en el rechazo de políticas colectivas orientadas a la justicia social. Este rechazo se fundamenta con el argumento de que la conversión individual del corazón ya tendrá los efectos sociales deseados. En tanto que este argumento, aparentemente inofensivo, de la conversión individual se dirija hacia la salvación eterna del alma, seguirá siendo relativamente inofensivo desde el punto de vista político, solo que, por lo general, conduce a una despolitización que estabiliza el sistema imperante. Pero si el objetivo de las numerosas conversiones individuales es una sociedad totalmente convertida con instituciones adecuadas de control político, entonces este concepto pierde su inocencia y se reconoce como una concepción teocrática oculta, es decir, la rotunda oposición al individualismo.

Laicidad

La diferente comprensión de laicidad desempeña también un papel importante para entender el entrelazamiento entre el protestantismo estadounidense y la sociedad latinoamericana. La famosa metáfora de un *Wall of separation* (muro de separación) entre la Iglesia y el Estado, es una interpretación de la Primera Enmienda Constitucional tomada de una carta de Thomas Jefferson dirigida a una asociación bautista en 1802. Aunque ha sido confirmada por resoluciones judiciales posteriores, la Primera Enmienda Constitucional, en sentido estricto, establece claramente la libertad de religión, prohíbe la creación de una Iglesia estatal, pero no dice nada sobre la interferencia de los actores religiosos en la política. Por lo tanto, la interpretación de Jefferson, tendencialmente laicista, está en una fuerte tensión con la realidad política de los EE.UU. que se caracteriza por los actos religiosos para la asunción de mando de los presidentes, asesores espirituales del presidente hasta llegar a los verdaderos "evangelicales de la corte", las instituciones religiosas de cabildeo en el Capitolio y un enorme Desayuno de Oración Nacional en el cual el presidente está obligado a orar en público. *God talk* está presente en todas partes y cuenta con mucha influencia en la opinión pública política en plena contraposición con la fórmula planteada por Jefferson.

En América Latina, la problemática de la laicidad es más complicada y, a la vez, más simple. Igualmente que en los EE.UU. la práctica de los actores religiosos interesados en la política fluctúa entre el aprovechamiento máximo de la libertad de religión, que en la actualidad ha sido garantizada por la Constitución de todos los países, por un lado; y las restricciones, sean según el modelo laicista o sean desde el modelo de una Iglesia estatal como la de Costa Rica, por el otro. Los países con una Constitución rigurosamente laicista, como Uruguay o sobre todo México, han limitado severamente la libertad de religión, concedida en un principio, a las organizaciones religiosas por medio de una legislación restrictiva. Así no pueden poseer bienes inmuebles con excepción de los edificios dedicados al culto, no tienen ningún acceso a los medios de comunicación, sufren disposiciones financieras estrictas y la prohibición a los clérigos de manifestar su opinión política, etc. La libertad de religión significa en México, aún después de la reforma de 1992, ninguna libertad de expresión política. También en Costa Rica, donde la Iglesia Católica goza de privilegios de una religión estatal, la libertad de religión se ve recortada para los protestantes, pues no disponen del estatus que tienen los católicos. En Colombia, la Constitución de 1991 establece la libertad de religión sin la que se habrían impuesto restricciones laicistas suficientemente amplias. Por el contrario, los siglos de interferencia directa de la Iglesia Católica en los asuntos públicos han habituado profundamente la opinión de que los actores religiosos tienen el derecho natural a la expresión política. Esto contribuyó, en última instancia, al hecho de que el referéndum sobre el tratado de paz de 2016 fuera decidido con un (estrecho) voto negativo a causa de la propaganda religiosa. En relación con Brasil se puede hablar de una laicidad *com jeito* ("más o menos"). La libertad de religión y la laicidad del Estado han sido establecidas, pero la laicidad no cuenta ni con un marco jurídico suficiente ni tampoco uno práctico (Montero 2000), de manera que finalmente cada cual se comporta según su propio gusto, lo cual se aprecia claramente en la propaganda electoral de la derecha y en la *Bancada Evangélica*.

Ya antes habíamos señalado que Samuel Huntington diagnostica una tensión entre la disposición a las cruzadas y el aislacionismo en la política exterior de EE.UU. (Huntington 1982, 241 s.). En relación a las convicciones religiosas centrales se puede comprobar una ambivalencia similar. Si se relaciona la autoimagen de elección y unicidad así como el proyecto milenarista (especialmente en su comprensión premilenarista) con el afán de lograr la perfección moral y religiosa, resulta una mayor plausibilidad para el aislamiento. Si se combinan las disposiciones puritanas con el interés en una ampliación territorial o en busca de recursos materiales, entonces el motivo de la misión y la disposición a la demonización se convierten en los operadores simbólicos de una cruzada. Esta última posición es la que ha predominado en los últimos doscientos años (Cf. Williams 1980).

En cuanto a América Latina se puede decir que no se produce la tensión entre aislacionismo y cruzada como patrones de política exterior. Las agresiones internacionales e intereses correspondientes constituyen la excepción en los países latinoamericanos. Las cruzadas religiosas del protestantismo latinoamericano se llevaron a cabo, hasta en el pasado reciente, solamente en territorios nacionales. Una situación que, sin embargo, ha cambiado con la acción de las megaiglesias neopentecostales. La *Igreja Universal do Reino de Deus,* con sede en Brasil, engloba en su acción a más de 100 países; muchas otras megaiglesias de los más diversos países tienen igualmente sedes en otros países latinoamericanos, en EE.UU. o en Europa (aunque aquí se trata más bien de pequeñas filiales). Además, con la finalidad de ejercer influencia transnacional, varias organizaciones latinoamericanas, en 1987, fundaron la Cooperación Misionera Iberoamericana (COMIBAM) así como, en 1995, la organización *AD2000 and Beyond* (que desarrolla la misión en la Ventana 10/40) (Cf. Schäfer 2013). Las señales están cambiando y empiezan a colocarse apuntando a una cruzada.

El hecho de que la capacidad de conectividad del protestantismo estadounidense con la sociedad latinoamericana se dé solo de manera condicionada y, por ende, que el entrelazamiento haya provocado toda una serie de cambios, también puede explicarse por una diferencia fundamental. Sobre las bases de las categorías que el psicoanalista turco-estadounidense Vamik Volkan (2018, 17ss.) propone para la formación de la identidad de grandes grupos (pueblos), podría hablarse de un *chosen triumph* (triunfo elegido) para la población protestante blanca estadounidense, es decir, de una identidad que se remonta a la utopía de la Nueva Jerusalén, la Luz de los Pueblos, y que ya demostró ser victoriosa en el caso de la Guerra de Independencia. Objetos adecuados de externalización son, de acuerdo al grado de exclusividad del triunfo percibido, los inmigrantes (por ejemplo, los irlandeses católicos en el siglo XIX u, hoy en día, los hispanos), potencias extranjeras como el comunismo, el Islam o simplemente los no blancos. ¿Qué categoría adecuada podría establecerse para los protestantes latinoamericanos? Por supuesto que no podemos hablar de un *chosen triumph*. Pero, quizás, considerando la autoimagen de los que son entre ellos políticamente activos podríamos hablar de una *chosen conquest* (conquista elegida).

Con el *chosen triumph* puede asociarse además otra observación. La revolución, el acto de nacimiento de la modernidad, se percibe como ya alcanzada con la independencia o, incluso, ya con las colonias puritanas. La nación y la comunidad religiosa representan la revolución triunfante, la utopía que se ha hecho realidad, la Luz de los

Pueblos, la forma ideal de la modernidad. Es decir, la sociedad en su autopercepción ya es revolucionaria gracias a su religión, gracias al protestantismo evangelical. Otra revolución no tendría razón de ser y, en consecuencia, sería injustificada. La sociedad, en todo caso, puede apartarse de la verdadera orientación protestante y entonces tiene que ser conducida nuevamente a sus orígenes. Revolución es así restauración. Este modo de ver las cosas provoca en los evangelicales blancos una posición negativa frente a los desarrollos del siglo XX, especialmente en la segunda mitad de este (Jones et al. 2016, 8, 17). Si no se comparte esta tradición puritana o solamente en un grado mínimo (como es el caso de las iglesias negras o de los hispanos católicos y evangelicales), las perspectivas de futuro son más bien positivas (Jones et al. 2016, 8). Las revoluciones – en caso de ser necesarias – y las reformas no se perciben como restaurativas, sino que se ubican en el futuro y todavía tienen que ser llevadas a cabo. En este contexto, la distinción, por lo demás bastante problemática, entre progresista y conservador tiene sentido; sin embargo, "conservador" debe entenderse entonces como sinónimo de "restaurador".

En América Latina, la revolución liberal todavía no ha sido sellada con la independencia. La revolución neoliberal de las últimas décadas quizás ha cumplido el sueño de los economistas liberales del siglo XIX. Pero para la mayoría de la población y la mayoría de los protestantes se ha convertido en una pesadilla social. En Latinoamérica, las revoluciones siguen estando en el futuro. La pregunta es si se quiere la revolución, y si la respuesta es afirmativa, qué clase de revolución se prefiere.

4. La cuestión social "desde abajo"

De hecho, en el movimiento protestante en América Latina se desarrollaron ideas muy diversas de cómo debería ser la sociedad futura. El Comité de Cooperación en América Latina (CCLA) continuó consecuentemente con el trabajo del Congreso de Panamá y, después de diversas conferencias regionales, en 1925, convocó a otro congreso misionero en Montevideo (Prien 1985, 880ss.). Este congreso fue marcado por una fuerte presencia latinoamericana, ya que de unos 250 delegados solo 50 no eran latinoamericanos, sino estadounidenses. Entretanto, el CCLA había establecido redes intereclesiales y varias iglesias históricas se habían unido a las federaciones transnacionales de sus confesiones. En vez de este trabajo orientado a la reproducción y consolidación religiosa, el comité nacional chileno exigió tematizar la relación entre capital y trabajo, en tanto que otros comités se declararon a favor de un compromiso por la paz en la Sociedad de las Naciones o por una cooperación con los gobiernos en temas de salud y educación. El siguiente congreso para los sectores colindantes del Caribe tuvo lugar en La Habana en 1929, una fecha importante para la historia de los entrelazamientos, pues allí se exigió el control latinoamericano del trabajo protestante en Latinoamérica (Prien 1985, 883ss.). El congreso, organizado por latinoamericanos, hizo saber a los misioneros estadounidenses que ya no podían exigir la obediencia ciega de los latinoamericanos y que antes de ser enviados a la misión, estos tenían que preocuparse intensivamente de la historia, cultura y lengua de América Latina. En La Habana se produjo un quiebre y el comienzo de una reorganización del trabajo del protestantismo histórico en Latinoamérica, impulsado por la propia iniciativa latinoamericana, especialmente por el trabajo de los jóvenes y estudiantes universitarios organizados en la Unión Latinoamericana de Juventud Evangélica (ULAJE), la YMCA y el Movimiento Estudiantil Cristiano (MEC). Muchas misiones evangelicales y pentecostales siguieron trabajando todavía unas décadas bajo la hegemonía misionera y experimentaron más tarde el choque de su independencia.

4.1 Brasil: sociedad e iglesias

Esta nueva perspectiva para los entrelazamientos se desarrolló en Brasil de manera particularmente rápida; un proceso que se vio favorecido por dos circunstancias especiales que nos permiten llegar a una conclusión sistemática acerca de la interacción entre la misión internacional y la política nacional. En primer lugar, la independencia nacional de los actores políticos en Brasil y el Cono Sur se vio ejemplificada y fortalecida por las iglesias de los inmigrantes (por ejemplo, los luteranos), en las cuales los misioneros, lógicamente, no jugaban ningún papel. En segundo lugar, en Brasil ni en las iglesias pentecostales había misioneros estadounidenses activos (solo algunos pocos provenientes de Suecia). Al mismo tiempo, los actores religiosos nacionales se involucraron muy tempranamente en los diversos niveles políticos; primeramente, a nivel comunal. Nuestra tesis es que los misioneros impedían el compromiso político, porque su interés fundamental era el éxito cuantitativo con respecto a la membresía, pues esta era la vara con la cual eran medidos en sus iglesias de origen. Por consiguiente, con la creciente independencia de las iglesias, a partir de la década de 1960, también en las iglesias pentecostales de los otros países latinoamericanos pudo constatarse un aumento del compromiso social y político.

Socialismo cristiano

El protestantismo histórico estaba vinculado al Congreso de Panamá a través del eclesiástico presbiteriano brasileño Erasmo Braga.[42] Además, los impulsos del movimiento ecuménico (de los grupos de trabajo *Mission and Evangelism* así como *Life and Work*, mucho antes de la fundación del Consejo Mundial de Iglesias, CMI (*World Council of Churches, WCC*) contribuyeron a la creación de

---

[42] Cf. a continuación: Prien 1985; Schilling 2016, 69ss., excelente para su unión con el Consejo Mundial de Iglesias; Sinner 2012, 58s.; Ferreira Vilela o.J.; Conrado 2008; Calvani 2015; Cesar 2007; Silva 2017; Barreto Jr. 2010; Lienemann-Perrin y Lienemann 2006.

un movimiento juvenil eclesial y de la organización paraguas *Confe-deración Evangélica del Brasil* (CEB), que existe desde 1934 y cuyo primer director ejecutivo fue Waldo César. La influencia del movimiento estudiantil y del sindical tuvo como resultado que la revista *Mocidade* (Juventud), a partir de 1950, empezara a publicar cada vez más artículos críticos respecto al capitalismo. Además, aparecieron publicaciones teológicas de la pluma del misionero presbiteriano Richard Shaull, quien se identificaba con el movimiento y propagaba la teología europea de Karl Barth y Dietrich Bonhoeffer. En 1953, César, Shaull y otros formaron un círculo de trabajo ecuménico sobre la responsabilidad social de las iglesias, justamente en el momento cuando el Consejo Mundial de Iglesias, fundado en Ginebra en 1949, creaba la unidad de trabajo *Church and Society* (Iglesia y Sociedad). La Asamblea General del CMI de 1954 en Evaston (EE.UU.) y los siguientes encuentros en América Latina impulsaron la fundación de la *Comissão Igreja e Sociedade* (Comisión Iglesia y Sociedad) en el año 1955 con tres puntos temáticos: política, problemas rurales, así como industria y trabajadores; además se acordó una estrecha cooperación con el CMI.[43] Numerosas consultas y encuentros en torno a temas sociales despertaron el interés de muchos otros eclesiásticos por cuestiones en torno a la responsabilidad pública de las iglesias. Los actores ejercieron una autocrítica a la fuga evangélica de la responsabilidad social, refugiándose detrás de un puro moralismo, y empezaron a tratar los problemas socioestructurales desde una perspectiva ética. Esta dinámica – que, por lo demás, se produjo al mismo tiempo en que en América Central se estaban realizando las campañas del *In-Depth-Evangelism* (Evangelismo en profundidad) – condujo a la fundación de la asociación latinoamericana Iglesia y Sociedad en América Latina, ISAL, en 1962, en São Paulo (Schilling 2016, 100).

---

[43] Dado que numerosos miembros de esta unidad de trabajo eran metodistas (Julio de Santa Ana, José Míguez Bonino, Oscar Bolioli, entre otros), a partir de 1960, estos empezaron a desarrollar programas de estudios con el Instituto Metodista de São Paulo colocando esta labor en una amplia base académica.

La revista cuatrimestral *Cristianismo y Sociedad*, que había empezado a publicarse en 1963 y cesó de editarse en el año 2000, fue fundamental para el movimiento ecuménico latinoamericano comprometido con la cuestión social. La discontinuación de la revista da una visión clara de las actuales dificultades financieras del cristianismo socialmente comprometido en América Latina y del movimiento ecuménico en general.

Dictadura y resistencia

A principios de la década de 1960, los protestantes socialmente comprometidos trabajaban en sinergia con la política del presidente João Goulart (1961-1964), la que tendencialmente cumplía con las reivindicaciones de justicia de las clases desfavorecidas y, además, liberalizaba la sociedad: bossa nova, la arquitectura de Niemeyer, etc. En su empeño – igual que Goulart – se fueron encontrando cada vez más con el rechazo de los círculos conservadores. En 1964, hubo un golpe militar y el General Castello Branco bajo las acusaciones de comunismo arremetió con mano dura contra los activistas eclesiales. A su vez, los protestantes conservadores participaron en la caza de acoso contra los "comunistas" denunciando incluso a aquellos "sospechosos" pertenecientes a las filas de sus propias iglesias. Los activistas incriminados o partían al exilio, o luchaban en la clandestinidad o, incluso, de forma abierta contra la dictadura. Un logro especial de la resistencia sucedió en 1973, cuando junto con la Conferencia Episcopal católica fundaron la organización de desarrollo *Coordenadoria Ecumênica de Serviço* (CESE, Coordinadora Ecuménica de Servicio), organización que actualmente sigue trabajando.[44] Entre 1979 y 1985, CESE logró realizar clandestinamente una documentación sobre la tortura y otros delitos contra la humanidad, denominada *Brasil Nunca Mais*. Por sus esfuerzos en la resistencia, el protestantismo orientado ecuménicamente logró mantenerse activo en Brasil durante la época de la dictadura y, actualmente, tiene un papel noto-

---

[44] https://www.cese.org.br/ (acceso el 03.05.2019)

riamente más fuerte e importante que, por ejemplo, en Centroamérica, Colombia, Perú o Chile. ISAL era el organismo central del protestantismo latinoamericano socialmente orientado y pudo desarrollar
posiciones similares a las de la Teología de la Liberación mantenién-
dose en diálogo con ella. En 1975, sin embargo, ISAL tuvo que dejar
de trabajar en Uruguay a causa de la creciente represión después de
un ataque a la residencia de su secretario general, Julio de Santa Ana.
De esta línea de trabajo ecuménico del protestantismo latinoamericano surgió, a fines de la década de 1970, el Consejo Latinoamericano de Iglesias, CLAI, también de orientación ecuménica. La mayoría de los actores que actualmente trabajan en esta línea mantienen
relaciones estrechas con el Consejo Mundial de Iglesias y con organizaciones hermanas (no misioneras) de los EE.UU. Por otra parte,
estas últimas en razón de su trabajo y sus experiencias en Latinoamérica y el Tercer Mundo han cambiado y, generalmente, son antiguas
sociedades misioneras transformadas.

Si se observan los discursos religiosos así como las metas y estrategias de estos actores, uno se mueve de hecho en el protestantismo, pero en un mundo totalmente diferente al de las otras formaciones religioso-políticas. Aquí no se trata de una adaptación trans-
formadora de las convicciones religiosas estadounidenses a la realidad latinoamericana. Aquí se trata más bien de la pedagogía desarrollada en Brasil por Paulo Freire con la mirada puesta en los problemas
sociales, la llamada Pedagogía del Oprimido. La emocionalidad, los
milagros, los diez mandamientos ceden el paso a temas como "problemas rurales" e "industria y trabajadores" que son objetos de análisis sociológico y reflexión teológica sobre recomendaciones éticas.
Más tarde, con la Teología de la Liberación católica y protestante,
este método de trabajo se denominó "círculo hermenéutico" de ver,
juzgar y actuar. Una característica diferenciadora importante respecto
a las otras formaciones del protestantismo es la autocrítica teológica.
De esta manera se fomenta la apertura para el diálogo con todos los
actores posibles en vez del discurso de conversión.

Dinámica del entrelazamiento

En lo que se refiere a la dinámica del entrelazamiento, se puede reconocer aquí un proceso de etapas múltiples. Primero, el impulso del Evangelio Social (Braga y el congreso de Panamá) se reformula desde problematización radical de la desigualdad social y la violencia estructural que vive América Latina. Segundo, el punto de vista teológico se diversifica al recibir también el pensamiento protestante europeo. Tercero, para conseguir apoyo para este nuevo enfoque se establecen nuevos contactos internacionales con organizaciones que sustentan la misma perspectiva (entre otros, el CMI). Cuarto, se crean redes de cooperación en Latinoamérica. Quinto, el aprendizaje ecuménico común, también cambia a las organizaciones asociadas en los EE.UU. y, de este modo, se pueden redefinir las relaciones. Estos procesos también pueden ser seguidos biográficamente.

El misionero presbiteriano Richard Shaull empezó a desarrollar en Brasil su "Teología de la Revolución" y permaneció toda su vida, también por su exilio, identificado con este país. Además, en los últimos años de su vida documentó su posición con un compromiso social múltiple en los EE.UU. El matrimonio misionero de Gloria y Ross Kinsler, también presbiterianos, en 1963, empezaron a trabajar en Guatemala en la institución educacional conservadora Seminario Evangélico Presbiteriano; allí se identificaron con la Teología de la Liberación por sus experiencias políticas en ese país y por su larga cooperación en el programa de educación teológica contextual del Consejo Mundial de Iglesias; en los últimos años de su carrera se trasladaron a la Universidad Bíblica Latinoamericana de Costa Rica de orientación ecuménica. Allí se encontraba ya el matrimonio de Irene y Robert Foulkes, quienes, en 1955, habían sido enviados por la *Latin America Mission*, al ultraconservador Seminario Bíblico Latinoamericano. A principios de la década de 1970, los Foulkes y otros misioneros experimentaron un "golpe" estudiantil, que llevó la institución a las filas de la Teología de la Liberación y, además, motivó la renuncia de algunos misioneros. Los Foulkes tomaron la decisión de pasarse al lado de los latinos y permanecieron allí. En 1957 Doris y John Stam también fueron enviados al Seminario Bíblico y tomaron la misma decisión que los Foulkes; más tarde aceptaron puestos de enseñanza en Nicaragua y Cuba y, desde América Latina, también se comprometieron en los EE.UU. para propagar una teología de la liberación de corte protestante.

Algún tiempo después, también el movimiento evangelical experimentaría un desarrollo semejante que, sin embargo, estaría caracterizado de rupturas más bruscas.

4.2 Cochabamba: iglesias y sociedad

Los congresos en Montevideo y en La Habana y las experiencias en Brasil indicaron un nuevo desarrollo que, por supuesto, no iba a abarcar todo el protestantismo misionero en Latinoamérica. Los misioneros evangelicales conservadores organizados primero en la *Interdenominational Foreign Missions Association* (IFMA, 1917, Asociación Interdenominacional de Misiones Extranjeras) y, más tarde, desde 1945, bajo la *Evangelical Foreign Missions Association* (EFMA, Asociación Evangelical de Misiones al Extranjero) siguieron misionando según el antiguo modelo del liderazgo de los misioneros, de la misma manera que las grandes iglesias pentecostales no organizadas. A contar de la década de 1960, en las iglesias pentecostales, el surgimiento de nuevos líderes nacionales, ahora de segunda generación, condujo cada vez con mayor frecuencia a divisiones de las iglesias misioneras estadounidenses y a nuevas fundaciones, que fueron introduciendo en la agenda, como ya lo hemos dicho, mucho más frecuentemente temas y emprendimientos de carácter ético-social. Las misiones conservadoras – que todavía no constituían una derecha organizada – reaccionaron con acusaciones de "comunismo" y la imputación de que los protagonistas de dichas reformas querrían eliminar el verdadero cristianismo para cooperar con el "comunista" Consejo Mundial de Iglesias.

Confraternidad Evangélica Latinoamericana (CONELA)

En esta línea, la fundación de la organización ecuménica Consejo Latinoamericano de Iglesias, CLAI (decidido de manera oficial, en 1978, en un importante encuentro protestante en México, y concretizado en Perú, en 1982) fue respondida el mismo año con la fundación de una contra-organización conservadora. La idea de fundar la Confraternidad Evangélica Latinoamericana (CONELA)[45] provino de un grupo de activistas en un congreso de Billy Graham en Pattaya, Tailandia, bajo la dirección de dos colaboradores de Luis Palau, el evangelista de masas argentino-estadounidense. Palau financió la fundación de CONELA en 1982 en Panamá y puso a disposición al primer Secretario General. Pero esta nueva organización no consiguió reclutar un número significativo de miembros importantes de la sólida Fraternidad Teológica Latinoamericana (FTL) de tendencia liberal conservadora. CONELA denunció al CLAI por comunismo, radicalismo y todas aquellas cosas que se suelen mencionar en estos casos; la polarización que resultó de esta controversia, era tema o, por lo menos, se podía percibir entre 1980 y 1990 en casi todas las conversaciones con protestantes latinoamericanos. No obstante, CONELA como organización es menos conocida que CLAI. Los interlocutores que pertenecían a ella se caracterizaban por una fuerte posición fundamentalista y su orientación en la estrategia del "Iglecrecimiento" (*Church Growth*) de Donald McGavran, así como también en el protestantismo misionero de los Estados Unidos. Esto corresponde – tal como lo señala David Stoll – , a que CONELA es apoyada por la clase dirigente de las misiones de derecha en los EE.UU., entre ellos Billy Graham, *Campus Crusade for Christ* (Cruzada Estudiantil y Profesional para Cristo), *Overseas Crusade* y Luis Palau. Además la mayoría de sus líderes y rostros mediáticos están estacionados en EE.UU. Entonces, aquí estamos frente a un modelo de cooptación y control del entrelazamiento transnacional: una organización latinoa-

---

[45] Una interesante descripción de CONELA se encuentra en Stoll 1990, 132ss.

mericana, creada y controlada desde los EE.UU., representa las posiciones del movimiento misionero conservador estadounidense y de la derecha religiosa como "latinoamericanas".

Fraternidad Teológica Latinoamericana (FTL)

Algo similar había tenido anteriormente en mente el misionero y agitador estadounidense C. Peter Wagner con el primer Congreso Latinoamericano de Evangelización (CLADE I) y la Fraternidad Teológica Latinoamericana (FTL).[46] Wagner fue misionero en Bolivia, más tarde gurú de la estrategia del Iglecrecimiento para la misión estadounidense orientada cuantitativamente y, finalmente, inventor neopentecostal de finezas demonológicas, como los espíritus territoriales (*territorial spirits*). Wagner sabía cómo atribuirse a sí mismo el papel de protagonista. Los antagonistas eran, *pars pro toto*, tres líderes evangelicales jóvenes muy bien preparados: René Padilla de Ecuador, Samuel Escobar de Perú y Orlando Costas de Puerto Rico.

Como continuación del Congreso Misionero Mundial de las "Industrias" Billy Graham en Berlín, en 1966, algunos latinoamericanos evangelicales organizaron el primer Congreso Latinoamericano de Evangelización I (CLADE I) en Bogotá, en 1969. Por lo demás, uno no puede dejar de lado la presunción de que este congreso era una respuesta evangelical a la Tercera Conferencia Evangélica Latinoamericana (CELA III) que el Consejo Mundial de Iglesias había realizado ese mismo año. La respuesta fue en casi todos los aspectos estadounidense, excepto por el hecho de que estaban presentes muchísimos delegados de las iglesias latinoamericanas, quienes diariamente tenían que luchar contra la miseria, la violencia y la represión. Wagner dispuso que se repartiera gratuitamente a todos los asistentes un tratado escrito por él, *Latin American theology: radical or evangelical?* (Teología latinoamericana: ¿radical o evangélica?). En él distingue tres tipos de cristianos en Latinoamérica: protestantes conservadores, jerarquía católica conservadora, y radicales de izquierda con una teología secularizada. Wagner argumentó que dado que en el

---

[46] Salinas 2009; Swartz 2012; Clawson 2012; Gutiérrez 2015b.

protestantismo latinoamericano no se escuchaba nada sensato sobre la relación iglesia y mundo, solo podía enfrentarse la inundación izquierdista con su modelo de crecimiento de la iglesia. Así tan entusiastas como reaccionaron algunos estadounidenses, así de indignados estaban los latinos. Samuel Escobar, quien según el programa debía hablar sobre los beneficios de la economía de libre comercio de los EE.UU. en América Latina, pronunció un discurso sobre la responsabilidad social de la Iglesia, la venta del evangelio a una ideología de la clase media, la imposición de una agenda estadounidense, la necesaria renuncia a la ayuda extranjera y la confrontación con las teologías "anglo".

Un año más tarde, en diciembre de 1970, un grupo de teólogos latinoamericanos evangelicales fundó en Cochabamba, Bolivia, la Fraternidad Teológica Latinoamericana (FTL). En esa oportunidad, Wagner no tuvo éxito con su papel como pelmazo. Apareció en la sesión inaugural con un proyecto, escrito por él, con los estatutos de la FTL y exigió que fuera aceptado oficialmente. Wagner no solo deseaba imponer la infalibilidad de la Biblia, sino también subordinar la viabilidad financiera de la FTL a la observancia de condiciones teológicas. Por supuesto que no pudo salirse con la suya. Dos años después la organización paraguas *Evangelical Foreign Missions Association* amenazó con retirar la promesa de financiación, si la FTL invitaba a un encuentro al teólogo liberal José Míguez Bonino. La carta respuesta de la FTL afirma que "Uds. no nos van a decir a quién invitamos ni a quién no invitamos. Somos la FTL (con énfasis en la 'L')." (Swartz 2012,120) La FTL representa en muchos aspectos posiciones evangelicales, pero toma en serio la manera de trabajo hermenéutica de la Teología de la Liberación, respeta su exégesis, critica el imperialismo estadounidense y la identificación de la fe con el capitalismo y asigna alta importancia a la responsabilidad social de las iglesias. La tentativa de reconciliar la Teología de la Liberación y la identidad evangelical se realiza hermenéuticamente, estableciendo la contextualidad de todo conocimiento; una comprensión que el ingenuo positivismo de la teología evangelical estadounidense contradice diametralmente. Finalmente, la FTL se presenta como un camino intermedio entre el marxismo y el anticomunismo militarista.

Efectos en los EE.UU.

Un aspecto particular de estas actividades ha sido su efecto retroactivo sobre el evangelicalismo en EE.UU. Importantes representantes de la FTL estudiaron en los EE. UU y mantienen buenas relaciones, siendo invitados a charlas y seminarios. El boletín de la Fraternidad se publica también en inglés y así puede ejercer influencia en el ámbito estadounidense. Especialmente efectiva fue la aparición de Samuel Escobar en el Congreso Internacional de Evangelización Mundial, en Lausana, Suiza, convocado por la organización de Billy Graham, en el año 1974. Cerca de una docena de miembros de la FTL criticaron allí la estrecha visión estadounidense del evangelio centrada en el "conteo de cabezas" (*head count*) y su conexión con la cultura estadounidense, criticaron el entusiasmo guerrero de los evangelicales, defendieron los derechos de los palestinos frente a Israel y exigieron una evangelización holística (misión integral). Sobre todo, a través de organizar un grupo de presión, consiguieron insertar en la declaración de la conferencia y, por lo tanto, en el programa general del movimiento de Lausana, un largo artículo sobre la responsabilidad social de la iglesia (*World Evangelical Fellowship* 1974, sección 5). Wagner y otros combatientes de sus mismas ideas no estuvieron de acuerdo en absoluto, aunque la mayoría de los delegados latinoamericanos sí lo estaban. Además esta acción amplió la influencia de la FTL en la izquierda evangelical estadounidense que se estaba formando en torno a Jim Wallis y sus *Sojourners,* Ron Sider con sus *Evangelicals for Social Action* (Evangelicales para la Acción Social), así como otras organizaciones. Hasta ahora, según Clawson, se advierten estos efectos ulteriores, especialmente, cuando se trata de movimientos para la *Integral Mission* (Misión Integral), que siguen las ideas de René Padilla.

Gracias a los estrategas de la FTL, América Latina con sus problemas sociales entra con mayor fuerza en el foco de los evangelicales de izquierda en EE.UU. Con esto, la dirección objetiva del entrelazamiento se ha invertido, si puede decirse así. De este modo se asemeja al protestantismo ecuménico de América Latina, que estaba alimentando los discursos y prácticas del protestantismo *mainline* con ideas teológicas, desde hacía ya bastante tiempo; solo que la FTL sabe hablar a los evangelicales en un lenguaje apropiado para ellos. Esta inversión del rumbo del entrelazamiento, quizás, podría entenderse como un panamericanismo desde el sur. Pues, no hay que olvidar que Bolívar y San Martín también son responsables del pensamiento panamericano. En todo caso, la inversión de los efectos del entrelazamiento ocuparía más tarde un papel importante en las controversias en torno a las guerras en Centroamérica.

5. Guerra militar-espiritual

En la década de 1980, durante las guerras centroamericanas, se produjeron intensivos entrelazamientos entre los actores interesados del norte y del sur los cuales, traspasando la práctica religiosa, alcanzaron lo político y lo militar. El apoyo militar y las armas de la guerra espiritual fueron suministrados por los EE.UU. Y la chispa de las luchas centroamericanas encendió las disputas políticas en EE.UU.

5.1 Guerra espiritual

La lógica de la Guerra Fría se advirtió en su transcurso también en la autocomprensión de los actores religiosos en general y de las agencias misioneras en particular. De acuerdo a ella, el mundo deseaba ser entendido como dualista y antagónico y un número cada vez más creciente de agencias entendía su misión como una guerra contra los demonios.

En el movimiento pentecostal clásico, el exorcismo tiene su lugar en el tratamiento de las enfermedades (psíquicas), cuando un médico es demasiado caro. En la década de los 1970, sin embargo, y bajo el choque del movimiento por los derechos civiles, de las protestas contra la guerra en Vietnam y del movimiento estudiantil, en la clase media (alta) del movimiento neopentecostal aparecieron formas autoritarias de liderazgo comunitario con el movimiento del Discipulado (*Discipleship* o *Shepherding*).[47] En este y en un entorno similar, resulta práctico hacer una severa interpretación dualista de los aconteceres mundiales como medida de disciplinamiento interior a la vez que de una expansión agresiva hacia el exterior. El motivo de la lucha contra los demonios se amplía a los más diversos entornos sociales, naturalmente que también a la política. La lógica es simple: el mundo está lleno de demonios, los cuales someten a presión a los cristianos y, especialmente, a los otros. Por esta razón, los cristianos tienen que

---

[47] Nombres correspondientes son Bob Mumford, Ern Baxter, Derek Prince. Vide: Schäfer 1992c, 76ss.

empezar una guerra antidemonios. Desde la década de 1970 la literatura de este género ha crecido constantemente, no solo en los tratados religiosos, sino también en la literatura de entretenimiento.[48] También en la misión externa aparecieron cada vez más agencias que seguían esta lógica. En 1985 se fundó la *Association of International Mission Services* (AIMS, más tarde *Accelerating International Mission Strategies*) como organización paraguas de 50 sociedades misioneras con cerca de 2.000 misioneros que ha sido apoyada en todo sentido por la EFMA así como por la IFMA. La AIMS se había propuesto la meta de "generar el poder espiritual para vencer el gobierno de Satanás en todas las naciones" (Roberts y Siewert 1989, 38s.). También otras organizaciones misioneras, como la *Youth With a Mission* (YWAM, Juventud con una Misión) con un gran número de voluntarios seguían la línea de la teocrática doctrina del dominionismo en la misión externa y mantenían estrechos contactos con la derecha religiosa (Diamond 1989, 206). Claro que el misionólogo C. Peter Wagner se había percatado de esta tendencia. El movimiento de Iglecrecimiento (*Church Growth*), liderado por Wagner, con su estrategia realmente fordista de la producción cuantitativa de conversos, por sus viejos lazos, estaba dirigido especialmente a América Latina, pero los latinos lo habían rechazado tanto a él como también a su estrategia. Samuel Escobar lo había atacado públicamente por su "frío pragmatismo", y la Fraternidad Teológica Latinoamericana (FTL) le había hecho saber que la organización podía funcionar perfectamente sin él. La guerra contra los demonios y el cambio autoritario de los neopentecostales le ofrecían entonces una nueva chance. Wagner aprovechó su posición privilegiada para proclamar, en primer lugar, la "Tercera Ola" del neopentecostalismo, o sea, la pentecostalización de los evangelicales, con lo que también conseguía la legitimación de su propio giro a las estrategias neopentecostales. Hacia fines del siglo XX (al comienzo de la "Segunda Edad Apostólica, aproximadamente en

---

[48] Bubeck 1975; 1984; Dawson 1989; Dickason 1987. Vide tb. las novelas de Frank Peretti.

2001")[49] se autoproclama como apóstol y miembro de un consejo internacional de apóstoles; por supuesto que con la capacidad de recibir la revelación directa y autoritativa de Dios y de representar el mandato así recibido de Dios dentro del más duro dominionismo de las Siete Montañas (*Seven Mountain Dominionism*). Ahora, la doctrina del dominionismo necesitaba enemigos. De ahí resultó muy útil que Wagner ya antes hubiera establecido la ideología de la Guerra Espiritual en el movimiento misionero y, respectivamente, en la comunicación internacional de los actores neopentecostales en los EE.UU. y América Latina. El foco se encuentra en los efectos políticos de la doctrina interpretados como la lucha contra los espíritus territoriales (*territorial spirits*) que dominan países enteros. En el ámbito de la jerga militar, Wagner distingue el nivel base (*ground level*) para el exorcismo interpersonal, del nivel oculto (*occult level*) contra la hechicería, la astrología y satanismo y, finalmente, del nivel estratégico o cósmico en el cual se practica el exorcismo a los gobiernos poseídos por los demonios. Para este último – tal como se había realizado prácticamente en Guatemala – hay que hacer un mapeo espiritual de las regiones que permita determinar con nitidez los objetivos de la guerra. Naturalmente está claro que, con esta ideología, Wagner y sus amigos misioneros nunca iban a lograr la aceptación de los evangelicales responsables de la FTL. Pero sí consiguió aliados pudientes en la clase alta de los neopentecostales, que ocasionalmente – como Harald Caballeros de Guatemala – también están registrados en los Papeles de Panamá (*Panama Papers*). No obstante, la ideología de la guerra espiritual ya no es más impuesta, de manera predominante, a los protestantes locales por los misioneros y muchas de las misiones clásicas permanecen con la doctrina del Iglecrecimiento. ¿De qué podría servirles la guerra espiritual a los pequeños campesinos ham-

---

[49] International Coalition of Apostolic Leaders: https://www.icaleaders.com/about-ical/definition-of-apostle (fecha de acceso: 02.10.2019). Cf. también Eagles Vision Apostolic Team y New Apostolic Reformation (NAR).

brientos y reprimidos por los militares, a no ser que fuera una intimidación contra el "comunismo"? El arsenal de la guerra espiritual más bien es reconocido, recibido activamente y utilizado por los grupos de la clase alta y de la clase media alta, especialmente en Guatemala, como un arma simbólico-religiosa en la guerra de contrainsurgencia en Centroamérica.

5.2 Guatemala: la Ciudad en la Colina

Hotel Panamericano

Cuando uno entra en el restaurante del tradicional Hotel Panamericano, ve a la izquierda, en el pequeño vestíbulo y bajo un cristal que hay un libro de huéspedes del hotel de la década de 1950 que está abierto. La cifra de oficiales estadounidenses entre los huéspedes es asombrosa. Pero a uno se le acaba el asombro, cuando se percata que, en 1954, con el apoyo de la primera operación secreta de la CIA y a petición de la compañía bananera *United Fruit Company* (Chiquita), hubo un golpe militar contra el presidente socialdemócrata, Jacobo Árbenz, acusado de ser "comunista". Desde ese momento hasta más o menos fines de 1980, la dictadura militar y la resistencia de los grupos guerrilleros determinaron una de las historias más sangrientas de América Latina. La activista presbiteriana por los derechos humanos, recientemente fallecida y miembro de la Iglesia Guatemalteca en el Exilio, Julia Esquivel recordó en una entrevista con el autor de este ensayo que, de niña pequeña escuchaba el estallido de las bombas lanzadas por los aviones estadounidenses sobre la ciudad para amedrentar a los habitantes. Y también se acordaba de que ya joven y bajo la influencia de la dictadura descubrió un evangelio sencillo, el de Jesús de Nazareth que también era pobre y en todo momento estaba por los pobres y marginados. Al principio de la fase más severa de la represión a finales de la década de 1970, fue severamente torturada debido a su compromiso ecuménico y luego huyó al exilio con la ayuda de activistas indígenas. Si alguien hubiese hablado – como lo hice yo el mismo día de esta entrevista – con uno de los principales neopentecostales de hoy acerca de esa época, habría sabido que lo que contaba para él ante todo era que su organización religiosa en ese momento había tomado un fuerte impulso de crecimiento. Solo supo decir lo mejor sobre el dictador neopentecostal Efraín Ríos Montt, quien había sistematizado las masacres, anteriormente indiscriminadas, gracias a su entrenamiento militar en los EE.UU. El general habría hecho fusilar públicamente, solo a 9 bandidos en la ciudad y después habría reinado la paz. El problema serían las organizaciones europeas de derechos humanos, que asediaban Guatemala. Sin embargo, cuando uno habla con la gente en la zona de guerra, se forma un cuadro muy diferente. Un joven de Nebaj, un municipio del departamento de Quiché, nos contó que él había observado desde un escondite cómo todo su pueblo, incluyendo a sus padres y hermanos, había sido asesinado por los soldados.

Números

También los números entregados por la Comisión para el Esclarecimiento Histórico (1999, CEH), establecida por la ONU, son "un poco" más altos que los señalados por el pastor. El número de víctimas es de cerca de 200.000 personas, en su mayoría indígenas civiles masacrados por el ejército y los grupos paramilitares, cientos de pueblos destruidos, en parte incendiados con bombas de napalm, innumerables casos de tortura y "desaparición", cerca de un millón de fugitivos de guerra y graves daños ecológicos consecuenciales. De todos los muertos, más del 90% recae en la responsabilidad del ejército. El gobierno de Reagan brindó ayuda militar material y de personal a la dictadura y, en 1983, levantó el embargo impuesto a Guatemala por violación de los derechos humanos. Reagan estaba muy contento con la conducta cristiana de Ríos Montt. Pero, la violencia utilizada fue de tal manera drástica que Bill Clinton, en 1999, se vio apremiado para disculparse oficialmente ante el pueblo guatemalteco. Ríos Montt fue condenado en 2013 a 80 años de prisión por crímenes de lesa humanidad y genocidio. ¿Qué tiene que ver esto con la interrelación religiosa?

Política de los EE.UU. y religión

Una respuesta general a esta pregunta podríamos obtenerla de una comisión de teólogos de Guatemala, Nicaragua, El Salvador, Sudáfrica, Namibia, Corea del Sur y las Filipinas en su documento "El camino a Damasco. Kairos y Conversión" (Catholic Institute for International Relations 1989). Exponen que para conservar la idolatría del dinero a causa del interés noratlántico, se utilizaba en el Tercer Mundo la estrategia del Conflicto de Baja Intensidad (*Low Intensity Conflict*); una fuerte forma de entrelazamiento, por decirlo así. La estrategia se dirige contra el nuevo fenómeno de la guerra de guerrillas y vincula la violencia militar con proyectos sociales y propaganda tanto ideológica como religiosa. Los Manuales de Operaciones (*Field Manuals*) FM 31-16 y FM 31-176 del ejército de los EE.UU. (Fort Bragg), aconsejan muy específicamente tener en cuenta las relaciones religiosas en las zonas de operaciones militares y sicológicas. En 1976, el Comité de Investigación del Senado sobre las actividades del servicio secreto, dirigido por el senador Frank Church, comprobó un uso operacional directo de 21 individuos religiosos estadounidenses, sin contabilizar el número de extranjeros (Senado de los Estados Unidos 1976). La periodista Sara Diamond (1989, 207) cita la revista evangelical *Christianity Today* (Cristianismo hoy) donde se informa que, en la década de 1970, los colaboradores del predicador Luis Palau se sometían regularmente a conversaciones informativas (*debriefing*) con la CIA. Según la revista, entre el 10 y el 25% de los misioneros habría entregado informaciones a la CIA.

En relación con Latinoamérica, también la religión, desde la década de 1960, concentra en mucho mayor medida la atención de la política en los estudios públicos. Un proyecto de investigación de la Universidad de Notre Dame en cooperación con la Fundación Rockefeller examinó la Iglesia Católica bajo la perspectiva de la Alianza para el Progreso.[50] Poco después, el gobernador de Nueva York, Nel-

---

[50] D'Antonio y Pike 1967, con solo una contribución sobre el protestantismo de Emilio Willems.

son Rockefeller, inició un viaje informativo a América Latina siguiendo la petición del presidente Nixon. En su informe de 1969, retrata a los militares jóvenes y la Iglesia Católica como fuerzas que posiblemente podrían provocar un cambio revolucionario. La Iglesia era "más sensible a la voluntad popular", "vulnerable para una penetración subersiva" y, con respecto a la legendaria Conferencia Episcopal de Medellín (1968) dice: "dedicada (...) al cambio revolucionario, si fuera necesario" (Estados Unidos, 1969). Los Papeles de Santa Fe, informes elaborados, desde 1980, para el gobierno de Ronald Reagan por un grupo de planeamiento describen la situación de manera aún más dramática y aconsejan atacar la Teología de la Liberación de manera proactiva y no solamente reaccionar con posterioridad. En consecuencia había que analizar el movimiento cristiano de base y combatirlo;[51] y, también, había que utilizar la religión para una guerra sicológica.

Guerra: *El Verbo y FUNDAPI*

La situación en Centroamérica, alrededor de 1980, era para los estrategas en Washington y las oligarquías centroamericanas, en verdad, inquietante. Las oligarquías locales con la ayuda de las embajadas de EE.UU. habían explotado a sus países durante la mayor parte del siglo XX y se mantenían en el poder con el yugo de la violencia política, la tortura, los secuestros, los asesinatos y las masacres. La dinastía de los Somoza en Nicaragua se destacaba especialmente por su crueldad. Solamente para dar un ejemplo del horror, cuento lo que una testigo creíble y que conozco bien, una pobladora de Masaya, me relató: Después de la liberación del país, los sandinistas abrieron las mazmorras de la fortaleza de Coyotepe y encontraron a personas que, en parte, habían permanecido allí yaciendo en sus excrementos por más de decenas de años, sin luz, pálidas, sin fuerzas, desfiguradas. Muchas de ellas murieron después de su liberación no pudiendo re-

---

[51] Esto lo proponían también los documentos del XVII Konferenz der Amerikanischen Armeen, 1987. Cf. Duchrow, Eisenbürger y Hippler 1989.

sistir la luz y el aire. Los fantasmas de esta y otras atrocidades empezaron a perseguir a fines de la década de 1970 a las oligarquías de El Salvador, Honduras y Guatemala; y el espíritu del comunismo, representado por las tropas guerrilleras, alarmó a los militares estadounidenses.

En Guatemala[52], la represión bajo el gobierno del general Fernando Romeo Lucas García, había aumentado de manera excesiva, incluso en la capital, con masacres y asesinatos indiscriminados; además, los movimientos guerrilleros y la rebelión popular tomaron nuevos impulsos con el triunfo de la Revolución Sandinista en Nicaragua (1979). La carretera panamericana, la principal ruta de transporte era intransitable, la guerrilla estaba avanzando a la capital y el general Lucas García no tenía ninguna estrategia militar viable. Pero el general Ríos Montt, un militar moderno formado en el *Fort Gulick* y la *School of the Americas*, sí tenía ideas. Además era miembro del grupo neopentecostal El Verbo/*Gospel Outreach* (El Verbo/Alcance del Evangelio), que había empezado a misionar en Guatemala en la clase media alta a mediados de la década de 1970, igualmente que otras organizaciones que habían llegado a Guatemala después del terremoto de 1976. Si el golpe de marzo de 1982 que llevó a Ríos Montt al poder, fue planeado por él mismo o fue una invitación a unirse a la junta militar en razón de una profecía que Dios mismo había dispuesto, como lo afirma El Verbo, ¿quién lo sabe? En todo caso, Ríos Montt modificó fundamentalmente la estrategia militar: la mayor tranquilidad posible en la capital y tierra quemada en las zonas rurales donde la prensa no tenía fácil acceso.

La represión selectiva contra los catequistas y activistas de la Iglesia Católica en las zonas indígenas continuó. El obispo de la dió-

---

[52] La historia de la guerra y de Ríos Montt ha sido descrita muchas veces de manera muy competente. Por esto nos conformamos con entregar aquí algunos hechos claves. Muy recomendable son especialmente Melander 1999; Garrard-Burnett 2010 y otros trabajos de esta historiadora; Stoll 1990; con respecto a la violencia militar desde la perspectiva etnológica cf. Montejo 2008.

cesis de Quiché tuvo que salir al exilio. Y, finalmente, muchos campesinos católicos decían ser protestantes, para gozar, al menos, de una seguridad relativa. Pero, sobre todo, empezó a operar la nueva estrategia militar siguiendo la doctrina de la contrainsurgencia con una combinación de crueldad militar y proyectos sociales; para estos últimos entraron en juego las organizaciones de ayuda de los protestantes conservadores. Después de que Ríos Montt tomó el mando de la nación, los líderes de la iglesia El Verbo aprovecharon la oportunidad para ayudar al gobierno del nuevo "Rey David" con la substitución de los recursos para la parte social de la contrainsurgencia. En la zona más álgida del conflicto, en el triángulo Ixil, en el norte del país, participaron activamente con una amplia gama de servicios.

El Verbo es socio de la misión estadounidense *Gospel Outreach*, que fundó la organización internacional *Lovelift* para la recaudación de fondos y asuntos infraestructurales. En Guatemala, El Verbo conjuntamente con la Fundación Carol Berhorst y el Instituto Lingüístico de Verano crearon la Fundación para Ayuda a los Pueblos Indígenas (FUNDAPI). Un *exmarine*, Harris Whibeck, era quien coordinaba el trabajo de la fundación con el gobierno. FUNDAPI apoyaba con entrega de paquetes de ayuda, la organización de actividades civiles como el programa *food for work* (Alimento por trabajo) y de muchas otras maneras, la campaña militar para combatir la rebelión conocida como Plan Victoria 82. Importante para el tema del entrelazamiento entre los actores religiosos en América Latina y EE.UU. es que *Lovelift* no solo recaudaba donaciones y transportaba bienes de ayuda, sino mucho más decisivo era el hecho de que unía todo esto con una amplia campaña pública. La organización era apoyada en los EE.UU. por medio de la movilización de importantes actores religiosos de derecha, entre los cuales se pueden mencionar al telepredicador pentecostal Pat Robertson, a Bill Bright de la organización misionera evangelical *Campus Crusade for Christ* (Cruzada Estudiantil para Cristo) y a Jerry Falwell, la piedra angular de la Mayoría Moral, ultraconservadora y fundamentalista; además de contactos oficiosos con el gobierno. Francisco Bianchi, miembro anciano de El Verbo, se reunió en junio de 1982, en los EE.UU., con funcionarios del gobierno para conversar sobre la ayuda a Guatemala (Diamond 1989, 165). Por otra parte, la política de información de *Lovelift* hacia los donantes y visitas también ayudaba. Curiosamente, los argumentos eran a menudo muy concordes con las estrategias imperialistas respecto a las materias primas en el marco del conflicto Este-Oeste. Los publicistas asumían simplemente que este era un argumento religiosamente plausible y, probablemente, tenían la razón, si observamos a sus destinatarios. Los miembros de la junta directiva de El Verbo, Carlos Ramírez y Bob Means, se dirigieron a los donantes en una carta circular del 01.09.1982 afirmando lo siguiente que, en la medida en se apoya a Rios Montt, se reduce la capacidad de los marxistas de apoderarse de los ricos recursos en petróleo, titanio y otras materias primas que alberga Guatemala (cf. Schäfer 1992b, 223).

En Guatemala, los empleados hacían propaganda dirigida a los visitantes estadounidenses a favor de las medidas de contrainsurgencia y presentaban las masacres cometidas comprobadamente por los militares como actividades de la guerrilla. Tales "hechos alternativos" creaban entonces "especialistas" que, luego de regresar a los EE.UU., aseguraban que las crueldades atribuidas al ejército, en realidad habían sido cometidas por agentes cubanos infiltrados que estaban dispersos por todo el país (Stoll 1990, 192, 206). Siguiendo totalmente esta línea, Lovelift se calificaba a sí misma como "la contribución más efectiva de los EE.UU. por la libertad del mundo latino". *Maranatha Campus Ministries* (Ministerios del Campus Maranatha), quiere erradicar el comunismo en este país centroamericano (Schäfer 1992b, 229). Pareciera ser bastante probable que el trabajo social – de manera similar a los servicios caritativos de las primeras misiones de conversión – no estuviera totalmente dirigido hacia lo social, sino hacia otra cosa. Y esa otra cosa ya no era, en sentido estricto, la conversión a Cristo, sino la conversión a otro Dios posicionado políticamente. En una entrevista con la periodista Viola Schmid del 27.10.1987, Ríos Montt resume esto como sigue. A la pregunta de si El Verbo tendría algo así como un programa de ayuda médica, respondió:

"Es decir, una religiosidad humanista. Nosotros tenemos, por circunstancias, Clínicas y toda esa cuestión. Pero no es eso lo que nos afecta ni lo que nos interesa." (Schäfer 1992b, 229)

Queda bastante claro que la contribución decisiva de El Verbo y de todos sus aliados era la cooperación con las operaciones de la contrainsurgencia. Esto también competía a la guerra sicológica. El *Field Manual 31-16*[53] tematiza las consecuencias traumáticas en los soldados de la contrainsurgencia a causa de las operaciones contra niños y mujeres sospechosos. Ríos Montt, a fines de la década de 1980, con el proyecto *Whole Armor* (Armadura completa) hizo llegar, desde EE.UU. a Guatemala, 70.000 ejemplares de la Biblia para repartirlas entre los militares guatemaltecos. Un folleto publicitario de *Bible Literature International* describe como un asistente con ayuda de la Biblia quitó los sentimientos de culpa a un soldado por haber quemado mujeres y niños. Un predicador de los ministerios *Paralife*, Texas lo expresó a los soldados en El Salvador de manera algo diferente:

> "Matar por el gozo de matar es algo malo, pero matar porque es necesario para luchar contra un sistema anticristo, el comunismo, no solo es correcto, sino un deber de todo cristiano." (Diamond 1989, 177)

Oferta y demanda religiosa

El conflicto de baja intensidad tiene consecuencias sicológicas de alta intensidad, especialmente para los civiles y con todo, no solamente para los soldados involucrados directamente en las operaciones de contrainsurgencia. Los civiles se ven afectados de diferentes modos, determinados por su clase social y, en consecuencia, por el lugar donde viven. Los pobres indígenas rurales son afectados directamente con mayor fuerza, en tanto que las clases media y alta urbanas sufren el menor impacto. Pero, también hay que considerar que los actores de estas diferentes clases sociales se enfrentan a las imposiciones de la guerra de manera religiosa diferente. Cada cual trae las

---

[53] Department of the Army Headquarters 1971, 222; cf. también Schäfer 1992b, 233.

disposiciones religiosas específicas de su posición: religión indígena y catolicismo popular versus catolicismo ortodoxo o evangelicalismo. Están expuestos a las diferentes nuevas ofertas de la producción religiosa: pentecostalismo clásico y evangelicalismo versus movimiento neopentecostal. Y, finalmente, tienen posibilidades diferentes de sobrevivir y actuar. De todos estos factores surge una demanda religiosa específica de expertos (por ejemplo, líderes religiosos nacionales o misioneros que vienen del extranjero), los cuales tienen que ser capaces de confeccionar una oferta religiosa apropiada para cada situación y para la posición social de los actores específicos que sea válida y adecuada para movilizar al mayor número posible de personas en la organización respectiva.[54] De esto resulta un cuadro complejo de actores religiosos con respecto a la sociedad (cf. Schäfer 2015, 204, 215). Aquí nos tendremos que limitar a la más simple entre todas las diferenciaciones simples, la que existe entre Arriba y Abajo, que por cierto es muy adecuada para considerar una sociedad polarizada entre dos facciones beligerantes en un conflicto de clases.

Por cierto, esta diferenciación, la más simple de todas las posibles, también es homóloga en la percepción política del conflicto social que hacen los actores religiosos derechistas.

Izquierda y Derecha

Desde la perspectiva sociológica, la diferencia que se observa dentro de los actores misioneros estadounidenses polarizados es que las organizaciones ecuménicas se identifican con los intereses de las clases socialmente bajas, es decir, con aquellos que sufren bajo las

---

[54] Quien ahora piensa que este concepto de práctica religiosa es neomarxista, materialista, crudo, etc. hay que recordarle que Doanld Mc Gavran y C. Peter Wagner del movimiento del Iglecrecimiento misionaron precisamente siguiendo estas estrategias de clase social específica (¡!). Sin embargo, lo hicieron más a partir de un instinto de economía de mercado de cómo funciona la práctica religiosa bajo las condiciones de la libertad de religión (es decir, bajo las condiciones del mercado). Quien se interese por una fundamentación científica, puede consultar a los clásicos: Weber 1972, Cap. "Stände, Klassen, Religion"; Durkheim 1982; también a Bourdieu 2000. Y finalmente, a Schäfer et al. 2015a; 2015b; y 2020.

relaciones de poder y de producción; en cambio, los de la derecha religiosa actúan en interés de aquellos que desean continuar con las relaciones de poder existentes, aunque en forma modernizada. Pat Robertson transforma esta situación en un mapeo político y en un hábil autoposicionamiento de la derecha religiosa en el "centro". Se ve a sí mismo y a sus correligionarios *entre* "la presión de las oligarquías corruptas" y la "tiranía del totalitarismo comunista amparado por Rusia" (Stoll 1990, 182). En términos sociológicos claros esto significa: en la posición del ala emergente, tecnocrática y neoliberal de la clase alta y la clase media alta. De este modo, para él, los ecumenistas están ubicados en el ala "marxista". De hecho, ambos grupos de actores estadounidenses están en posición antagónica en el conflicto y, en consecuencia, se asocian de manera diferente con el poder: los derechistas positivamente con los que detentan el poder; los ecumenistas positivamente con los que no lo poseen.[55] Situación que, por supuesto, influye las condiciones objetivas de acción en las relaciones de entrelazamiento. Los derechistas tienen mayor libertad de movimiento y seguridad física; los ecumenistas están amenazados por la persecución, lo que se muestra, por ejemplo, en la tortura y exilio de miembros de las iglesias y la salida del país de misioneros. El posicionamiento objetivo también se refleja en las disposiciones de los actores. Los derechistas religiosos muestran un *habitus* religioso cratocéntrico, o sea orientado al poder, y se identifican en el campo político con las posiciones de la clase alta tecnocrática que podrían traerles ventajas. Su discurso gira en torno al poder de Dios y la expulsión de los "demonios". Los ecumenicos diseñan sus estrategias partiendo de su identificación con un "compañero" Jesús desamparado, como una acción solidaria en interés de una reordenación total de las relaciones de poder, sea a través de reformas o sea a través de la revolución.

---

[55] Este también fue también el caso de Nicaragua, aunque, es cierto que con el gobierno de los sandinistas, las relaciones de poder se invirtieron y los ecumenistas se asociaron al poder. Pero en la relación exterior, el poder estaba en manos de los EE. UU, lo que se advierte claramente en el embargo y la guerra de los contras y sus consecuencias.

Movilización desde arriba

También con respecto a la gente acomodada se puede suponer con confianza que las personas religiosas entre ellos son religiosos porque la práctica religiosa, en forma personal, les entrega algo y significa algo para ellos y no porque quieran abrumar la sociedad con el fraude sacerdotal o porque codician el papel de un Rasputín. Pero para que actores religiosos se vuelvan políticos y posiblemente encuentren agrado en el papel del insinuador, del político o incluso del dictador, tienen que cumplir con aquellos requisitos sociales que hagan esto posible o respectivamente probable. Mucho depende de la percepción de su propia posición en la condición social; en nuestro caso de la percepción de la guerra. Para los expertos religiosos el giro hacia la política es más fácil y más probable que para los laicos. Con respecto a El Verbo ya hemos examinado brevemente la dinámica de los expertos. ¿Cuál es la situación de los laicos de la clase media y media alta?

Tampoco estas personas son inmunes frente a la situación militar, política y económica. El psicólogo social Ignacio Martín Baró – uno de los jesuitas masacrados en 1989 por los militares de El Salvador en la Universidad Centroamericana – diagnosticó, en estas clases sociales, graves perturbaciones psíquicas como consecuencia de la guerra, tales como la persistente bulimia, el alcoholismo y otras pérdidas de control (Martín-Baró 1984). Los análisis de mis entrevistas con neopentecostales de la clase media alta y de la clase alta en Guatemala muestran un gran espectro de comentarios que indican la vana búsqueda de sentido y un comportamiento de consumo adictivo, avalando los resultados de Marín Baró: adicción general al placer, consumo excesivo de drogas, artículos de lujo y otros bienes de consumo, bulimia, abuso de alcohol, visitas frecuentes a discotecas y fiestas, así como cambios frecuentes de pareja sexual. Martín-Baró habla de la "bulimia del placer" de la clase alta centroamericana frente a una crisis de hegemonía (Martín-Baró 1984, 509). Esta bulimia del placer es una negación de la realidad y una pérdida de ella. Los bienes de consumo de alta gama incorporados son símbolos de posiciones sociales en peligro o deseadas. No obstante, esta estrategia es, en todo caso, contraproducente, ya que la capacidad de reacción a la crisis disminuye considerablemente. La incorporación bulímica y a la vez compensadora de bienes de consumo nocivos, según Martín-Baró, expresa una somatización de la crisis y, por lo tanto, la subordinación a ella. En contrapartida, los neopentecostales con la lógica de la guerra espiritual, el exorcismo a los creyentes y la demonización de sus opositores sociales depositan su confianza en la exteriorización de los problemas: el diablo y los demonios. El mal ya interiorizado, las sustancias y las acciones nocivas se identifican con los demonios y a través del exorcismo pueden ser así simbólicamente exteriorizados. En cambio, en los servicios religiosos se incorporan el poder de Dios y un estado de ánimo alegre por medio de los cuales son tratados los problemas afectivos. Un entrevistado dice:

> "Yo he llegado a tener un gozo y una paz interna que no tenía. Siempre está uno temeroso. Más que todo en un país como el nuestro con tantos problemas y todo, vivía uno con temor. Y ese temor en mí ha desaparecido." (Entrevista 88, 1986)

Por lo demás, la posición social de la clase media alta era también objetivamente precaria. La condición social se presentaba polarizada entre la antigua oligarquía reaccionaria y la izquierda militarmente activa. La clase media alta que antes había sido ascendente y, luego, había perdido empuje, no tuvo durante el régimen de Lucas García ninguna representación política efectiva en la guerra. Con Ríos Montt, en cambio, tal alternativa entró en juego, dado que este fue el candidato de los demócrata-cristianos en las elecciones de 1974. Además Ríos Montt les ofrecía al mismo tiempo una alternativa religiosa. Esto no dejaba de tener importancia, pues para la clase media ascendente existía un problema de pertenencia religiosa y, por lo tanto, de la posibilidad de un procesamiento religioso de sus problemas psíquicos. A más tardar desde que Próspero Penados del Barrio fue nombrado arzobispo de Guatemala (1983 hasta 2001), los obispos católicos adoptaron una posición a favor de los derechos humanos; las órdenes religiosas estaban ya hacía tiempo del lado de la población rural rebelde; desde luego que los catequistas indígenas no eran interlocutores y el movimiento carismático todavía tenía su enfoque central en el campo. En la época más candente del conflicto, a mediados de la década de 1980, se fueron estableciendo en Guatemala cada vez mayores alternativas; a saber, grupos neopentecostales similares a El Verbo de EE.UU. y crecientemente organizaciones nacionales. Se pueden nombrar la Fraternidad Cristiana (1979, nacional); la Fraternidad Internacional de Hombres de Negocios del Evangelio Completo, 1979 (FIHNEC, *Full Gospel Business Men's Fellowship International*, FGBMFI); El Shaddai (1983, nacional); así como también Elim Zona 10 (nacional); Hombres Cristianos (nacional) y Shekina, igualmente en aquel tiempo. Desde la perspectiva de clase, el posicionamiento de estas organizaciones es claro. Un miembro de Hombres Cristianos aseguró al autor que este grupo tenía "algo especial" que les faltaba a "las supersticiosas iglesias pentecostales normales". Esto era, en primer lugar, la exclusividad social de las reuniones que se realizaban en hoteles de lujo y en los "mejores" barrios. También, el cambio que se advertía en el habitual discurso pentecostal y evangelical, que ya estaba bien establecido en Guatemala (aproximadamente el 20% de la población era protestante). Si hasta ese momento el premilenarismo era inviolable y los protestantes esperaban en general su arrebatamiento al cielo, ahora el centro del discurso había sido ocupado por el poder del Espíritu Santo, y la perspectiva temporal se abría en la dirección del cambio social. Esto correspondía a la demanda de sentido de una clase social que, si bien sufría la pérdida del control, todavía disponía de recursos políticos y económicos para actuar. Este impulso se vio significativamente reforzado por la dictadura de Ríos Montt durante el corto período de su gobierno, y la opción neopentecostal también se ancló con éxito y mayor firmeza en la clase alta. Algunos miembros de las familias de la oligarquía, como por ejemplo, el anciano de El Verbo Francisco Bianchi, empezaron a construir las alianzas apropiadas (ver Casaús Arzú 2007, 169s., 257).

No obstante, la resistencia contra este enfoque era considerable en la mayoría de la población guatemalteca protestante. No era solamente el caso de la población marginalizada, para la cual tal discurso no tenía ningún sentido, sino también el caso del liderazgo de las importantes iglesias de masas pentecostales y evangelicales, como Asambleas de Dios, Iglesia Centroamericana o Príncipe de la Paz. Estas iglesias habían jurado por el premilenarismo, lo hicieron obligatorio en sus credos y, en consecuencia, eran difíciles o imposibles de movilizar para luchar por una Guatemala teocrática. Incluso los grupos neopentecostales nacionales estaban influidos por la herencia premilenarista, en tanto que sus líderes provenían de iglesias evangelicales o pentecostales y habían crecido bajo la influencia del premilenarismo. Un análisis del *habitus* de los neopentecostales de 1985 mostró claramente que en el movimiento mismo había posiciones contradictorias respecto al milenarismo. La movilización de la población por una nación teocrática bajo Ríos Montt, o – después de Ríos Montt – por una lucha para una transformación radical de la sociedad siguiendo el modelo estadounidense era difícil de lograr, si los fieles estaban esperando el arrebatamiento dentro de las próximas semanas.

"Pero donde está el peligro, crece también lo salvador" (Hölderlin). John Carrette luchó como Boina Verde en la guerra de Vietnam y después se trasladó a Guatemala y administra desde los comienzos de la década de 1970 – sea como sea que haya sido el financiamiento – un hotel en la ciudad turística de Antigua, así como el Hotel Panamericano en la capital.[56] Carrette cuenta que llegó a ser creyente en la guerra de Vietnam, por medio de una visión en su corazón que le dijo que Jesús era el Señor. En Guatemala, después del estallido de la fase candente de la guerra y, especialmente, después de que Ríos Montt asumió el poder, se convirtió en uno de los activistas centrales para resolver el problema del milenarismo. Como miembro comprometido de la FIHNEC y de la organización Shekina, Carrette ocupaba una gran parte de su tiempo en actividades religiosas políticamente relevantes: organizó campañas de Shekina contra el comunismo en

---

[56] Cf. Stoll 1990, 215ss.; Melander 1999, 175s.; Entrevista con Carrette, Jan van Bilsen y Dirk van der Sypen, Belgisches Fernsehen, 1986 Hotel Panamericano; Investigaciones del autor, entre otros junto con *profiler*.

El Salvador; fundó el grupo Intercesores de Guatemala, con participantes de las clases altas; planeó y dirigió eventos para la nación de la FIHNEC; publicó un tratado religioso-político; habló en la radio y, en 1979, financió en parte la creación de una nueva organización de pastores indígenas protestantes, la Asociación Indigenista de Evangelización (ASIDE). En ASIDE propagaba la idea de que los pueblos indígenas protestantes no debían nominar a sus propios candidatos para cargos políticos, ni tampoco apoyarlos. Para una estrategia de contrainsurgencia claro que era útil excluir a los subalternos de la participación política mientras que no se pudiera descartar con seguridad que no se organizarían en torno a sus propios intereses; y esto no se puede garantizar en el caso los maya guatemaltecos. En cambio, la clase media alta y la clase alta urbanas tenían que ser movilizadas y adoctrinadas con una ideología religiosa clasista. Un mes y medio antes del golpe de Ríos Montt en marzo de 1982, Carrette congregó en este sentido a un grupo de pastores para orar por la salvación nacional. Lo especial de esta oración es:

> "Ataron al diablo en el nombre de Jesús y le ordenaron que abandonara la nación y entonces, cuando habían eliminado este obstáculo para la bendición de Dios, ellos le dijeron a Jesús: Ahora, salva nuestra nación."[57]

El éxito llegó de inmediato cuando Dios introdujo a Ríos Montt en los asuntos nacionales a través de su intervención divina. ¿Por qué era necesario atar al diablo? Porque el diablo – según Carrette, en la misma entrevista – reinaba en Guatemala. Dios le habría dejado claro en una visión el por qué Centroamérica estaba "espiritualmente viva" y, sin embargo, en guerra. La visión suena como si Dios hubiese mirado en el manual de la colonia puritana o, quizás, como si Dios mismo lo hubiese dictado. La enfermedad de Centroamérica residía entonces, según Carrette, en que durante el pasado indígena el diablo había dominado todo y que luego la Iglesia Católica realmente no había podido hacer nada en contra. Solamente cuando el evangelio –

---

[57] Entrevista con Carrette, Jan van Bilsen y Dirk van der Sypen, 1986.

¿acaso neopentecostal? – finalmente llegó a Centroamérica, "la luz resplandeció" y la región fue quedando más y más "bajo el dominio de Jesús"; pero el diablo no quería renunciar simplemente a su posesión de mil años y empezó a "robar, matar y destruir"; lo que se puede ver muy bien, según Carrette, en la persecución de los cristianos en Nicaragua. Carrette jugó un papel excepcional al haber impuesto el motivo de la guerra espiritual en el protestantismo guatemalteco. Y siguió infectando la política con discurso religioso. Cuando, en 1985, el "profeta" de la Iglesia Elim, Jorge Serrano Elías, se presentó como candidato presidencial, Carrete era uno de los más ardientes defensores de la presidencia de este candidato de Dios. Después de que este, finalmente en 1991, se convirtió en presidente de Guatemala, tuvo que huir en 1993 a los EE.UU. acusado de graves casos de corrupción y de realizar un golpe contra su propio gobierno. No conozco ningún comentario de Carrette al respecto. Probablemente tendría preparada una artimaña diabólica. Un *profiler*, que conoce tales casos de cerca y sabe analizar perfiles político-militares, parte de la suposición que Carrette fue enviado a Guatemala por mandantes profesionales anónimos para tener siempre preparadas las respuestas religiosas "correctas" para las preguntas políticas.

En todo caso, la doctrina de la guerra espiritual en combinación con la ideología teocrática del dominionismo mantuvo todavía su importancia después de la época de la guerra. Un ejemplo prominente al respecto es el exministro de Relaciones Exteriores de Guatemala, Harold Caballeros. Este con su iglesia El Shaddai, en 1990, llevó a cabo una cruzada nacional de guerra espiritual paralela a la campaña electoral de Serrano para promover su elección. Caballeros representa la enseñanza pura de la guerra espiritual de acuerdo a la línea de C. P. Wagner, contribuye fuertemente con sus campañas de "mapeo espiritual" a la discriminación de la población indígena y lucha para que Guatemala sea una cultura anglo-protestante con economía neoliberal. Caballeros también ha contribuido a llevar a extremos las afirmaciones autoritarias de verdad del protestantismo carismático; para esto se sirve del Consejo Apostólico de Guatemala, que fundó en el año 2000, al que actualmente pertenecen unos 20 "apóstoles" auto-proclamados, cuyo apostolado consiste en cada caso en tener acceso individual a las revelaciones divinas directas. Un colectivo de dog-máticos individualistas.

En relación con la lógica del entrelazamiento, se aprecia que desde comienzos de la década de 1980 hasta la actualidad han ido cambiando las condiciones de poder y de intereses. Las organizacio-nes de la formación GERENCIA – hoy, en parte, las multimillonarias megaiglesias – son, en todo sentido, actores independientes y autó-nomos incluso, en parte, con misiones en los EE.UU. o en otros con-tinentes. Estos actores por sí mismos ejercen influencia en los EE.UU., pero también están interesados en los nuevos desarrollos y en las competencias mejor desarrolladas en los EE.UU. Por esta razón toman la iniciativa en sus manos e invitan a especialistas estadouni-denses, como por ejemplo, a *motivational speakers* (conferencistas motivacionales) de rango, para despertar el interés de la gente de ne-gocios por su organización.

Movilización desde abajo

La movilización desde arriba, ya descrita, sometió a los protes-tantes de las clases sociales bajas a una presión considerable. Las reacciones fueron diferentes. La primera siguió la línea que hemos determinado para la formación ESPERANZA EN EL MÁS ALLÁ, la otra la de la formación VALORES DEL REINO DE DIOS.

En la primera, son en su mayor parte evangelicales o congrega-ciones de las iglesias pentecostales clásicas, como Asambleas de Dios de las zonas rurales o de los barrios de las clases bajas. Especialmente las congregaciones rurales fueron las que recibieron con toda fuerza el impacto de las acciones militares, las expulsiones de territorio y las masacres. Aunque muchos pudieran haber sentido simpatías por la agenda de justicia de la Teología de la Liberación o de los protestan-tes históricos indígenas, su situación objetiva de extrema pobreza y la represión los llevaba de regreso a la espera del Más Allá. En 1986, el etnólogo estadounidense y conocedor del triángulo Ixil, Benjamin Colby, describió esta situación en una conversación con el autor, como sigue: Cuando los indígenas de una comunidad apartada están acostumbrados a celebrar la ceremonia matutina y vespertina del "fuego sagrado" y, un día, por la mañana llegan por la cadena montañosa varios helicópteros Bell y lanzan napalm y los soldados entran en el pueblo para masacrar a los hombres y los jóvenes varones, entonces la ceremonia ya no puede expresar nada más que tenga sentido. Entonces, en vez de ella, las descripciones de las amenazas apocalípticas de los predicadores pentecostales se vuelven plausibles.

Un campesino indígena que vivía cerca de un cuartel militar nos relató, en 1985, cómo los soldados habían sacado de la choza a su cuñado y al día siguiente lo habían encontrado degollado. En el transcurso de la entrevista llegamos a las cuestiones religiosas:

> "Pues, para mí, [me gusta] más que todo lo que se está predicando ahora de que Cristo viene, y que uno puede prepararse. Eso es toda la seguridad que tiene uno: prepararse para poder estar en el encuentro con el Señor. No hay que hacer cosas desagradables delante de Dios, porque como le repito, uno no sabe si la muerte lo sorprende o el rapto lo viene a llevar. No podemos decidir qué va a pasar mañana o pasado mañana, porque no conocemos el futuro. De aquí dentro de dos horas, puede venir la muerte o puede venir el rapto. Lo que me interesa mucho es la venida de Cristo para prepararse uno y porque uno lleva una esperanza, ¿verdad?" (Entrevista 9, 1985)

Esta práctica aleja de la violencia militar mediante la abstención de todas las actividades sociales, políticas y sobre todo militares. A cambio, las congregaciones correspondientes y los individuos son tendencialmente (pero sin ninguna garantía) dejados en paz. Así la expectativa premilenarista funciona como una "astucia de la razón" (Hegel). Quien se prepara con ejercicios de piedad para el rapto en el marco de la congregación y se aparta de todo otro tipo de contacto social, puede construir relaciones solidarias en la iglesia que pueden ayudarlo a sobrevivir en un caso extremo de necesidad sin perder su autoestima.

Sin embargo, esta práctica es también ambivalente. Por una parte, las congregaciones respectivas pueden ser indoctrinadas políticamente por su pastor, generalmente contra el "comunismo" y por la obediencia a las autoridades estatales. Por otra parte, también puede ser usada – considerando las limitaciones del control social – para una retirada táctica o respectivamente como camuflaje de los activistas de la rebelión popular. En 1986, en una entrevista a un activista perteneciente a Asambleas de Dios apreciamos una evaluación de la situación, en la que se hacen evidentes la colaboración y la manipulación así como el camuflaje. Describe entre otras cosas que ya en el tiempo de Lucas García, había "evangélicos" que colaboraban con los militares incendiando casas y violando a mujeres y niños. Los pastores habían cerrado los ojos ante lo sucedido, porque los asesinos, en verdad, estaban trabajando junto con los "autoridades". Continúa:

> "Los evangélicos se han comportado mal, en el sentido de que si no es que estén participando en actividades de combatiente a favor del ejército, están cooperando con la teología, con la enseñanza de que... Quiere decir que cuando se oye la palabra 'comunismo', se les para el pelo, se afligen, se ponen con gran miedo. (...) [Ese pastor y los diáconos] predicaban y decían: 'Hermanos, esa (...) subversión, esa es la bestia [del Apocalipsis, HWS], que no quiere que nosotros creamos en Dios. Demos gracias a Dios que estamos en un país democrático, donde se predica la palabra de Dios. Y tengan cuidado, hermanos. Oremos al Señor, pidámosle al Señor que Dios no nos vaya a dejar caer en las manos del comunismo, porque el comunismo es la bestia.'" (Entrevista 128, 1986.)

El discurso habla por sí mismo. Por medio de un elemento, sin embargo, puede ampliarse más allá de la situación de guerra. La democracia se equipara con la posibilidad de "predicar el evangelio", es decir, con la libertad de religión. Esta figura se encuentra constantemente en toda América Latina y puede agudizarse en el argumento: Mientras podamos estar activos en interés de la ampliación de nuestra organización, todo lo demás nos da lo mismo.

Esto es muy diferente en la formación de VALORES DEL REINO DE DIOS, donde en los tiempos de guerra se lucha por la justicia social, el fin de la discriminación racial y de lograr pronto la paz. En el protestantismo guatemalteco, la resistencia contra la represión militar y – hasta un grado determinado – la cooperación con la rebelión se remonta al trabajo de las iglesias históricas con la población indígena. Como consecuencia del terremoto y por iniciativa presbiteriana indígena nació la ONG, Consejo Cristiano de Agencias de Desarrollo (CONCAD), la que para organizar la ayuda en casos de catástrofe estableció relaciones con organizaciones estadounidenses de ayuda, orientadas ecuménicamente. CONCAD centró su interés en el *Church World Service* del *National Council of Churches*, USA, el *Lutheran World Relief*, el *Mennonite Central Committee* y la *Presbyterian Church USA*. En la fase candente de la guerra, muchos activistas guatemaltecos cayeron en la mira de los militares y debieron pasar a la clandestinidad o exilarse, lo que condujo a que se desarrollaran relaciones de apoyo solidario entre las contrapartes estadounidenses y guatemaltecas. En 1987, el CONCAD fue transferido a la Conferencia de Iglesias Evangélicas de Guatemala (CIEDEG), que continuó la tradición de resistencia y, junto al trabajo social, desarrolló un trabajo de educación teológica muy similar a la formación de conciencia en la Teología de la Liberación. Ahora la organización también comenzó a tejer relaciones a nivel transnacional con el Consejo Latinoamericano de Iglesias (CLAI) y el Consejo Mundial de Iglesias (CMI) de Ginebra. Una red similar la mantiene la organización de educación y ayuda CEDEPCA (Centro Evangélico para Estudios Pastorales en Centroamérica), que empezó a trabajar en 1985. Estos entrelazamientos han podido proteger en cierta medida a los activistas de esta formación contra los ataques violentos de los militares. La CIEDEG siguió activa después de la guerra, sobre todo en el apoyo al proceso de paz hasta 1996 y el referéndum para una Guatemala multiétnica en 1999. Los actores de la formación GERENCIA no se involucraron en el proceso de paz; y los de la formación LEY DE DIOS solo participaron marginalmente, representados por la Alianza Evangélica de Guatemala. Incluso, ambas formaciones han trabajado activamente en contra de una Guatemala multiétnica.

También el hermano Efraín se movilizó cuando dejó de ser dictador. Ríos Montt viajó a EE.UU. en 1984 realizando una gira de entrevistas con el apoyo de Luis Palau y la revista *Christianity Today*. En eventos de la FIHNEC, de la asociación *Religious Broadcasters* y de la *National Association of Evangelicals* (NAE), Ríos Montt se presentó como víctima de la persecución religiosa. ¿No hay comunismo en todas aquellas partes donde no se puede imponer a gusto las opiniones religiosas a la política? Ríos estuvo en los EE.UU. en un tiempo en que también varios otros visitaron ese país para hacer los honores correspondientes.

5.3 EE. UU: Campo de batalla ideológica

Con el conflicto centroamericano, los conservadores e imperialistas en EE.UU. sintieron que el conflicto este-oeste había llegado muy cerca.[58] La cooperación entre las sociedades misioneras como la *World Medical Relief* y las agencias estatales que ya había demostrado su valor en el sureste asiático prometía también algunos beneficios para América Central.

Guatemala

En Guatemala ya hemos visto la coordinación entre el gobierno guatemalteco, El Verbo y *Lovelift*. Coaliciones, colusiones, sinergias, etc. además existen entre la *International Christian Embassy Jerusalem* (Jorge López, Fraternidad Cristiana de Guatemala); el *Gospel Crusade* de Gerald Derstine (que a su vez cooperaba con el teniente coronel Oliver North) y los *Friends of the Americas* (con Jorge Serrano en el directorio guatemalteco), quienes por su parte, trabajaban estrechamente con el embajador estadounidense Alberto Piedra. La virtud de entrelazamientos poco claros radica precisamente en la falta de claridad. Los actores pueden así marchar por separado y golpear juntos – en este caso contra Nicaragua.

Nicaragua

---

[58] En este capítulo me remito especialmente a Blanke 2003; Diamond 1989; Melander 1999; Stoll 1990; Garrard-Burnett 2010; Ezcurra 1982; Fuerstenberg 1984; y a investigaciones propias de la década de 1980.

Después del triunfo de los sandinistas contra la dictadura de Somoza en Nicaragua (1979) y los intentos fallidos de lograr la cooperación de los EE.UU. para un camino socialdemócrata, el gobierno de transición mixto burgués-socialista tuvo que enfrentarse con la desfavorable realidad que Ronald Reagan se había convertido en presidente de EE.UU. (1981-1989). Con esto quedó claro lo que para los representantes de la derecha religiosa ya estaba claro: de ese momento en adelante, Nicaragua sería catalogada en la región como un submarino marxista-leninista y, en consecuencia, sería tratado como tal. Esto incluía no solo el embargo económico – siguiendo a la estrategia medieval del asedio, hasta hoy un medio muy común de doblegar a las sociedades y gobiernos insubordinados – , sino también la organización de una fuerza terrorista poderosa y de muchas cabezas, la llamada "Contra" o los "contras".

En el levantamiento contra Somoza habían participado también muchísimos protestantes, también pentecostales; en parte armados, pero, mucho más a menudo, con acciones de desobediencia civil y de subversión. En 2013, un pastor pentecostal me refirió en una entrevista que el grupo juvenil de su iglesia había organizado una capacitación en artes marciales. Algunos montaban guardia mientras que el grupo entrenaba en la iglesia. Tan pronto como aparecieron los guardias nacionales somocistas, los jóvenes empezaron a cantar y a orar. Por las noches hacían barricadas. Después del triunfo sandinista, 500 pastores se reunieron en un acto de solidaridad con la revolución. Por su parte, los sandinistas tenían una disposición abierta para trabajar en conjunto con las organizaciones religiosas. Tomás Borge Martínez, comandante del Frente Sandinista y ministro del Interior, asistió un tiempo – como lo relata David Stoll – incluso a las reuniones del FIHNEC en Managua y había solicitado el envío de 800.000 ejemplares del Nuevo Testamento; pero esto fue únicamente hasta que la sede central del FIHNEC en los EE.UU. prohibió todo contacto con los sandinistas. A pesar de toda la apertura hacia los actores religiosos, que pude observar personalmente en los primeros años después del triunfo de la revolución, la etiqueta de marxistas que tenían los sandinistas para los conservadores, provocó distanciamiento y tensiones. En 1980 fui a caballo con un sacerdote a una región montañosa muy remota a visitar las parroquias que vivían allí. En un pueblecito nos contaron los feligreses que había problemas con la campaña de vacunación contra la poliomielitis. El pastor local de las Asambleas de Dios había predicado en contra de la vacuna, pues con ella querían "inocularles el comunismo". Las Asambleas de Dios y otras grandes iglesias pentecostales clásicas afirman que son imparciales respecto a la política y que solo están interesadas en predicar el evangelio. El antiguo director del departamento central para la misión mundial de las Asambleas de Dios en Springfield, MI, Loren Triplett, me dijo en una entrevista en 1986, que las Asambleas en Nicaragua solamente estaba interesada en la evangelización. El problema era que las habían calificado como "derechistas". Tengo la fuerte impresión que la etiqueta de "marxismo" precedió a la otra. Al respecto son interesantes dos entrevistas que sostuve con representantes de las Asambleas de Dios en 1986 en Guatemala y Nicaragua. Bajo la dictadura derechista guatemalteca era un pecado oficial para las Asambleas de Dios no realizar el servicio militar, pues el Apóstol Pablo había ordenado en el capítulo XIII de su Epístola a los Romanos la obediencia a las autoridades. En Nicaragua, en el mismo tiempo, bajo el gobierno revolucionario izquierdista, las Asambleas de Dios declararon pecado realizar el servicio militar en el ejército sandinista, pues en el capítulo 2 del libro del los Hechos de los Apóstoles se dice que hay que obedecer más a Dios que al hombre. Y Dios, sea como sea, está representado por la Iglesia.

La acción *Only Life* de la editorial "Vida" de las Asambleas de Dios realizó en agosto de 1986 una acción propagandística para poder "llevar biblias de contrabando a Nicaragua". Todo esto, mientras que en Nicaragua, a causa del embargo, ya no se encontraban piezas de repuesto para los buses y la comida era escasa, pero, en cambio, un ejemplar de la Biblia podía conseguirse libremente donde uno quisiera. Pero la imputación de "persecución de los cristianos" en Nicaragua (y bajo el comunismo en general) es un argumento propagandístico barato de los derechistas en EE.UU. y fue usado como tal por

Only Life. El pastor Triplett dijo, poco tiempo después, que la publicación de esta propaganda había sido un "grave error" y que los auditores responsables del departamento de misiones no habían sido ubicados cuando, poco tiempo antes de cerrar la edición, se entregó este aviso. Para las Asambleas de Dios, este asunto fue, en todo caso, comprometedor.

Aunque este tipo de propaganda, quizás no es representativo del comportamiento de las Asambleas de Dios es, en todo caso, de poca monta para otros actores en Nicaragua y en los EE.UU. Por ejemplo, la embajada estadounidense en Managua trabajaba con los pastores del Consejo Nacional de Pastores Evangélicos de Nicaragua (CNPEN), creado en 1981 como estanque de recolección conservador y que programaba viajes de pastores a los EE.UU.[59] Sobre todo las organizaciones de la derecha religiosa en EE.UU. eran las protagonistas en este proyecto de entrelazamiento religioso-político.

EE.UU., Rios Montt y la Contra: derecha religiosa

Pocos meses después del golpe de Estado de Ríos Montt, su asesor y hermano en la fe, Francisco Bianchi – como ya se ha mencionado – viajó a Washington por iniciativa del embajador de Estados Unidos ante la Organización de Estados Americanos (OEA), William Middendorf. El propósito de la reunión era aprovechar la ayuda de fuentes privadas para la contrainsurgencia de Montt (véase Diamond 1989, 164ss.; Melander 1999, 171s., allí con otras fuentes). Pat Robertson, que también estaba presente, le había prometido a Montt, en una publicación del New York Times, en mayo de 1982, que contribuiría con miles de millones de dólares. Quizás esto habría sido posible por medio de una coalición oficiosa entre organizaciones religiosas y agencias gubernamentales. Por parte del gobierno, asistieron a la reunión el asesor presidencial Edwin Meese, el Secretario del Interior James Watt y el entonces embajador en Guatemala, Frederick

---

[59] Religious News Service (RNS), 25.8.1986. Esta información fue confirmada por el Departamento de Estado.

Chapin, todos creyentes evangelicales. Además de Pat Robertson, estaban representados otros dos pesos pesados de la derecha religiosa: Jerry Falwell, el líder de la entonces todavía importante *Moral Majority*, y Loren Cunningham, el líder de la poderosa[60] *Youth With A Mission* (YWAM). De acuerdo con la información de los *Maranatha Campus Ministries*, en octubre de 1982, se llevó a cabo otra reunión de coordinación con representantes de la derecha religiosa en el Departamento de Estado para coordinar las acciones en Guatemala. Se puede suponer que una cantidad considerable de otras reuniones de este tipo se realizaron en la década de 1980 (y más aún bajo el gobierno de George W. Bush). Melander (1999, 194), basado en una copia de la carta oficial de la invitación, informa acerca de una reunión, en marzo de 1984, también por iniciativa de Middendorf, de ejecutivos evangelicales y judíos en el Departamento de Estado para la coordinación de la política de América Central y Medio Oriente. Curiosamente, no se invitó a ningún católico, a pesar de que ellos estaban bien representados en la derecha religiosa. Melander sospecha que esto podría ser porque en ese momento la Conferencia Episcopal Católica ya no aprobaba la política del gobierno estadounidense en Centroamérica.

Otro obstáculo respecto a Nicaragua – el foco activo del miedo conservador – fue la Enmienda Boland de 1982, que impedía al gobierno favorecer las actividades que pudieran contribuir al derrocamiento (*overthrow*) del gobierno nicaragüense. Que la ayuda privada estaba involucrada en el apoyo a los contras, se supo públicamente ya el 1° de septiembre de 1984, cuando los sandinistas derribaron un helicóptero de la Contra en el cual iban miembros del grupo paramilitar *Civil Military Assistance* de Alabama, quienes murieron en el estrellamiento. En octubre de 1984, la Enmienda Boland fue reforzada por medio de una prohibición general de apoyar a los contrarre-

---

[60] En su época con una fuerza de trabajo fija de 4.000 personas y 14.000 a corto plazo, activos en más o menos 80 países. Naturalmente que no se dan a conocer sus ingresos. Cf. Robert y Siewert 1989, 248.

volucionarios. Por lo tanto, la ayuda privada para eludir esta regulación se hizo aún más importante. En este particular, la Enmienda Denton, de 1984, resultó útil porque permitía al ejército de EE.UU. el transporte de ayuda privada. Además el ingenioso teniente coronel neopentecostal Oliver North, como todo el mundo lo sabe, fue tan imaginativo como para acordar un negocio de armas con Irán, cuyas ganancias incrementarían la ayuda a la Contra. Este hecho se conoció en el llamado asunto Irán-Contra en 1986 y fue procesado legalmente. Las otras redes de apoyo religioso-militar no se vieron afectadas en gran medida.

La ayuda privada se llevaba a efecto sobre todo en tres áreas. Primero, estaban activos los conocidos grupos de cabildeo de la derecha: *American Security Council, Citizens for America, International Business Communications,* etc. Segundo, estaban en acción las asociaciones paramilitares como *Refugee Relief International* o la mencionada *Civil Military Assistance.* Tercero, la derecha religiosa participaba activamente con organizaciones como la *Christian Broadcasting Network,* pero también una organización paria con mucho dinero y buenas relaciones con los servicios secretos: la llamada *CAUSA* del mesías coreano Sun Myung Moon, que tenía en Honduras una base sólida (cf. Fuerstenberg 1984). Sin embargo, no se sabe con certeza si alguna vez algún representante de la derecha "cristiana" oró en comunión con uno de la "Iglesia de la Unificación" de Moon. En todo caso, actuar en sinergia no constituye ningún problema.

La lista de organizaciones que servían a los contras y estaban en directo contacto con ellos es larga (The Interhemispheric Education Resource Center 1988). *World Medical Relief* canalizó ayuda con un valor de más o menos US$ 300.000. *Gospel Crusade Inc.,* de Phillip Derstine, el hijo de Gerald, entregaba, entre otros, suministros de ayuda alimenticia a los campamentos de los contras y cooperaba con Enrique Bermúdez, un exoficial de la Guardia Nacional de Somoza. Derstine relató en una conferencia del *National Religious Broadcasters,* que Oliver North le había presentado personalmente a los cabecillas de los contras Adolfo Calero y Enrique Bermúdez. *Friends of the Americas,* aunque no religiosa, pero coordinada con la derecha religiosa, transportó grande cantidades de bienes de ayuda por intermedio de las bases militares, como ejemplo de la base Kelly en Texas a Honduras. El *Christian Emergency Relief Team* (CERT) entregó, aparte de medicamentos y alimentos, también botas de combate de alta tecnología. La *America Freedom Coalition* era una cooperación entre la organización de Moos y los contras. Otras organizaciones participantes eran las de Pat Robertson,[61] la Orden de Malta, y otras más.

Lo que a mí me asombraba cada vez en conversaciones con los misioneros de esta posición, era la ingenua franqueza con la cual, a través de una simple asociación de un significado religioso, legitimaban las acciones políticas y militares; un modelo retórico que nunca fue utilizado por interlocutores de la Teología de la Liberación. Para los amigos de los contras y de las dictaduras militares una religiosidad estadounidense evangelical "correcta" parece legitimarlo todo. Solo esto se le ocurre a uno cuando, hoy en día, examina los sitios web[62] de los Derstine: visiones, "hechos sobrenaturales", "familia y asuntos de negocios: orden y lucro", "propósito para la vida"... ¡Así, solo puedes hacerlo todo bien! En todo caso, Diamond (1989, 173) cita a un entusiasta Phil Derstine con un informe sobre una visita que este hizo a los contras, entre otros, a su "sala secreta de mapas" junto con los exguardias nacionales Bermúdez y Calero. Derstine: "He estado predicando a los contras. Ellos están muy abiertos para recibir el evangelio". Por otra fuente conocemos más concretamente la apreciación de Derstine:

> "No estamos tomando una postura política. Los luchadores por la libertad están profundamente comprometidos con Dios, 100 por ciento hasta donde podemos ver. Los contras saben que el evangelio es la

---

[61] Club 700, Operation Blessing y la Christian Broadcasting Network.

[62] Christian Retreat (https://www.christianretreat.org/our-history/, fecha de acceso: 08.10.2019) y Phil Derstine (http://philderstine.com/, fecha de acceso: 08.10.2019).

respuesta." (The Interhemispheric Education Resource Center 1988, 44)

Probablemente ni se había enterado que los contras más que nada estaban interesados en respuestas de los campesinos nicaragüenses y que los motivaban a hablar, entre otros métodos, con "la cucharita". ¿Qué era "la cucharita"? Esto me lo explicaron en 1986 algunos campesinos en la frontera con Honduras, quienes se habían salvado de los piadosos contras en un campo de refugiados. Una cucharilla de café tiene un tamaño bastante aproximado a la cuenca del ojo humano.

Por supuesto que podemos suponer que las acciones de estas organizaciones religiosas desde los EE.UU. estaban coordinadas con la CIA. A favor de esta suposición habla el hecho de que la región fronteriza hondureña-nicaragüense en el norte estaba controlada por las fuerzas estadounidenses y ninguna organización podía trabajar allí sin tener su autorización. Además, Derstine contó amablemente a Sara Diamond que al regreso de un viaje siempre había reuniones informativas (*debriefing*), ya fuera con funcionarios de de la CIA o del Departamento de Estado. De manera aún más oficial se documentó esta buena relación cuando en mayo de 1986, el presidente Reagan hizo llegar sus felicitaciones al *Christian Emergency Relief Team* por el buen trabajo realizado (Diamond 1989, 175).

Pero, de la Corte Internacional de Justicia de La Haya no llegaron felicitaciones, sino una cuenta. El 27 de junio de 1986, a causa de su apoyo a la guerra contrarrevolucionaria, EE.UU. fue condenado a cesar sus actividades de apoyo así como al pago de catorce billones de dólares por reparaciones. Esta sentencia y la siguiente resolución del Consejo de Seguridad de las Naciones Unidas fueron bloqueadas mediante un veto y, por lo demás, ignoradas. Las actividades de la Contra continuaron todavía después de la firma del Tratado de Paz de 1988. Agotados y desgastados por la guerra y el embargo económico, los sandinistas perdieron las elecciones de 1989. Violeta Barrios de Chamorro, la presidenta elegida, renunció al pago de las reparaciones y "condonó" esta deuda a los EE.UU. Los nicaragüenses se propusieron realizar las reparaciones por su propio esfuerzo, pero fueron estafados en gran estilo por los gobiernos neoliberales que siguieron a Chamorro, especialmente por el gobierno encabezado por Arnoldo Alemán. En el año 2006 ganó las elecciones presidenciales Daniel Ortega con una abrumadora mayoría y convirtió a Nicaragua en su patrimonio; pero esa es otra historia.

National Council of Churches y evangelicales izquierda

En la lucha contra Somoza y, sobre todo, en las tentativas de reconstrucción de la sociedad nicaragüense en la década de 1980, algunas iglesias y ONG recibieron el apoyo de actores religiosos de los EE.UU., así como también las organizaciones religiosas en resistencia de El Salvador y Guatemala.

La primera dirección en los EE.UU. fue el *National Council of Churches* (NCC-USA, Consejo Nacional de Iglesias), una organización paraguas de las iglesias *mainline* como los metodistas, presbiterianos, luteranos, y episcopales. Esta organización surgió del *Federal Council of Churches* (FCC, Consejo Federal de Iglesias), fundado en 1908 y orientado en el espíritu del Evangelio Social. El FCC, en ese entonces, redactó un Credo Social con el enfoque puesto en la justicia social como base de su trabajo y tomó posición contra el fundamentalismo. Después de la creación del Consejo Mundial de Iglesias (CMI, Ginebra), en Amsterdam en 1948, el FCC se convirtió en el NCC (1950) y desde entonces mantiene estrechas relaciones con Ginebra. El NCC adoptó el Credo Social, que luego modernizó en 2007.

De manera contraria a las misiones de la derecha religiosa que, en Latinoamérica, ven su tarea en llevar sus verdades absolutas al campo de batalla contra el comunismo, las misiones organizadas en el NCC pasan conscientemente por un proceso de "aprendizaje ecuménico" (Blanke 2003). Este desarrollo se parece al de las órdenes católicas, especialmente la de Maryknoll. Sus religiosos fueron a América Latina con un concepto anticomunista, experimentaron allí la opresión de los campesinos, y al volver a su país reflexionaron teológicamente esta experiencia. Así, los hermanos Daniel y Phillip Berrigan, la *Catholic Peace Fellowship* y *Clergy and Laity Concerned*

About Vietnam (CALC) dieron a conocer en EE.UU., ya a fines de la década de 1960, enfoques participativos para la cooperación. Paralelamente, en el NCC se iban produciendo procesos semejantes. En 1972, el misionero episcopal William (Bill) Wipfler en un artículo titulado *Latin America: USA Colony* (Latinoamérica: Colonia de EE.UU.) puso en cuestión la praxis misionera que existía hasta entonces, porque solamente beneficiaba los intereses de los EE.UU. Todo lo contrario a esta posición, según Wipfler, se trataba de actuar en interés de las "legítimas aspiraciones de la gente en América Latina" (Blanke 2003, 40s.). Siguiendo esta línea muchos misioneros contribuyeron a un cambio del modo de trabajo en varios aspectos. En primer lugar, desde ese momento los colaboradores de EE.UU. ya no dependían de la organización que los enviaba, sino debían integrarse con funciones específicas en la estructura de la organización receptora. Esto explica la fuerte reducción del número de los misioneros "reales" de las iglesias *mainline* en la década de 1970 a más o menos la mitad (de 8.000 a cerca de 4.000; cf. Roberts y Siewert 1989, 36s.) En cambio, las cifras de "trabajadores fraternales", del apoyo para la contratación de fuerza de trabajo nacional a las iglesias hermanas y del intercambio fueron aumentando. En segundo lugar, creció la importancia del trabajo de desarrollo sin fines de conversión; se acrecentó la importancia del *Church World Service* (CWS, Servicio Mundial de Iglesias). En tercer lugar, la atención se fue desplazando hacia la *advocacy* (abogacía) es decir, a la defensa de las comunidades perseguidas, oprimidas y desfavorecidas o de los movimientos de base en América Latina. Esto precisaba de datos científicos o, al menos, de datos periodísticos bien investigados. Por eso en 1966, algunas iniciativas religiosas y estudiantiles crearon el centro de investigación y documentación *National Council on Latinamerica* (NACLA) e invitaron al teólogo de la liberación presbiteriano, exiliado del Brasil, Richard Shaull, a formar parte de la junta directiva. Con un impulso similar, pero con una orientación más religiosa, Phil Wheaton y Bill Wipfler fundaron en 1968 el *Ecumenical Program for Inter-American Communication and Action* (EPICA). El análisis exacto y la abogacía iban a ser muy pronto urgentemente necesarios, pues los perseguidos y los oprimidos iban a ser muchísimos bajo las dictaduras de la década de 1970 en Brasil, Chile, Argentina, Uruguay, Bolivia, Nicaragua, Guatemala, El Salvador y así sucesivamente. Después del golpe militar en Chile (1973) el NCC fundó con la Conferencia Episcopal católica, en 1974, la *Washington Office on Latin America* (WOLA, Oficina de Washington para América Latina), una organización de investigación de pleno derecho y cabildeo con el enfoque puesto en las cuestiones de derechos humanos. Actualmente WOLA es apoyada por actores europeos con fuertes políticas en relación con los derechos humanos como el Estado noruego y el suizo, así como también fundaciones liberales en los EE.UU. como la *Open Society Foundation* de George Soros. La aclaración objetiva de las muchas noticias de tortura y otras violaciones de los derechos humanos se considera el requisito para acciones por casos individuales y para un cabildeo general de los derechos humanos en el congreso.

En el entorno de un movimiento de solidaridad con Latinoamérica, en formación y con trasfondo eclesial, emergían también iniciativas de base relativamente independientes. Una de ellas, creada en febrero de 1979, – cinco meses antes del triunfo de la revolución sandinista – fue la *National Nicaragua Network* (hoy en día NicaNet) que apoyaba la revolución sandinista y que se declaró a favor de una política para América Latina en la que se respetara la autodeterminación de los pueblos, la justicia social, los derechos humanos y el derecho internacional. Otra organización de base para la solidaridad fue el *Committee in Solidarity with the People of El Salvador* (CISPES), fundado en 1980. Poco tiempo después del comienzo de sus actividades, CISPES fue infiltrado por el FBI a causa de sus conexiones con la organización guerrillera FMLN (Frente Farabundo Martí para la Liberación Nacional) de El Salvador, por lo cual desde la mitad de la década de 1980 inició varios procesos contra el FBI.

En América Latina, a partir de las actividades de EPICA surge otra organización en 1974, el Servicio de Paz y Justicia (SERPAJ), cuyo primer director fue el argentino Adolfo Pérez Esquivel, quien recibió el Premio Nobel de la Paz en 1980. En esta línea de trabajo religioso se establecen obviamente contactos laborales con iniciativas ecuménicas latinoamericanas, como por ejemplo, con el Consejo Latinoamericano de Iglesias (CLAI). Para las organizaciones y misiones cercanas al NCC los años de acompañamiento al trabajo de base eclesial, como también al trabajo en torno a los derechos humanos y a la abogacía implicaban que ellas ya estaban comprometidas con los conflictos centroamericanos solo por el hecho de sus alianzas. El acompañamiento de los trabajadores fraternales en Guatemala implicaba que los indígenas presbiterianos en general y sus organizaciones CONCAD y CIEDEG tenían que ser, por supuesto, apoyados contra la persecución de los militares. Esto también se tradujo en relaciones de solidaridad con el Comité pro Justicia y Paz, fundado en 1977, aunque era eminentemente católico, y con la Iglesia Guatemalteca en el Exilio. Además también era natural continuar apoyando en el exilio a la poetisa presbiteriana Julia Esquivel. En Nicaragua esta cooperación con la organización paraguas CEPAD de orientación bautista también dio como resultado que las iglesias del NCC se convirtieran en socios en la reconstrucción o que entraran en una estrecha colaboración con el Centro Antonio Valdivieso, de orientación ecuménica. En Guatemala se posicionaron así claramente contra la dictadura militar y en Nicaragua se situaron del lado de la reconstrucción y del desarrollo sandinista, así como en contra de las actividades contrarrevolucionarias.

De esta manera, ya estaba montado el escenario para la lucha cultural en los EE.UU. acerca del papel de los actores religiosos en el conflicto centroamericano.

Instituto de Religión y Democracia

Ya sabemos que normalmente una desgracia nunca viene sola. Así, adicionalmente a los conflictos en plena ebullición en El Salvador y Guatemala, Ronald Reagan fue elegido presidente de EE. UU: un hombre de convicciones políticas estancadas, contento con las medias verdades, reacio a aceptar los hechos y dominado por un apocalipticismo babilónico: "Juro que yo creo que el Armagedón está cerca."[63] En la conferencia anual de la Asociación Nacional de Evangelicales[64] en 1983, Reagan acuñó la fórmula del "Reino del Mal" para la Unión Soviética, que probablemente proviene del apocalíptico Hal Lindsay, uno de sus asesores espirituales. En resumen, el marco para la ofensiva político-religiosa de la derecha religiosa ya estaba establecido y la caza del *National Council of Churches* y de otros actores cristianos de orientación ecuménica podía empezar.

En uno de los cazadores más poderosos se convertiría el *Institute on Religion and Democracy* (IRD, Instituto de Religión y Democracia) aunque solo lograría un éxito moderado. El Instituto se formó justamente al comienzo de la administración de Reagan (cf. Howell 2003; Diamond 1989, 148ss.; Ezcurra 1982) y su fundación precedió a una controversia en la iglesia metodista. Un metodista, empleado del sindicato conservador AFL-CIO y durante algún tiempo representante de los *Social Democrats USA*, presentó, en 1980, en la conferencia general de la iglesia metodista un informe sobre el apoyo a organizaciones en los EE.UU. y en el Tercer Mundo, que él consideraba comunistas y terroristas, incluyendo, entre otras, a NACLA y WOLA. Igualmente el NCC estaba en la línea de fuego de la crítica. La iniciativa fue apoyada sobre todo por un grupo biblicista de la iglesia metodista en torno a la revista *Good News*. Esta controversia es considerada generalmente como el impulso para la fundación del Instituto de Religión y Democracia que se concretizó un año más tarde, en 1981. La fundación era una iniciativa de un grupo de católicos y protestantes neoconservadores, sobre todo Michael Novak, Richard John Neuhaus, Penn Kemble y David Jessup. La organización se describe a sí misma – naturalmente – como una institución política de centro, lo que podría incluso parecer plausible a primera vista considerando la historia de Kemble como contrario a la guerra de Vietnam y la afiliación socialdemócrata de dos de sus personalidades fundadoras. Pero esto no era así. Hay que tomar en cuenta lo

---

[63] Una anotación en el diario, véase Brinkley 2007.

[64] ...que antes no eran tan amantes de la paz como lo son hoy en día.

siguiente: los socialdemócratas, con un duro anticomunismo, contribuyeron sobre todo a la legitimación de actitudes anticomunistas; el (ex) miembro Paul Wolfowitz incluso fue nombrado ministro de defensa en la administración de G. W. Bush; y, por último, el IRD apoyó la guerra de Bush contra Irak. El actual presidente, Mark Tooley, antes de unirse al IRD en 1994, había trabajado ocho años para la CIA. En nuestra opinión, es mucho más lógico comprender el autoposicionamiento centrista del IRD como la creación de un falso equilibrio (*false balance*),[65] con el cual, normalmente, intentan camuflarse posiciones radicales. En todo caso, el IRD en el curso de su historia ha sido financiado por tales fundaciones cuyo "centro" se ubica bastante hacia la derecha, como por ejemplo *Scaife, Smith Richardson, Castle Rock/Coors, Bradley* y *Fieldstead*. El IRD tiene buenas relaciones y realiza un buen trabajo publicitario – lo que no indica sin embargo que se investigue de manera limpia. Ya en 1982 se publicó el artículo *The Gospel According to Marx* (El Evangelio según Marx) en la popular revista *Reader's Digest* (14 millones de lectores), en el que se formulan ataques duro por comunismo y apoyo al terrorismo contra organizaciones ecuménicas tales como el NCC, el Consejo Mundial de Iglesias de Ginebra (CMI) e incluso el Consejo de Iglesias de Sudáfrica, comprometido en la lucha contra el apartheid y, por lo tanto, en situación de peligro.[66] Este asunto fue abordado en 1983 por el programa de televisión *60 Minutes*. El CMI fue atacado aquí – como lo describe Diamond – por su apoyo a la campaña "comunista" de alfabetización en Nicaragua, mientras que los responsables ni siquiera se percataron que este programa de alfabetización había sido apoyado también por la Agencia de los Estados Unidos para el Desarrollo Internacional, *US-AID*. América Central fue, en la década de

---

[65]En la retórica clásica también se denomina *argumentum ad temperantiam* o el "justo medio".

[66] Austin, Charles. 1982. "National Council of Churches Faces New Type of Critic". New York Times, 3. November 1982, Párrafo. Sección A. (https://www.nytimes.com/1982/11/03/us/national-council-of-churches-faces-new-type-of-critic.html , fecha de acceso: 10.10.2019)

1980, el frente principal del trabajo del IRD. Alan Wisdom – quien más tarde se desempeñó como vicepresidente del IRD y como tal apoyó la Guerra contra Irak de G.W. Bush (ver Wisdom s.f.) – en una conversación en octubre de 1986, me explicó que el IRD no tenía conocimientos directos sobre la situación en Nicaragua. Que ninguno de los empleados de ese entonces había estado allí y que procesaban informaciones que obtenían de otras fuentes.[67] Pude ver una de esas fuentes; era un mensaje de "Casa Blanca, Robert Reilly, Asistente del Presidente de Enlace Público, a Penn Kemble, 12.12.1984, ... Estimado Penn ... Bob". En el escrito se ofrecía al IRD material informativo sobre Gustavo Parajón, líder bautista y presidente del Consejo de Iglesias Evangélicas Pro-Alianza Denominacional, CEPAD, en Nicaragua, organización que administraba fondos de ayuda ecuménicos. Según Wisdom, el CEPAD habría malversado fondos. Pero ese no era el quid de la cuestión. El problema real era que el CEPAD trabajaba con los comités de barrio, los llamados Comités de Defensa Sandinista (CDS).[68] Cuando, encima de eso, la ayuda médica y la alfabetización que realizaba CEPAD fueron alabadas públicamente por el gobierno nicaragüense, Diane Knippers, colaboradora del IRD y bien ubicada también en la *National Association of Evangelicals*, vio el motivo para empezar a actuar. Así desplegó una campaña de desinformación en contra de CEPAD catalogándola como una organización "comunista". Esto puso en aprietos al personal de CEPAD en los centros médicos rurales a causa de la presión de los contras. Finalmente, el IRD no pudo continuar sosteniendo esta falsa información y sufrió una derrota publicitaria; quizás también porque en ese entonces la mentira no se había impuesto todavía como medio generalizado

---

[67] Todo lo contrario de lo que expone la cita de de Loren Triplett sobre Asambleas de Dios, que ya hemos dado a conocer antes, Wisdom expresó que las Asambleas de Dios trabajaba de manera clandestina y que habían invitado al IRD a un encuentro con un pastor de Nicaragua, que trabajaba en la radio; probablemente el mismo pastor del cual Triplett se había distanciado.

[68] ...lo que era totalmente normal para poder organizar las actividades de manera efectiva.

de información. Más éxito tuvo el IRD con un golpe de estado en las ciencias sociales.

Ciencias sociales

La lucha religiosa para obtener la soberanía interpretativa sobre los conflictos en América Central y, en especial, el papel que cumplían los diferentes actores, que se había desatado con el claro ataque del documento de "Santa Fe I" contra la Teología de la Liberación y a causa de la publicidad del IRD, se deja ver claramente en las ciencias sociales. Los actores ecuménicos dejaron en claro que, desde finales de la década de 1950, estaban interesados en tener una base adecuada y científicamente respaldada para su trabajo en Latinoamérica y consideraban su deber la crítica de la política exterior a través del esclarecimiento, y para ello habían fundado WOLA y NACLA (Goff 1966).

NACLA envió a Centroamérica un equipo sociológico de dos personas con la perspectiva de estudiar las prácticas políticas durante 8 meses. Deborah Huntington y Enrique Domínguez, ambos con experiencias en América Latina y que dominaban muy bien el español, publicaron en la revista *NACLA Report on the Americas*, de enero de 1984, un informe de 36 páginas denominado "Salvation Brokers". En él nombran claramente una de las motivaciones de su trabajo: los ataques iracundos de parte del IRD que ponen en peligro a los protestantes liberales comprometidos en Centroamérica, como a Julia Esquivel. Muy por el contrario de la propaganda desinformativa del IRD, aquí se lleva a cabo una misión de investigación, una *fact finding mission*. En correspondencia con su concentración en la política los autores relacionan las actitudes religiosas con el compromiso político, diferencian entre actores de acuerdo con su praxis política y examinan con una perspectiva de profundidad histórica la injerencia de las misiones estadounidenses en la política. En un capítulo se tematiza la contrainsurgencia bajo Ríos Montt; en otro, la cooperación de las iglesias (también las Asambleas de Dios) en las actividades de desarrollo en el marco de la revolución nicaragüense. En resumen, esta publicación da a conocer en presentación periodística un cuadro diferenciado que, sin embargo, por su enfoque científico político no cumple con todas las expectativas de lectores teológicos. De todas maneras, esta pequeña publicación contradice todo lo que la derecha religiosa había difundido en torno a estos temas. Y tuvo un gran impacto en el debate de la mitad de la década de 1980. El IRD no fue capaz de reaccionar frente a este desafío. Simplemente no tenía recursos científicos para hacerlo.

Pero el sociólogo de la religión, el neoconservador Peter L. Berger de la Universidad de Boston (Director del *Institute for the Study of Economic Culture*) pertenecía a la Junta Asesora del IRD. Aunque no se puede decir con seguridad que la acción siguiente fuera coordinada o no con el IRD, su instituto convocó a la realización de una investigación sobre el protestantismo en América Latina, justamente en el momento en que era más necesario. Se le adjudicó el contrato para realizar el proyecto al sociólogo David Martin de la *London School of Economics* aunque (¿o bien porque?) hasta ese momento no se había ocupado del movimiento pentecostal ni tampoco de América Latina, sino de la secularización. No hablaba español ni portugués hasta ese tiempo, y después tampoco. En solo tres años estuvo listo un libro de 350 páginas (Martin 1990), gracias a la asesoría para la lectura y las traducciones, así como a algunos viajes a América Latina, especialmente para entrevistar a interlocutores que hablaban inglés. El libro se posicionó bien (Oxford University Press) y selló en el público estadounidense el triunfo de una visión neoconservadora de la situación. No fue traducido al español, y los lectores latinoamericanos con los cuales he hablado, lo explican diciendo que es así porque el libro es, por una parte, muy superficial y, por la otra que reproduce excesivamente el típico saber ideológico, dominante y dominador de los EE.UU.

Como ya lo he señalado inicialmente, todo el argumento del libro puede reducirse a la tesis de que el protestantismo nacido en Inglaterra y en los EE. UU ha traído progreso y "mejoramiento" (*betterment*) a los pobres de Latinoamérica. El fuerte desequilibrio de poder entre los EE.UU. y Latinoamérica se hace desaparecer en la medida en que no tiene ningún papel o, en el mejor de los casos, – a través del uso de una probada estrategia retórica – se oculta el desequilibrio detrás de metáforas referidas a la naturaleza: "... un terremoto social que sigue a que dos placas tectónicas de dos civilizaciones del mundo pasan una debajo de la otra" (p.292). Por lo demás – según Martin, enfocando a otros autores – los observadores estarían constantemente sacando a relucir conexiones con la "iglesia electrónica" en los EE.UU. y con algunas fundaciones conservadoras.[69] El debate estaría "cargado de propaganda" de modo que un investigador se encuentra atrapado en el fuego cruzado (p.291). En vez de tomar en serio que los protestantes son apolíticos y buscan "la salvación", el debate, según Martin, gira en torno a la posición de los protestantes respecto a la "liberación" y su supuesto papel como portadores de una cultura extranjera (p.233). Martin quiere prescindir explícitamente de enmarcar los mundos de los pobres latinoamericanos (a quienes ni siquiera conoce, porque no ha realizado investigación de campo) "en un lenguaje de hostilidad política encubierta", ni tampoco quiere juzgar a los actores en una "versión secular del juicio final" (p.1). Por cierto tiene razón cuando asegura que el debate sobre las "sectas" en Latinoamérica a menudo ha estado cargado de prejuicios. Pero él se engaña doblemente a sí mismo y a sus lectores. Primero, implícitamente imputa prejuicios a todos sus colegas. Segundo, actúa así como si él no enmarcara su trabajo en torno a presupuestos teóricos. Precisamente esto no es así, como ya lo he dicho. También un prejuicio positivo sigue siendo un prejuicio; y criterios verificables o, respectivamente, falsificables para la producción y revisión crítica de los resultados de la investigación no los encuentran los lectores en el libro de Martin. Esto también se debe a que el contenido del libro reproduce en gran medida literatura secundaria.[70] Además, los pasajes descriptivos a menudo no se interpretan. Respecto a la ayuda para paliar las

---

[69] Aquí Martin cita a Ezcurra 1982, pero no considera, por ejemplo, a Huntington y Domínguez, cuyos artículos aparecen en la bibliografía, aunque Martin no los analiza en ningún lugar.

[70] Además del gran número de literatura secundaria se añaden 12 pláticas informativas (no identificadas) y cerca de 60 documentos no publicados. Las

consecuencias del terremoto de Guatemala (1976) se nos informa solo el lugar común, a saber, que los grupos protestantes habían liberado a la gente del alcohol, la criminalidad menor y la corrupción (p.92). Ríos Montt aparece como un buen gobernante que combina "un impulso contra la violencia y la corrupción" con un "ataque feroz y efectivo a la guerrilla que ofrece frijoles – y muerte". Algunos protestantes se habían unido a la guerrilla y habían huido del país junto con los izquierdistas católicos, cuenta Martin; pero la mayoría habría apoyado a Ríos Montt (p.92). En relación con la resistencia protestante (p.254) se nos informa sobre la base de la diferenciación estadounidense entre "radicales" versus "liberales" (que, por lo demás, no funciona de ninguna manera para Latinoamérica) que los protestantes indígenas estaban "profundamente influidos por los radicales" y que, incluso, habrían creado un grupo "ferozmente antiamericano". Muchos "radicales" habían huido y los otros protestantes ofrecían "refugio espiritual", mientras que el general cristiano repartía frijoles o balas. FUNDAPI recibe la atención de Martin en solo 7 líneas con la información de que la organización se preocupaba de los frijoles y para ello utilizaba el dinero recibido de fuentes fundamentalistas. Finalmente, sigue Martin, el buen general había sido expulsado de su cargo por las "fuerzas políticas de la derecha" a causa de sus procedimientos en contra de la corrupción. De repente, el general está posicionado – de la misma manera que el IRD – junto a Martin entre la derecha y la izquierda, es decir, bien equilibrado en el centro y, en consecuencia, no podría haber organizado ningún genocidio. Bueno, en realidad los tribunales guatemaltecos lo veían de manera diferente. Si uno pregunta asombrado, de dónde surgieron los conocimientos especiales de Martin, de hecho encuentra la respuesta, pero ningún consuelo, en la página XII. El informante de Martin en Guatemala era Virgilio Zapata Arceyuz, un evangelical ultraconservador que sabía hablar inglés y apoyaba la dictadura de Río Montt en la medida de

---

presentaciones de la literatura secundaria dependen de las diferentes perspectivas de los autores respectivamente, de manera que es imposible encontrar criterios uniformes de evaluación.

sus fuerzas. Cuando conocí a Zapata en Guatemala, poco después del golpe de Estado contra Ríos Montt, su gran preocupación era cómo poder compensar el estrecho contacto que él y otros evangelicales habían tenido con Ríos Montt y así poder ser aceptado como interlocutor por la nueva dictadura.[71]

En el estudio de caso sobre Nicaragua, nos enteramos de que Martin, para conseguir un "equilibrio" en su información, se basa exclusivamente (¡!) en la revista evangelical *Christianity Today* (p.248). Por lo menos, sus declaraciones sobre CEPAD, realmente equilibradas, no transmiten una segunda edición de la propaganda del IRD. En su estudio de caso sobre protestantismo y política en Brasil Martin deja de lado la dictadura, si no se trata precisamente de sus efectos internos en las iglesias (p.255); en el caso de México omite totalmente la laicidad, elemento constitutivo del Estado nacional (p.261). En lo que se refiere las relaciones sociales y económicas asegura que las redes protestantes no solamente garantizan relaciones estables. "Además de eso inculcan las normas de conducta norteamericanas y educan a sus miembros en cuestiones como el presupuesto familiar, el comportamiento social y los modales en la mesa" (p.218). También conciertan matrimonios, regalan "disciplina sexual" y provocan una ruptura con la "corrupción endémica". Sobre estos juicios habría que conversar con los miembros de la *Bancada Evangélica* en Brasil. Estos se divertirían a lo grande durante toda una velada.

En resumen, Martin mira – supuestamente sin "enmarcar" y sin experiencia de campo – América Latina desde la perspectiva de un teórico de la secularización noratlántico, quien enfatiza las observaciones que él mismo percibe como positivas, no ve muchas cosas

----

[71] En su libro *Pentecostalism: the world their parish* (Martin 2001, XII), nos enteramos de una conversación con Arturo Piedra de Costa Rica, que es introducido como uno de los destacados representantes de la "intelectualidad pentecostal" en América Latina. Arturo fue mi colega por casi 10 años, buen conocedor del protestantismo latinoamericano, reformado hasta los tuétanos y crítico prominente, si no enemigo, de los pentecostales.

(como el genocidio bajo Ríos Montt) y, finalmente, envuelve la presencia de los protestantes en América Latina en un "espíritu del capitalismo" moderadamente neoconservador. La reserva británica no es el estilo del IRD. Sin embargo, los activistas del instituto tienen que haber estado extremadamente complacidos con la publicación.

En tanto que el IRD y sus amigos seguían haciendo propaganda por las dictaduras, las bandas terroristas y las guerras, los protestantes indígenas guatemaltecos (los "radicales", según Martin) – y no los amigos de Ríos Montt – estaban comprometidos conjuntamente con organizaciones internacionales por lograr un tratado de paz exitoso; mientras que en EE.UU., el NCC y su organización hermana, el *Sanctuary Movement* (Movimiento Santuario), se preocupaban de ayudar a las víctimas de las guerras centroamericanas. Las guerras terminaron con convenios de paz y abrieron el camino para una paz precaria, que siguió perpetuando la injusticia social. Pero quien hubiera pensado que el fin de las luchas provocaría una disminución de las ofensivas piadosas estadounidenses, quedaría decepcionado.

Fundamentalistas en el gobierno

El decreto de Donald Trump (Trump 2018) acerca de iniciativas basadas en la fe es una adición a un decreto anterior de George W. Bush. Si la iniciativa de Bush había sido muy criticada porque socavaba el principio de separación del Estado y la Iglesia y por entregar demasiados fondos para la derecha religiosa, esta nueva regulación debería dar aún más motivos para las críticas. El pequeño cambio en el nombre de *White House Faith and Opportunity Initiative* (Iniciativa de Fe y Oportunidades de la Casa Blanca) a *White House Office of Faith-Based and Community Initiatives* (Oficina de Iniciativas Basadas en la Fe y Comunitarias de la Casa Blanca) podría indicar que ahora la actividad de la Casa Blanca en sí cuenta menos que la actividad de las iniciativas que se reúnen allí. Parece ser que la oficina se ha convertido en un patio de recreo y en una herramienta de legitimación para los "Evangelicales de la Corte" (*Court Evangelicals*, Fea). Las primeras reacciones son correspondientemente positivas y destacan la ampliación del alcance y la mayor proximidad entre las iglesias y el Estado. Paula White es citada en el *National Catholic Reporter*: "Este decreto es una acción histórica, que fortalece la relación entre la fe y el gobierno de los Estados Unidos, y el producto será un sinnúmero de vidas transformadas" (Banks 2018). ¿Qué vidas deberían cambiar allí?, es el tema de una investigación periodística que ha revelado lo siguiente.

El fracaso de mi propia búsqueda de un sitio web de la oficina fue confirmado por periodistas, quienes son de la opinión que Trump y los actores religiosos involucrados mantienen el perfil bajo, probablemente para evitar las críticas mencionadas anteriormente. En todo caso, las solicitudes de información y de entrevistas de los periodistas han sido rechazadas. Según el colectivo periodístico de investigación, la plataforma de acción es utilizada por actores de las formaciones LEY y GERENCIA, que gracias a su apoyo electoral a Trump han obtenido un estatus de asesores más o menos oficial, y a quienes John Fea se refiere como los *Court Evangelicals*. En su libro *Believe Me*, Fea aborda la cuestión de cómo se generó el apoyo evangelical a Donald Trump. Establece para los partidarios de Trump la categoría de evangelicales cortesanos (*Court Evangelicals*) y la subdivide en tres subgrupos muy instructivos: la antigua derecha religiosa, perteneciente al ala legalista; el evangelio de la prosperidad (*Prosperity Gospel*) y la Red de Carismáticos Independientes (*Independent Network Charismatics, INC*), más bien de tendencia carismática.

La oficina tiene dos usos. Por un lado, brinda a los actores religiosos la oportunidad de fortalecer su capital simbólico al identificarse a través de la Casa Blanca y, por lo tanto, les abre las puertas para avanzar en sus propios ministerios. Por el otro, Trump tiene al mismo tiempo la ventaja de que los actores religiosos apoyan su política al 100% (tal vez con un ligero recorte entre la migración hispana), la promueven políticamente y además le dan un significado religioso. En consecuencia, los evangelicales pueden organizar reuniones informativas con Trump o el vicepresidente Pence para invitados apropiados. El descendiente cubano Mario Bramnick, fundador del grupo "Latinos para Trump" y de la "Coalición Latina por Israel" se ve como parte de la oficina y es muy activo en la campaña de que tantos países como sea posible trasladen sus embajadas desde Tel Aviv a Jerusalén. Con este fin ha establecido, especialmente en América Latina, redes político-religiosas de derecha, con políticos como Bolsonaro en Brasil y Jimmy Morales en Guatemala, así como hacia Israel con Netanyahu. Según las investigaciones de los periodistas, a él y a otros miembros de la oficina les ha resultado hacer un arreglo interesante para apoyar la iniciativa de Trump en torno al traslado de las embajadas. El presidente Jimmy Morales de Guatemala tenía problemas con la Comisión de las Naciones Unidas para la Persecución de la Corrupción (CICIG), que había sido creada por la ONU hace algunos años en coordinación con un gobierno anterior. Su hermano había sido condenado por este delito y él mismo estaba en peligro de ser acusado. Además, los EE.UU. hasta la fecha habían apoyado a la CICIG. De modo que Morales hizo que Bramnick le explicara el porqué del gran interés que tenía Trump en que la mayor parte de los países trasladara sus embajadas a Jerusalén. Así Morales ordenó el traslado y tuvo las manos libres para actuar en contra de la CICIG logrando que terminara sus actividades. Michelle Bachmann que pertenecía al desaparecido movimiento del *Tea Party* y miembro evangelical de la oficina aconsejó a sus "amigos" brasileños por medio de una conferencia en video (y de manera ilegal) que eligieran al candidato que estuviera dispuesto a cambiar la embajada a Jerusalén. Bolsonaro quería hacerlo, pero no pudo, porque las fuerzas armadas brasileñas están en contra. En suma, "Fe y Oportunidad" designa bastante bien las actividades de esta oficina gubernamental.

Junto a la oficina más o menos oficial, el pastor Ralph Drollinger ha logrado ubicar sus *Capitol Ministries* (Ministerios del Capitolio) como plantas epífitas, por decirlo de alguna manera, en las oficinas gubernamentales en Washington. También aquí el resultado de la investigación periodística: Drollinger es un pastor que cuenta con mala reputación entre sus colegas eclesiásticos. Fue expulsado de su organización anterior por una amplia mayoría, acusado de incapacidad para su ministerio, autocracia e irregularidades financieras, es decir, por lo que es usual en estos casos. Pero Drollinger fue presentado a Trump en 2016 por Jeff Sessions, el futuro ministro de defensa de

Trump, a quien apoyó en su campaña electoral. Drollinger realizó incluso una propaganda religiosa explícita bajo el nombre de Trump, incurriendo así en un delito por Trump. Su lealtad fue recompensada con una posición especial para los *Capitol Ministries* en el cabildeo político de la oración. Ahora él y su gente tienen la hegemonía sobre los círculos de la oración (oficiosos) en la Casa Blanca, el Senado y la Cámara de Representantes. Drollinger desarrolla su trabajo con una doctrina ultraconservadora, también fácil de reconocer en su sitio web: la ecología es una religión falsa; los migrantes ilegales deben ser encarcelados y deportados; la ira de Dios recae en los matrimonios igualitarios; los pecados son castigados; y la pena de muerte es una bendición bíblica. *Capitol* – el Capitolio – se ha convertido en capital para Drollinger, al usar su posición como profesor bíblico de la Casa Blanca para expandir sus ministerios. En América Latina está trabajando para anclar sedes internacionales de sus ministerios en los palacios presidenciales y parlamentos de la región.[72] Primeramente en su programa están los siguientes países: México, Honduras, Brasil, Perú, Uruguay, Ecuador, Paraguay, Costa Rica y Panamá. Especialmente interesante es que Nicaragua no aparezca en su lista, pero sí que su presidente Daniel Ortega haya buscado la organización. Ortega invitó a Drollinger a pronunciar un discurso con ocasión de la celebración de los 40 años de la Revolución sandinista en julio de 2019. Ortega, que se encuentra fuertemente presionado por las violaciones a los derechos humanos, escribió en la invitación,[73] que él sabía que los gobernantes que habían "nacido de nuevo" tenían que gobernar con la Biblia. Drollinger le agradeció este gesto pronunciando un discurso en que hablaba solamente de paz, amor y paciencia (Drollinger 2019). Justamente lo que necesitaba Ortega para desmovilizar

---

[72] Sobre los Ministerios del Capitolio , alias "Parlamento y Fe" en Argentina, véase Carbonelli 2014.

[73] "Nicaragua President to CM: Come Establish Bible Studies to National Leaders!" 2019. Capitol Ministries. 13. Juli 2019. https://capmin.org/nicaragua-president-to-cm-come-establish-bible-studies-to-national-leaders/ (fecha de acceso: 12.11.2019).

a la población en ese momento y que había podido lograr con bastantes líderes protestantes ya por cooptación.

Con el presidente de Honduras, Juan Hernández, – actualmente bajo sospecha de tráfico de drogas – Drolliger ya está en buen pie de negociación. A ello han contribuido dos representantes del gobierno estadounidense, el vicepresidente Mike Pence y el secretario de estado y exdirector de la CIA, Mike Pompeo. Ambos funcionarios son evangelicales devotos y probablemente también estudiantes de la escuela bíblica de Drollinger. En 2018, estos señores junto con algunos miembros de la corte de evangelicales ya habían instado a Hernández a instalar *Capitol Ministries* en sus instituciones para los asuntos espirituales. Esta mezcolanza de política y religión está claramente en la tradición de los pensadores políticos desde John Winthrop, quienes "confunden las metáforas con la realidad" y adhieren a la creencia heterodoxa de que "la Ciudad en la Colina tendría el derecho (...) de controlar el destino del mundo" (Williams 1980, 208). Bien podría ser al revés. Entonces la Ciudad en la Colina no sería una metáfora, sino una metonimia: representaría, *pars pro toto*, todo el resto del sistema de dominación. Entonces, los políticos estadounidenses usarían la religión de los *Pilgrims* para hacer plausible su reclamo de dominación global. Y el programa de *Capitol Ministries* sería aún más atractivo para estos políticos: "Hacer discípulos de Jesucristo en la arena política en todo el mundo" (Capitol Ministries" s.a.).

Algunos de los migrantes latinoamericanos están haciendo algo similar, solamente que al revés en los Estados Unidos.

6. El nuevo milenio: prosperidad y migración

El nuevo milenio llegó, pero de manera muy diferente a lo que muchos creyentes esperaban: nada espectacular, como un simple cambio de año. Por supuesto, que entre el decenio de 1980 y el presente, muchas cosas han cambiado, también en lo que respecta a las formas y medios de entrelazamiento. Para la práctica religiosa, la imposición de la hegemonía neoliberal en la economía y la sociedad es probable que sea de gran importancia, en la medida en que crea una amplia plausibilidad para la doctrina de la prosperidad y las estrategias de autooptimización religiosa. Además, el sur se está volviendo cada vez más dinámico en lo que se refiere al entrelazamiento religioso. En este capítulo nos concentraremos en México y California, pero antes veremos la conexión entre el neoliberalismo y la doctrina de la prosperidad.

6.1 Neoliberalismo y prosperidad

Tras la caída de la cortina de hierro y el fin de muchas dictaduras en América Latina, comenzó un desarrollo hacia una hegemonía cada vez más fuerte del neoliberalismo en la economía y la sociedad. La polarización política y militar de las sociedades latinoamericanas, así como la Guerra Fría entre los Estados Unidos y la Unión Soviética, cedieron el paso a una polarización económica menos visible entre los sectores sociales cada vez más ricos y aquellos cada vez más marginados bajo la supremacía neoliberal. Surgen nuevos ganadores económicos en las finanzas y la tecnocracia. En el sector de los servicios se forma una nueva clase media, aunque en condiciones precarias. La vieja clase media de la burocracia y de la pequeña y mediana industria local se encuentran bajo una creciente presión competitiva. Las clases bajas, ya marginadas, se ven crecientemente desplazadas hacia el sector informal; por ejemplo, los jóvenes hacia la delincuencia organizada. Y la criminalidad relacionada con las drogas adquiere una mayor importancia económica en casi todas las clases sociales. En los

Estados Unidos se producen procesos similares, aunque a un nivel económico general mucho más alto. En términos macrosociológicos, por lo tanto, se puede observar el cambio de una fuerte polarización política y militar entre los bloques sociales más o menos organizados a una mezcla difusa con perspectivas de futuro muy diferentes para los distintos grupos sociales. Sobre todo, en América Latina las potencialidades de la organización social desde abajo – sindicatos, partidos socialistas, organizaciones campesinas – se ven relegadas en favor de la lógica neoliberal del ascenso individual. En los EE.UU., de todos modos, este individualismo había quedado establecido hacía ya mucho tiempo y solo necesitaba ser integrado al modelo neoliberal. Microsociológicamente se puede decir que la lucha individual, sin alternativa, por el ascenso social ha cambiado significativamente la percepción que los actores tienen de la estructura social y de sus posibilidades de (sobre-) vivir. La teóloga mexicana Elsa Támez habla de una lógica de "¡Sálvese quien pueda!". La meta frente a los procesos complejos de desintegración social y la ausencia de una clara orientación es la integración de la propia vida, especialmente de la actividad económica y la estabilidad de las estructuras familiares.

La transición de la polarización política a la supremacía del neoliberalismo ha tenido consecuencias notables para la práctica religiosa, especialmente, en la clase media ascendente y la clase alta tecnocrática (menos en la oligarquía agraria o en la aristocracia del dinero, la timocracia de Nueva Inglaterra). Las teorías dualistas de la lucha de Dios contra el diablo perdían (poco a poco) importancia. En los Estados Unidos, donde una visión más o menos paranoica del otro es común desde los tiempos de los peregrinos (Williams 1980, 221, 224), Satanás y sus "demonios territoriales", ya muy pronto, después del fin de la Unión Soviética fueron reubicados en el sur, en los territorios del Islam. De esta manera, se mantenía la figura del conveniente enemigo externo. Además, sobre todo, en la formación GERENCIA, la demonología seguía redoblando en la doctrina del Dominio, que ve su tarea en la conquista de diferentes campos sociales de manos de los impíos (y de esta manera, si así se prefiere, de los demonios); al mismo tiempo que el "evangelio de la prosperidad" pasaba al centro del interés religioso. En América Latina la disposición para combatir a los demonios abandonó el centro en la red de las disposiciones religiosas de los actores, pero permanece activa en el contexto de la doctrina del Dominio. Con ello, los actores religiosos se ocupan en especial de la autooptimización y del "pensamiento positivo" con el fin de adaptarse al sistema y acercarse, de este modo, a la cornucopia del capitalismo neoliberal. "¡Sonríe o muere!" (*Smile or die*, Ehrenreich 2010) es el lema de la religiosidad gerencial de los neopentecostales modernos en los EE.UU. y América Latina. La promesa de salvación es "de este mundo" (*diesseitig*), como diría Max Weber; y en última instancia, es el éxito económico. Mientras que el desarrollo económico actual pone en tela de juicio las estructuras sociales tradicionales, la inversión del interés religioso en el éxito material permite que los habitūs se reorienten hacia la nueva forma de reproducción. Weber ya ha visto esto.

> "El éxito capitalista de un hermano de secta, honradamente obtenido, era una demostración de su mérito y su estado de grada, elevaba el prestigio y las posibilidades de proselitismo de la secta y, por todo ello, era bien acogido (…)." (Weber 1983b, 192)

En comparación con las impresiones de Weber, los parámetros de éxito entre los "hermanos sectarios" han cambiado un poco. Mientras que para Weber la interacción entre una comprobación de sí mismo por medio de una "disciplina de costumbres extraordinariamente severa" (185, *Sittenzucht*) en la congregación y la confirmación de la "propia autoestima" (175, *Selbstgefühl*) a través del acceso a un club capitalista era todavía decisiva para el éxito general de la estrategia religiosa. Hoy en día es simplemente el éxito económico del individuo y el éxito cuantitativo del predicador en cifras de miembros.

Las megaiglesias de hoy en día no funcionan a través de la admisión exclusiva de "los dignos" (184, *Würdige*) a sus congregaciones, sino a través de la pura masa de donantes y a través de la inversión del capital monetario así generado en empresas comerciales preferentemente en el sector de los medios de comunicación, pero también en el de los bienes raíces y en muchas otras cosas más que se pueden ocultar en cuentas bancarias panameñas. Y con este desarrollo también ha pasado al olvido el viejo criterio cristiano del éxito económico: la satisfacción de las necesidades con el indicador de "suficiente" ha dado paso a la envidiosa comparación con el vecino. No puede haber "suficiente" si hay alguien que tiene más. La misma práctica religiosa, en la formación GERENCIA, se ha convertido en un negocio de acumulación y centralización de capital proyectado al infinito.

La doctrina del dominionismo transfiere a la política esta lógica de la conexión funcional entre religiosidad y economía.[74] Al afirmar que el cristianismo – más precisamente: la propia opinión religiosa – tiene la competencia y el derecho de dirigir los asuntos del Estado, se está realizando una re-sacralización de la política. Esto puede observarse en los EE.UU. durante los gobiernos de Ronald Reagan, George W. Bush y – configurados como "evangélicos de la corte" (John Fea) – también con Donald Trump. En América Latina hay intentos similares, especialmente en Brasil y Guatemala, aunque también en otros países. Se postula de una manera genuinamente fundamentalista la validez universal de las estrategias y los discursos religiosos y se intenta imponer la lógica religiosa a las instituciones políticas.

En las clases medias y bajas son muy comunes un individualismo desesperado y la autoacusación por falta de éxito económico. Por supuesto que en el centro de la praxis religiosa está lo que es factible: la estabilización de la familia y la reivindicación de ley y orden público. La familia nuclear burguesa "natural" y "deseada por Dios" funciona socialmente como el último refugio y se entiende religiosamente como deber y gracia divinos. (Esto explica en parte el duro rechazo al movimiento LGBT). Los creyentes vinculan estrechamente su deseo de estabilidad familiar con el discurso sobre "Dios". "Dios" legitima su propio anhelo. "Dios" creó a la familia. "Dios" tiene una ley que dice exactamente lo que uno mismo debe desear. Por ende, desde una perspectiva semiótica "Dios" es un "significante vacío" (Levi-Strauss, Laclau). O sea que, en última instancia, solo

---

[74] Sobre la conexión entre religión y política cf. Schäfer 2019.

quiere dar a entender: "Lo que acabo de decir es irrefutable". Esto ya es mucho, cuando uno considera que en los entornos vitales en desintegración de la mayoría de clase baja y clase media baja en los EE.UU. y en América Latina no hay ya casi ninguna certidumbre.

El cambio en las condiciones generales también implica un mejoramiento extremo de las condiciones de comunicación, si bien no la libertad de desplazamiento. Los factores mencionados aquí, en conjunto, han contribuido a que las condiciones del entrelazamiento religioso entre América Latina y los EE.UU. también hayan cambiado en cierta medida.

6.2 Tráfico fronterizo local

Aunque las actividades misioneras *desde* los EE.UU. a América Latina siguen siendo de actualidad, hoy en día, es mucho más importante para la dinámica del entrelazamiento la praxis de los actores latinoamericanos en los EE.UU. Esta dinámica tiene una historia que se remonta por lo menos a 1848, cuando los Estados Unidos anexaron grandes partes del territorio mexicano. En los 150 años posteriores, las olas de inmigración se alternaban con las olas de deportación.

Católicos

La mayoría de los habitantes de habla hispana de los Estados Unidos son católicos. Muchos de ellos importaron un catolicismo ritualista que gira en torno a la veneración de la Virgen María y de los santos. El número de santuarios en los lugares de residencia de estas personas fueron aumentando y provocaron conflictos con los obispos de la línea ortodoxa del Concilio Vaticano II. Sin embargo, puede distinguirse entre diferentes tipos de inmigrantes católicos. La socióloga Olga Odgers del Colegio de la Frontera Norte (COLEF) de Tijuana construye tres tipos diferentes de inmigrantes católicos para Los Ángeles, de acuerdo al grado de organización de la Iglesia en la región de origen.[75] El Estado de Zacatecas está fuertemente integrado en la jerarquía católica de México. La mayoría de los inmigrantes de allí van a las parroquias católicas comunes de los Estados Unidos. En Veracruz, el catolicismo está poco integrado y la diversidad religiosa está muy avanzada incluyendo a protestantes y cultos mágicos. Estos migrantes, con la migración tienden a cambiar a otras ofertas religiosas, ya sean éstas hispanas, pentecostales coreanas o incluso mormonas. El catolicismo en Oaxaca, por otro lado, tiene un carácter fuertemente indígena. Todavía continúa existiendo una estable cohesión regional entre los inmigrantes de esta región, que se manifiesta en celebraciones colectivas y en la creación, en los Estados Unidos, de lugares de culto para los santos mexicanos nativos. En esta variante, la praxis religiosa también sirve para mantener las relaciones transfronterizas con los países de origen. Por ejemplo, la veneración de la Virgen María de San Juan de los Lagos (Jalisco) se continuó en San Juan (Texas) (cf. Vásquez y Marquardt 2003, 145ss.). La investigadora de migraciones Liliana Rivera del Colegio de México reporta en una entrevista[76], por ejemplo, sobre una comunidad regional en Nueva Jersey, que mandó a hacer y a bendecir un duplicado de un santo nativo e hizo viajar en avión la estatua del santo como un pasajero normal a los Estados Unidos. Con el tiempo, el enfoque demográfico del catolicismo en los Estados Unidos se está desplazando de Rhode Island al suroeste del país debido a la presencia cada vez mayor de católicos latinoamericanos.[77] Y lentamente el catolicismo hispano también está ganando reconocimiento. Prueba de ello es la Catedral de Nuestra Señora de los Ángeles en Los Ángeles, construida en 2002. Este edificio puede leerse arquitectónicamente como un "gesto compensatorio de la iglesia estadounidense hacia los católicos étnicos y nacionales" y como un "emblema de una visión pluralista

---

[75] Alarcon, Escala y Odgers 2016, 151ss., así como Olga Odgers en una conversación, Bielefeld, 6.12.2016.

[76] Mexiko, 26.10.2016.

[77] Entre 1970 y 2016 la población latina creció de 9,6 a 57,5 millones de personas (Flores 2017b, 1).

del catolicismo estadounidense" (Lint 2009, 69). La universalidad cultural de la figura materna crea aquí una unidad simbólica manteniendo la diferencia cultural. En el portal de la iglesia un artista mexicano reunió 15 representaciones diferentes de María de todo el mundo. El catolicismo supera las tendencias regionalistas a ambos lados de la frontera con una organización y un habitus universalistas. El entrelazamiento espontáneo con sus fricciones y contradicciones se regula y delimita por una institución jerárquica supranacional.

Con toda la universalidad del movimiento pentecostal, las acciones de cada congregación – ¡a diferencia de las empresas religiosas transnacionales! – más bien están orientadas al pequeño tráfico fronterizo local.

Pentecostales

Los territorios fronterizos entre los EE.UU. y México, los *Borderlands*, son un microcosmos de entrelazamiento no sólo para los católicos. Y, en efecto, hay un entrelazamiento específico de las prácticas religiosas del movimiento pentecostal en la base social. Lo realizan los migrantes que se convierten en misioneros y fundadores de iglesias; y así – en el sentido de Clara Buitrago – se transforman de *migrantes* a *expatriados*. El ejemplo central de este desarrollo se encuentra en la historia de la Iglesia Apostólica de la Fe en Cristo Jesús (IAFCJ).[78] Esta iglesia fue el resultado directo del famoso avivamiento de la calle Azusa de 1906 sobre los inmigrantes mexicanos en el barrio de Sonoratown, en el centro-norte de Los Ángeles, y en otras áreas en la frontera sur de los Estados Unidos. La experiencia de hablar en lenguaje angelical (glosolalia) y de recibir revelaciones directas de Dios hizo que algunos de los trabajadores mexicanos subalternos vieran su vocación en la creación de nuevas iglesias con esta

---

[78] A continuación me referiré a las obras históricas de los miembros de esta iglesia, especialmente a la excelente monografía de Daniel Ramírez (2015), así como a varias contribuciones en Torres Alvarado (2014): Castillo Hernández 2014; Chiquete Beltrán 2014; Bustillos Almendáriz 2014; López Torres 2014; 1999, y una entrevista con Samuel López Torres el 1.11.2016, Tijuana.

nueva forma de piedad en los Estados Unidos así como en México. Entre unas 10 personas que fueron quienes, en sus comienzos, impulsaron la misión mexicana desde Estados Unidos a suelo mexicano, se destaca una mujer considerada un ícono especial: Romana Carbajal de Valenzuela, quien contribuyó fuertemente a la dinámica y orientación religiosa del movimiento. El trabajo de los misioneros pentecostales en "El Norte" – la frontera norte de México – se vio favorecido por la Revolución mexicana. Los misioneros metodistas estadounidenses, por ejemplo, abandonaron el país, mientras que los evangelistas mexicanos, como Antonio Nava, se orientaron en la autoridad y autenticidad de los líderes revolucionarios, como Pancho Villa, y ofrecieron, en los tiempos de la revolución, una alternativa pentecostal a las comunidades metodistas. Las primeras actividades fuera de los EE.UU. se desarrollaron en Villa Aldama (Chihuahua), Torreón (Coahuila) y Gómez Palacio (Durango); las primeras congregaciones permanentes se establecieron en Mexicali / Calexico (Baja California Norte) y Santa Rosalía (Baja California Sur) (con unas 30 congregaciones en los EE.UU.). La construcción de diferencias que marquen la identidad específica es inevitable para la movilización y organización de un movimiento religioso. . La glosolalia era suficiente para distinguirse de las iglesias protestantes históricas, pero no para su diferenciación específica de los grandes competidores (blancos), como las Asambleas de Dios. Por lo tanto, en las reuniones de los jefes dirigentes, y especialmente por la insistencia de Romana Carbajal, surgió la idea de adoptar la teoría teológica de la unicidad de Dios (*Oneness*) en lugar de su trinidad (como se enseña normalmente). Básicamente es la estricta incorporación del monoteísmo judío en el cristianismo con la sutil diferencia de que Jesús es la única persona divina. Como esto se expresa en la fórmula bautismal no trinitaria, es un detalle religioso práctico que hasta el día de hoy fortalece la estabilidad de la pertenencia al grupo de los miembros bautizados. En la década de 1920, tuvieron lugar las primeras reuniones internacionales de los activistas de la iglesia; las cuales no deberían imaginarse como reuniones de negocios, sino mucho más como actos de culto religioso que hacían hincapié en la unidad espiritual y la identidad pentecostal. Además, los misioneros mexicanos estaban estrechamente vinculados a las Asambleas Pentecostales Afroamericanas del Mundo, una iglesia del tipo *Oneness*, y asumieron material religioso de esta, sin unirse formalmente a ella.

Este punto es interesante para el modo de entrelazamiento en la medida en que las iglesias afroamericanas en los EE.UU., por lo general, no emprendieron ningún trabajo misional y este contacto se realizó en el marco de la solidaridad entre dos grupos de actores que tenían una situación de marginalización en los EE.UU. Sin embargo, a largo plazo, los mexicanos prefirieron establecer su propia organización en ese país, la *Apostolic Assembly of the Faith in Christ Jesus* (AAFCJ, 1930).

Empero, como migrantes, compartían en gran medida la desprotección y la dinámica social del país de destino. A raíz de la crisis económica de los años 20 y 30 del siglo XX, aumentó – como ocurre frecuentemente – el odio hacia los inmigrantes latinos en los Estados Unidos, lo cual desembocó en un programa de repatriación. Según la fuente, el número de los deportados, más o menos, "voluntarios" varía, entre medio millón y dos millones de personas. Para la Iglesia Apostólica en México, los pentecostales deportados fueron una bendición. Aumentaron el potencial de activistas y mejoraron su distribución geográfica en México. No obstante, los pentecostales latinos que venían de EE.UU. habían salido de la sartén para caer en el fuego ya que en México el llamado conflicto Cristero (1926-1929) entre el Gobierno y los extremistas católicos había desencadenado una ola de violencia contra los protestantes. El resultado final fue que el desarrollo alcanzado a través de la deportación fortaleció el lado mexicano de la Iglesia Apostólica y – con la creciente institucionalización de las iglesias en ambos lados de la frontera – se abrió el camino para el hermanamiento de las iglesias.

Si la dinámica social del país de destino así lo requiere, el flujo de migrantes va en la dirección opuesta. Así fue con la entrada de EE.UU. en la Segunda Guerra Mundial. La demanda de mano de obra que determinó esta decisión llevó a EE.UU. y a México, en 1942, a establecer un tratado binacional, el programa *Bracero*, que permitía la entrada de trabajadores contratados a los EE.UU. Pero ya después de la finalización de la guerra (desde 1947), la policía fronteriza volvió a tomar medidas severas y cualquier ayuda a los inmigrantes ilegales (*wetbacks*) fue penalizada. Posteriormente, se intentó hacer una distinción más clara entre los inmigrantes legales y los ilegales a través de un sistema de cuotas (Ley Hart-Celler, 1965) y de la Ley de Reforma y Control de la Inmigración (*Immigration Reform and Control Act*, 1986). En este contexto, las congregaciones apostólicas de ambos lados de la frontera resultaron ser estratégicas para acompañar la migración tanto como la evangelización entre los migrantes. Debido al alto número de migrantes, en 1946, se iba a construir un segundo piso para el alojamiento de los migrantes en el edificio de la iglesia en Tijuana, pero esto no fue permitido por razones técnicas de construcción. Una gran cocina – como es costumbre en todas las iglesias apostólicas (cf. Chiquete Beltrán 2014, 367) – y el uso de varias habitaciones como lugares para dormir, permitió sin embargo atender a los migrantes. Al mismo tiempo, las iglesias en los Estados Unidos invitaban a los braceros de sus campamentos a comer y a ser evangelizados. Con la presión renovada después de la guerra, aumentó el número de ilegales en las congregaciones apostólicas, a quienes sus miembros, normalmente, trataban de proteger lo mejor posible. Para la comunicación y el reconocimiento mutuo de los miembros de la iglesia servían – tal como Weber lo describe para los Estados Unidos – cartas de recomendación con notas adicionales de las congregaciones anfitrionas. Con la perspectiva de apoyar a todos los migrantes, también se utilizaban símbolos identitarios como el cántico sagrado "La Biblia es la bandera". En analogía poética con la bandera de los EE.UU., el himno se refiere a los pentecostales como ciudadanos de la "ciudad eterna" universal. Siguiendo la interpretación de Ramírez, así se socava la política de inmigración de los EE.UU. de manera simbólica (131 s.). Ramírez enfatiza que los pentecostales apostólicos nunca entendieron su comportamiento como una desobediencia civil, sino como la expresión de una hospitalidad superior, legitimada por la fe religiosa. Esta observación también es válida a nuestros estudios (de Clara Buitrago y el autor) en los actuales territorios fronterizos.

Las disposiciones religiosas son las que guían significativamente la percepción, el juicio y las acciones de estos creyentes.

Las relaciones transfronterizas entre los apostólicos de México y los de EE.UU. se cultivan hasta el día de hoy a través de "cultos religiosos internacionales", conferencias y visitas mutuas. La proximidad geográfica y las relaciones de parentesco llevan a frecuentes contactos cotidianos, como la visita de un pastor apostólico de Los Ángeles a Tijuana, quien, como saludo a la congregación, en un servicio de culto dominical normal, presentó un pequeño espectáculo de nuevos cantos espirituales, bien hecho al estilo de Frank Sinatra. Sin embargo, la proximidad entre los apostólicos de aquí y los apostólicos de allá no debe llevarnos a postular de manera general de que existe una proximidad entre los mexicanos y los estadounidenses. Una conversación con líder mexicano, que tiene la ciudadanía estadounidense, revela muchas experiencias denigrantes en los EE.UU., que han contribuido a que esa persona sienta un claro rechazo por el *American way of life*, la desigualdad social existente en aquel país y la creciente influencia de los medios de comunicación estadounidenses en México.

Entre las influencias negativas desde los EE.UU., los representantes de la IAFCJ cuentan especialmente la incidencia del neopentecostalismo en la clase media alta desde la década de 1980. Castillo Hernández (2014, 76ss.) critica la "teología" de la prosperidad y la del dominionismo o "el Reino ahora" (*Kingdom now*), así como la ideología del "gerencialismo". Además, establece un paralelismo entre los neopentecostales y la proyección de los EE.UU. como potencia mundial. Ahora bien, podría pensarse que la propia IAFCJ representa una pretensión fundamentalista de la verdad, ya que se describe a sí misma como apostólica. Sin embargo, esto no es así, ya que, en primer lugar, existe la tendencia a entender el desarrollo de la iglesia y su doctrina como un proceso de cambio continuo (Luque 2014, 168 ss.). En segundo lugar, no hay ningún apóstol. El atributo "apostólico" se refiere aquí más bien a la afirmación de que la doctrina y las prácticas de la Iglesia Apostólica corresponden a *cómo* los apóstoles lo definieron en su momento. Por el contrario, los "apóstoles" del neopentecostalismo, se toman el derecho de autoproclamarse como apóstoles; es decir, ellos mismos *son* apóstoles.

Esto no quiere decir que la IAFCJ sustente un perfil teológico liberal. Más bien, la doctrina y las prácticas son conservadoras, hasta el punto de que las mujeres llevan velos (o mantillas) en la cabeza durante el culto. No obstante, la doctrina conservadora, típicamente pentecostal, está contextualizada. Castillo sitúa la práctica de su iglesia desde los años 90 del siglo XX en la tensión con el contexto de la postmodernidad, que entre otras cosas propaga el relativismo, el nihilismo y el consumismo. Echando mano al teólogo alemán liberal de izquierda Jürgen Moltmann, Castillo exige que las iglesias se opongan al posmodernismo. Para conseguir este propósito, la cultura latinoamericana tendría que servir de modelo para la praxis religiosa. Así, según Castillo, la Teología de la Liberación se transformaría en una temática, que aunque debería ser examinada de manera crítica, estaría en condiciones de dar impulsos. Y estos impulsos tendrían que ver sobre todo con la identificación de la Iglesia con los marginados. Dentro de esta perspectiva, la Iglesia Apostólica tendría que seguir siendo apolítica, pero sí podría dar al gobierno indicaciones para actuar sensatamente. Finalmente, y a pesar de ciertas críticas, uno tenía que identificarse hasta cierto punto con la cultura popular latinoamericana.

Cultos

En la línea de una identificación selectiva con la cultura popular, la Iglesia Apostólica de Tijuana también distingue claramente entre dos cultos populares. El culto de San Juan Soldado es considerado con cierta simpatía y el de la Santa Muerte, con rechazo.

El culto de San Juan Soldado está inspirado en la historia de un recluta de los años 40 del siglo XX, que siendo inocente fue condenado a muerte. Actualmente es venerado por mucha gente como un ayudante milagroso en asuntos de la migración. En el "Panteón Numero Uno", el Cementerio principal, de Tijuana está la tumba y el lugar donde lo ejecutaron. El recluta había sido condenado por asesinato con violación, delito cometido en verdad por uno de sus superiores. En el Día de los Muertos, el cementerio está lleno de gente visitando las tumbas familiares, que también hacen una visita con súplicas a San Juan Soldado. Las tabletas votivas hablan de milagros, pero los grafitis poco artísticos también hablan de enemigos piadosos sin piedad. Por el contrario, un hombre bastante robusto y muy tatuado me cuenta que trae flores cada semana, porque el santo siempre ayuda a su familia. Dos damas, aparentemente acomodadas, dejan un ramo de flores y se persignan. Un taxista me revela lo que ya había quedado claro en las conversaciones con los apostólicos: un católico puede visitar a San Juan Soldado sin problemas, pues este hombre, como Jesús, había sido asesinado siendo inocente.

Muy diferente es "La Flaca" o "La Santa Muerte", la destinataria del culto del mismo nombre, que se originó en la década de 1960 en Catemaco, Veracruz. Este culto es rigurosamente condenado y rechazado como satánico por los pentecostales y los católicos (oficiales). Su enfoque está en la veneración de la muerte como un arcángel, representada por esqueleto femeninos vestidos con trajes elaborados artísticamente. . Los lugares de veneración irritan a muchos observadores debido a la acumulación de esqueletos y a una atmósfera algo tenebrosa. El representante de la secta en Tijuana no se mostró dispuesto a hablar; en cambio, en Los Ángeles, el arzobispo del culto, de la así llamada Iglesia de los Ángeles México/EE.UU., fue mucho más amable. En una pequeña casa de la avenida Melrose hay una tienda con mercancía religiosa y una pequeña capilla. El arzobispo es un hombre relajado que en la entrevista (10.11.2016) subrayó que la Santa Muerte guía a la gente hacia la luz al final de sus días y los ayuda durante su vida con todo tipo de milagros. Pero, no trae gran prosperidad, sino que ayuda a la gente relativamente pobre en su vida diaria. La gente busca milagros económicos y protección en las peligrosas calles de los barrios de clase baja. No obstante, además de la benevolencia normal de los santos, una característica especial de la Santa Muerte es que también ayuda a los criminales. A diferencia de otros santos, no hace distinción entre el submundo de los delincuentes ("bajo mundo") y el mundo de la sociedad normal ("alto mundo").

Ella protege a los ladrones de la policía y también puede ayudar a asesinar a alguien que se lo merece: al igual que Dios en el Antiguo Testamento que también apoya a los israelitas contra sus enemigos. La Flaca también ayuda a perder el miedo a la muerte. Sin poder profundizar el análisis, parece ser que el culto refleja las condiciones de vida de muchas personas frente a la delincuencia cotidiana y las enfermedades – por así decirlo – , reflejándolas como en un espejo y buscando transformarlas en lo contrario. En ciertas condiciones de existencia, la muerte siempre está cerca; uno ya está con un pie en la tumba. Y en el mundo de la experiencia la muerte es la que siempre triunfa. Si uno experimenta el drama de la vida de esta manera, puede ser más plausible declarar la muerte misma como la portadora de la salvación en lugar de, como en el cristianismo, combatirla religiosamente a través de una proyección de la vida eterna. En cualquier caso, es obvio que el culto a la Santa Muerte – aunque no haya sido la intención de sus inventores – se ha convertido en el culto preferido de los delincuentes del negocio de la droga, los narcotraficantes.

Otro culto popular entre los narcos de los territorios fronterizos es el de Jesús Malverde, que tiene su santuario central en Culiacán, la capital del cártel de Sinaloa. Jesús Malverde es una figura parecida a Robin Hood que surgió del culto a un bandido y cumple con tareas similares a las asignadas a La Flaca. En todo caso, las capillas dedicadas a Malverde y a la Santa Muerte se encuentran a lo largo de las carreteras cercanas a la frontera, siguiendo probablemente las rutas del narcotráfico y de la migración.[79]

De hecho, los actores políticos asocian estos cultos mágico-religiosos con el tráfico de drogas. Una de las medidas propagandísticas adoptadas por el presidente Felipe Calderón (2006-2012) en su "Guerra contra el Narcotráfico" fue hacer que los militares destruyeran dichos lugares de culto. Es bastante probable que la idea de esta medida haya nacido de sus asesores políticos del entorno neopentecostal: el

---

[79] Entrevista con Liliana Rivera, Colegio de México (COLMEX, Ciudad de México), 26.10.2016; Manuel Valenzuela, Colegio de la Frontera Norte (COLEF. Tijuana), 3.11.2016.

matrimonio de Alejandro y Rosi Orozco de la organización Casa sobre la Roca.[80] En Tijuana, la acción fue apoyada por los actores religiosos en la línea de la guerra espiritual como la conquista de la ciudad de las garras del mal. En todo caso, esta acción violenta fue poco comprendida por mis interlocutores cristianos de los círculos apostólicos. Para ellos, esta no era una forma de tratar a los actores religiosos, aun cuando se considerara la religión de ellos como ilegítima.

Drogas

La frontera norte de México no puede imaginarse sin la presencia modeladora del tráfico de drogas. Los cárteles infiltran la economía, la política y la administración. Luchan entre sí por las "plazas", los lugares fronterizos para sus conexiones comerciales con los EE.UU., y, a menudo, sofocan la vida civil en regiones enteras, durante muchos meses, bajo el imperio de la pólvora, el plomo y la sangre. No es infrecuente que utilicen a los migrantes para transportar drogas en mochilas, o que recluten por la fuerza a hombres jóvenes y los condicionen para convertirse en asesinos, así como que obliguen a las mujeres a prostituirse. Y luego hacen uso de las iglesias, por lo que estas tienen que tratar con los narcos en diferentes niveles. Las iglesias pentecostales, por supuesto, actúan a un nivel institucional más bajo que, por ejemplo, la Iglesia Católica. Mucho se deja a la capacidad del pastor individual.

En un seminario sobre ética que dicté a finales de la década de 1990 en el Centro Cultural Mexicano, el centro de entrenamiento de la Iglesia Apostólica en Tepito, un distrito de clase baja de la Ciudad de México, los pastores participantes me presentaron el siguiente problema ético como relevante para su vida diaria. Bastantes pastores de las congregaciones cercanas a la frontera solían recibir visitas de representantes de algún cártel, quienes les hacían una oferta del tipo "plata o plomo". Según los pastores, por lo general, en ese tiempo, les ofrecían unos US$ 1,000.- al mes, si permitían que se estableciera

---

[80] Más información en Schäfer 2019.

un depósito de drogas debajo del edificio de su iglesia. El dinero podría ser usado para la iglesia, la familia, o cualquier otra cosa que quisieran. Pero si el pastor no estaba de acuerdo, había plomo. Por supuesto que pudimos discutir el problema desde la perspectiva de una ética de responsabilidad, pero con esto no iba a mejorar la precaria situación práctica de los pastores.

Los cárteles de la droga descubrieron, ya hace mucho tiempo, la utilidad de las iglesias pentecostales para camuflar las actividades delictivas y la implementaron en sus propias estrategias. Actualmente hay denominaciones enteras, redes de congregaciones, que funcionan como infraestructura para el tráfico de drogas, las llamadas "narco-iglesias". En un pueblo del altiplano occidental de Guatemala, por ejemplo, existe un grupo de este tipo. Es la única iglesia en el pueblo en la que el pastor percibe un salario de la oficina central y los miembros del coro de la iglesia reciben honorarios. Hace unos años, el pastor que ya estaba harto de esta actividad, quería renunciar, pero sabía demasiado. Su hija estudiaba en una ciudad de provincia. Cuando entregó su carta renuncia, por decirlo así, fue rechazada y para confirmarlo, la chica fue asesinada.

Hasta cierto punto, las megaiglesias neopentecostales están predestinadas a otra forma de participación en la delincuencia relacionada con las drogas. Con la inmensa cantidad de donaciones, que – en la mayoría de los casos, con excepción de México – pueden administrarse sin ningún control, estas organizaciones son perfectamente aptas para el lavado de dinero.[81] Las agencias gubernamentales, repetidamente, llevan a cabo las investigaciones correspondientes, como por ejemplo recientemente (2018) en la Casa de Dios, en Guatemala.

La presencia de la mafia de la droga es para algunas iglesias pentecostales también muy ambivalente en otro aspecto. En las ciudades donde viven las familias de los altos funcionarios de los cárteles, no es raro que sus esposas e hijos frecuenten las iglesias pente-

---

[81] Una excelente investigación en De Sanctis 2015.

costales y, además, entreguen un fuerte apoyo financiero para el trabajo de las congregaciones. ¿Qué debería hacer – me preguntó un
pastor de una iglesia de este tipo – , expulsarlos de la iglesia u ofen-
derlos rechazando las contribuciones financieras a la iglesia?

Y, finalmente, hay iniciativas protestantes a nivel congregacional para facilitar una salida sin *exitus* a los miembros de las bandas
criminales que quieren abandonarlas: una praxis muy extendida en
toda América Latina. Las congregaciones bien ancladas en su entorno
social de barrio o bien, activistas individuales acogen a quienes
desean darle la espalda a la mara, los convierten a la fe y los hacen
miembros de su congregación. Luego garantizan a las pandillas que
los convertidos no desertarán a otras maras, sino que continuarán
siendo activos en la iglesia. Estas actividades tienen lugar en los diferentes niveles hasta llegar a los estratos más altos de los cárteles.

El pastor Rivera de la Iglesia Apostólica de Tijuana vivió un caso
bastante especial.[82] Unos años antes de nuestra entrevista había recibido una llamada telefónica para solicitarle una asistencia espiritual.
El día de la cita apareció puntualmente un hombre elegantemente ves-
tido en su sencillo despacho en el edificio algo destartalado de la iglesia. El hombre le explicó que la asesoría psicológica no lo había ayudado. No podía dormir, estaba extremadamente nervioso y con su familia solo tenía discusiones. Finalmente, lo único que quería era la
paz. Ofreció al pastor una gran suma de dinero por un tratamiento
exitoso. Por todas las circunstancias, el pastor presintió que el hombre
estaba involucrado en el tráfico de drogas. Se lo dijo sin titubeos y le
ofreció un proceso de atención pastoral bajo determinadas condiciones. Una de ellas fue que no aceptaría dinero, ni para sí mismo ni
como donación a la iglesia. El hombre tampoco debía asistir a los
servicios de la iglesia. (Presumiblemente, dada la posición social de
sus miembros, de por sí esto habría provocado irritación.) El pastor
quería trabajar con él mejor en la casa de la familia. Así comenzó un
proceso de cuatro años, en el que el pastor también llegó a conocer a

---

[82] Entrevista con Pastor Rivera, IAFCJ, 4.11.2016, Tijuana.

la esposa y a la hija. Primero introdujo al hombre en la reflexión religiosa y en algunas prácticas religiosas rudimentarias: la oración y la imposición de manos. Luego involucró a la esposa y a la hija en las conversaciones. Un primer obstáculo fue un altar de la Santa Muerte en la habitación de la hija. ("¡Deje fuera el 'santa' cuando hable de ella! ¡Es simplemente la muerte!") Con el tiempo, el altar fue sacado de la casa. (No cuenta nada sobre resistencia a esta medida.) En el transcurso del tiempo resultó claro que el hombre ocupaba un alto rango como funcionario en el cártel regional de drogas y, como producto de sus negocios mafiosos, entre otras cosas, era dueño de una cadena de empresas. El pastor lo llevó a comprender que solo podría encontrar la paz si se arrepentía, si se liberaba de todas las posesiones ilegítimas y renunciaba a su actividad en el cártel. Ese fue el mayor obstáculo, me contó, porque al hacerlo tenía que enfrentarse con el cártel. Después de conversaciones iniciales con el jefe del cártel, la mafia había llevado a cabo intensas investigaciones sobre la vida del hombre y la del pastor durante más de dos años. Y luego continuaron otras conversaciones con el jefe. Finalmente, el hombre entregó todas sus posesiones al cártel y documentó meticulosamente la transferencia. Solo se quedó con un pequeño departamento que ya pertenecía hacía mucho tiempo a su familia. Hoy en día trabaja en una profesión civil, no va a la congregación apostólica del pastor y puede dormir nuevamente tranquilo. Conclusión del pastor: Encontrar un miembro para la iglesia no es el punto crucial. El punto es con la ayuda de Dios encontrar un cambio de vida.

Desde una perspectiva sociológica, con esto queda claro que la conversión tiene otros aspectos además del proselitismo. Para aquellos que se han convertido en creyentes, se abre una nueva perspectiva para sí mismos y sus propias posibilidades. En otras palabras, genera valor. "Todo es posible para el que cree" (Marcos 9:23) – también saltar la valla fronteriza que atraviesa los *Borderlands*. Si con este salto, se alcanza realmente la tierra prometida, por el momento, sigue pendiente.

6.3 ¿Tierra Prometida?

Mientras que los Estados Unidos fueron la tierra prometida para los puritanos y todavía lo son para algunos protestantes anglosajones blancos, se pueden presumir apreciaciones más profanas de parte de los inmigrantes y trabajadores temporales de América Latina. Los EE.UU. son para los trabajadores migrantes un lugar donde pueden encontrar trabajo y luego, si logran la permanencia legal, construir una vida en una comunidad latina en *Spanglish*. Para los refugiados de la década de 1980, los miembros del movimiento Santuario en los EE.UU. fueron quienes ofrecieron protección contra las guerras en América Central, las que, en gran medida, fueron impulsadas por el gobierno de EE.UU. Desde entonces, el Movimiento Santuario ha estado estrechamente relacionado con las iglesias de orientación ecuménica del Consejo Nacional de Iglesias (NCC-USA). La Iglesia Riverside de Nueva York con su pastor Coffin fue una importante congregación de Santuario; está situada a la vuelta de la esquina del Centro Intereclesiástico – la llamada Caja de Dios (*God Box*) – donde tienen su sede el NCC y algunas de sus iglesias miembros. Aún hoy en día, estos actores y ahora, incluso, ciudades enteras siguen trabajando para ofrecer refugio y protección a las personas que huyen de América Latina a causa de las consecuencias del neoliberalismo autoritario que reina allí. Y todavía hoy en día son objeto de los ataques de la derecha religiosa. La lucha religioso-política en los EE.UU. en torno a la concepción inclusiva o exclusiva de la salvación, de ninguna manera ha sido resuelta. Mientras más los evangelicales blancos vean disminuir su proporción en la población, más consideran un peligro a los extranjeros. Y cuanto más fuerte se vuelven los entrelazamientos objetivos, más agudo se vuelve el miedo al entrelazamiento. Para Franklin Graham, los lugares de Santuario son "sólo una pequeña imagen del infierno" (cf. Smith 2018). Para personas como el Sr. Graham que, a nivel nacional e internacional, sólo viajan en avión y cuya imaginación apenas basta para su propio simbolismo religioso, probablemente siempre será inconcebible que los migrantes ilegales experimenten como un infierno muy concreto la valla fronteriza, los desiertos a uno y al otro lado del alambrado, y los campos de retención de la policía fronteriza.

A través del desierto a la tierra prometida

Para Francisco Quiacaín – un viejo conocido – esto es así.[83] Nació en la década de 1950, vivía como maya en un pueblo del altiplano de Guatemala y sobrevivió a la guerra como diácono en una congregación de las Asambleas de Dios. En un principio, se abrió paso en la capital del país con varios trabajos ocasionales. De vuelta a su pueblo, trabajó como peón agrícola y desarrolló una idea de negocio poco convencional. Con una pequeña carretilla para la venta ambulante de helados se las arreglaba más mal que bien. Ni tan mal, logró casarse y tener 5 hijos con Magdalena, a la que sigue siendo fiel todavía hoy en día. Después de la guerra se comprometió en su pueblo (prohibición del plástico) con la causa de la protección del medioambiente y era comentarista en una emisora de radio pirata sobre temas de deportes y medioambiente. También dejó las Asambleas de Dios e ingresó en una iglesia pentecostal indígena. Su trabajo entusiasta como cantante, acordeonista y organizador le dio prestigio y profundizó su *habitus* ascético y la creencia de que cada paso que uno da depende de alguna manera misteriosa de Dios. En un pequeño terreno familiar, construyó una casa. No obstante, la situación económica de la familia se iba deteriorando y los amenazaba un endeudamiento sin esperanzas. Por lo tanto surgió la idea de irse a los Estados Unidos. Habló con su familia y todos decidieron de manera unánime esperar una señal de la voluntad de Dios. El viaje ilegal a los EE.UU. debería costar unos US $2,500.-. Si consiguieran un préstamo por esta suma, sería la voluntad de Dios. Si no, entonces no. El dinero llegó y el 10 de agosto de 2004, Francisco se puso en camino siguiendo la voluntad de Dios. El viaje era menos peligroso en ese entonces que el mismo

---

[83] El nombre fue cambiado por razones de anonimato. Él fue uno de nuestros informantes en las investigaciones de campo en la década de 1980, en el proyecto de Clara Buitrago (2014) así como en mis estudios en Los Ángeles (2016). Las páginas presentes se basan en una entrevista de Clara Buitrago, del 02.06.2014, y en una entrevista, el 10.11.2016, Los Ángeles.

viaje hoy en día, porque los cárteles de la droga – especialmente los Zetas – todavía no habían descubierto a los refugiados como presa fácil de robos, chantajes y secuestros. La mayor parte del viaje la organizaron "coyotes" mexicanos. En vagones de mercancías del infame tren de refugiados La Bestia, en carros, en autobuses y a pie, el viaje llegó hasta el desierto de Sonora, cerca de la frontera. Desde allí comenzó una dura marcha hacia la valla fronteriza y, luego, hacia el desierto de Arizona. El agua se acabó. La situación se puso difícil. En el lado estadounidense, otros "coyotes" los recogieron a cierta distancia de la frontera y los transportaron más lejos en un camión de carga cerrado. Ya casi no podían respirar y luchaban dificultosamente por un poco de oxígeno. En el último momento – "faltaban quizás veinte minutos hasta ya no poder" – el camión llegó a su destino.

Para Francisco, todo esto era posible, porque Dios iba con él. En su descripción del camino, la oración común en el grupo de migrantes juega el papel decisivo. Un análisis detallado de la praxis de los migrantes pentecostales en Los Ángeles demuestra la importancia de las convicciones religiosas para el entrelazamiento de migrantes pentecostales con la sociedad estadounidense. Sin embargo, los EE.UU. en sí mismos no son asociados con una connotación religiosa. Este país simplemente ofrece una buena oportunidad de ganar dinero para educar a los hijos en Guatemala y construir una casa en las afueras del pueblo natal. Con excepción de esto, los EE.UU. son un país con muchos vicios y libertinaje, en el que uno tiene que atenerse muy bien a los mandamientos de Dios para no perderse. En verdad, uno solo puede confiar en gente creyente, más aún, solo en latinos creyentes. En fin, uno está en los EE.UU. para poder regresar a Guatemala un día.

Hay que reconocer que personas como Francisco Quiacaín no son típicas de todos los migrantes religiosos y ni tampoco de los actores religiosos transnacionales. Es necesario diferenciar.

Tipos de actores transnacionales

La forma más elegante de abordar la praxis transnacional de los actores religiosos sería ciertamente utilizar los métodos de análisis del *habitus*.[84] Empero, para una cartografía general de los actores relevantes, faltan los datos necesarios. Por lo tanto, solo presentaremos aquí tres tipos. No obstante, en algún punto, quizás sería posible echar un vistazo de profundidad microsociológico. Clara Buitrago investiga con el análisis de *habitus* para investigar dos de estas formaciones típicas, lo cual permite una mirada más precisa de las identidades y estrategias religiosas de estos actores (Buitrago 2020).

En sus propias investigaciones el autor de estas líneas, primero, distingue entre los tipos *gerentes*, los *fundadores de iglesias* y los *migrantes*.[85] Cada uno de estos tipos de actores religiosos transnacionales tiene su propia posición de clase social y su propia forma de entrelazamiento transnacional. Aunque, desde hace algún tiempo, las ciencias sociales amenazan con asfixiarse bajo el dominio de los enfoques culturalistas, no puede evitarse la consideración del capital económico como factor decisivo para distinguir las formas de práctica transnacional, como lo realiza también Anja Weiß (Weiß y Berger 2008). Además está claro que, en segundo lugar, otras formas de capital, como el social y el cultural, también son de importancia. Los *gerentes*, en cualquier caso, disponen considerablemente de más capital que los fundadores de iglesias, y estos últimos a su vez, más que los migrantes.

---

[84] Trabajar según el "HabitusAnalysis" significaría proceder en tres pasos. Habría que establecer un campo religioso transnacional, en el que se pudiera mostrarse la competencia entre los proveedores religiosos. Además, habría que determinar las formaciones de *habitūs* religiosos que son relevantes a nivel transnacional para obtener una visión diferenciada de la demanda de los bienes de salvación. Finalmente, habría que construir un espacio de asignación transnacional de las formas de capital más relevantes, que relacione la praxis religiosa con otras formas de praxis social. Cf. Schäfer 2013, 2016 y 2020.

[85] Cf. Schäfer 2016. Originalmente, el proyecto de investigación de Clara Buitrago fue diseñado para comparar a los gerentes con los migrantes. Sin embargo no era factible porque las organizaciones de los gerentes – es decir, las megaiglesias y similares – no querían dar entrevistas a la Sra. Buitrago ni acceso para la observación.

La categoría de *gerentes* se refiere a los funcionarios, propietarios o gurús de las agencias de eventos religiosos que trabajan a nivel transnacional o, en el vocabulario eclesial, los "ministerios". El modelo de agencia misionera libre de vínculos con una denominación se remonta a las llamadas Misiones de Fe, que se desarrollaron en el siglo XIX en los EE.UU. y que determinaron una gran parte de la misión estadounidense en América Latina, especialmente en la fase neopentecostal. Empresas como las de Billy Graham, Donald McGavran, Jimmy Swaggart o Luis Palau determinaron durante mucho tiempo la dirección del entrelazamiento de norte a sur. Hasta el día de hoy, esto no ha terminado del todo, pero se ha debilitado (en beneficio de la presencia en los medios de comunicación) y está siendo contrarrestado especialmente por empresas religiosas latinoamericanas con un considerable impacto comunicativo. Probablemente la más exitosa sea la *Igreja Universal do Reino de Deus* (IURD) brasileña, que opera en más de 100 países, incluyendo, por supuesto, a los EE.UU. No sólo consigue llenar los estadios deportivos de gente interesada, sino que también funda congregaciones. En Brasil, se añade toda una serie de megaiglesias que se lanzan al plano transnacional. En Colombia, la Misión Carismática Internacional, por ejemplo, se centra fuertemente en la difusión transnacional. E, incluso, desde países pequeños como Guatemala, megaiglesias, como la Casa de Dios, operan en toda América y propagan a Guatemala – más exactamente, a su propio edificio – como la nueva Jerusalén, lugar de devoción al que ahora los pueblos (deberían) ir en peregrinación. Una autodramatización que compite con la de la IURD, que en São Paulo construyó el Templo de Salomón, supuestamente según planos antiguos y, por lo tanto, hace valer la misma pretensión. Por cierto y sin comentario explícito, estas autoescenificaciones también cuestionan la reivindicación de la derecha religiosa estadounidense de que los EE.UU. son la Nueva Jerusalén. Por supuesto, estos actores latinos también operan en los EE.UU., principalmente con eventos masivos, a los que acude en especial la clientela latina, pero que entran en competencia con eventos similares, por ejemplo, de Benny Hinn. Desde la perspectiva de la historia del entrelazamiento, con esto ha cambiado formalmente la dirección geográfica de la iniciativa; o al menos ha surgido un espacio de operaciones transnacionales en el que actúan no sólo los actores del norte, sino también los del sur. Hay mucho que habla a favor de que la descripción de un espacio transnacional o de una clase transnacional similar al modelo que describió Sklair (2001) para la clase financiera podría ser útil. Aparte del *modus operandi*, en verdad, ni siquiera los contenidos que comunican difieren mucho. En general, el enfoque central está en la gestión exitosa de la propia vida, el pensamiento positivo y la prosperidad. Sin un análisis detallado, se impone la impresión de que los latinoamericanos hablan un poco más de milagros, y los estadounidenses un poco más del dominionismo. Parece ser entonces que se está desarrollando un vocabulario relativamente homogéneo en la clase de la gestión religiosa transnacional, al menos en las Américas. El entrelazamiento se convierte en fusión debido a la creciente igualdad en el posicionamiento global.

El tipo de *fundadores de iglesias* dispone de menos capital económico, pero de una mayor integración cultural en la praxis religiosa local. Dentro de esta categoría consideramos (además de las iniciativas locales más pequeñas de pastores proactivos) sobre todo las iglesias relativamente grandes que operan en la clase baja, como la brasileña Deus é Amor, Ebenezer de Guatemala o Restauración Elim de El Salvador.[86] Además de estas empresas relativamente grandes, los pastores de las iglesias pequeñas también viajan a los EE.UU. para fundar congregaciones de inmigrantes latinoamericanos y las visitan con mayor o menor regularidad, como por ejemplo, el pastor Eladio Velázquez de la Iglesia Samaria de Guatemala. Estas organizaciones de fundadores actúan según el modelo tradicional de la Iglesia misionera, que funda congregaciones en el extranjero y sigue cumpliendo el papel de "iglesia madre". Las organizaciones de fundadores representan una praxis religiosa caracterizada por su identidad nacional

---

[86] En la medida en que la IURD también funda congregaciones, puede ser incluida también en a este tipo.

originaria incluso en el extranjero (por ejemplo, a través de una bandera nacional en la sala de congregación). En las "iglesias hijas", hay a menudo un número desproporcionado de compatriotas del fundador y de pastores locales. Pero también hay una internacionalización, no tanto de acuerdo a la identidad nacional, sino más bien, según la posición de clase social. Así, por ejemplo, en Argentina, los migrantes bolivianos, en su mayoría pobres, se reúnen en las congregaciones locales de la iglesia de clase baja brasileña Deus é Amor. El entrelazamiento se produce de forma culturalmente profunda pero unilateralmente dominante. Esto se debe al modo de la formación de las congregaciones, a la posición social de los actores, al anclaje de los miembros en las diferentes culturas y a la relación asimétrica de poder entre los fundadores y su clientela. En el "borde inferior" económico de esta formación, generalmente, trabajan pastores muy proactivos, quienes se encuentran muy cercanos a los migrantes religiosos en muchos aspectos. No obstante, la diferencia de mayor importancia se centra primariamente en la cuestión de la disponibilidad de recursos materiales para las incursiones religiosas transnacionales.

Nuestra categoría *migrante* se refiere a personas, como Francisco Quiacaín, que llegaron a los Estados Unidos a trabajar, soportando condiciones muy difíciles, no para misionar. A diferencia de los gerentes, tanto los pequeños fundadores de iglesias como los fieles migrantes están enraizados en un pentecostalismo *latinoamericano* que ha sufrido importantes cambios de *habitus* religioso como ya hemos examinado anteriormente. En la perspectiva del entrelazamiento, también en este caso puede esperarse una dinámica relativamente fuerte que, en cierto modo, se desarrolla de forma dialéctica. Una doctrina protestante fue trasplantada a América Latina, donde sufrió procesos de transformación y, como tal, retornó a los EE.UU. donde opera, sin duda, principalmente entre los creyentes latinos, aunque en un contexto cultural y social estadounidense.

Otra diferencia entre los *fundadores* de iglesias para marginalizados y los migrantes ordinarios es la posición religiosa. Es decir, los fundadores representan a una institución latinoamericana, que puede tener ya sucursales en los EE.UU.; tienen un visado como profesionales religiosos; y cuentan con el respaldo de su institución, por pequeña que esta sea. El análisis de *habitus*, de Clara Buitrago, muestra una identidad religiosa que gira en torno a la creación de congregaciones. Como problema central, los entrevistados mencionan la falta de ambición y el miedo a los puestos de liderazgo. Empero – según el discurso de ellos – Dios como restaurador (*God as restorer*) hará surgir un líder del predicador temeroso quien asumirá el compromiso de lograr la prosperidad de los miembros de la iglesia. Este líder luchará por medio de varias formas de proclamación (incluyendo el *coaching*) contra la falta de fe que conduce al desaliento. Los *fundadores* buscan fortalecer el compromiso en las iglesias que han plantado, y eso siempre significa: la propagación de su propia fe en los barrios estadounidenses. Con respecto al entrelazamiento, vemos claramente que la dirección de la acción se ha invertida en la praxis de estos predicadores y sus congregaciones.

Los *migrantes* no suelen tener ninguna de las garantías que los fundadores traen consigo. Muchos de ellos, incluso, están de manera ilegal en los EE.UU., sin el más mínimo apoyo institucional. En el mejor de los casos, colaboran de forma confiable en las iglesias – como Francisco Quiacaín – y así adquieren un capital simbólico y social. Empero un análisis detallado muestra que la religiosidad puede permitirles importantes transformaciones. Muchos migrantes pentecostales, según Buitrago, afrontan la dureza de su situación con una lógica de la guerra espiritual. Se enfrentan a los problemas más comunes – como la soledad, la tristeza, las dificultades económicas y el alcohol – derivándolos a la obra del diablo y los contrarrestan con la autoridad de Dios. Al someterse a la autoridad de Dios, encuentran, según las propias declaraciones de los entrevistados, camaradería, "hermandad" (Weber), salud y felicidad en la iglesia. Si se observa la vida cotidiana de Francisco Quiacaín bajo estos aspectos, es exactamente eso lo que ha estado haciendo durante quince años: obedecer la autoridad de Dios significa trabajar de manera seria y confiable; todas las mañanas a las 5:00 a.m., cubrir los veinte kilómetros hasta

Santa Mónica y esperar el trabajo ocasional en la ferretería *Home Depot*; enviar la mayor parte del dinero ganado a casa; mantener y educar a sus hijos en Los Ángeles; no trabajar nunca los domingos, sino tocar el acordeón en, por lo menos, dos cultos y, tal vez, predicar; y, de vez en cuando, vestir la camiseta colorida de un club deportivo para ir al fútbol. Pero tal como fue en la marcha por el desierto significa ante todo: pedir a Dios y darle gracias en todo momento. Esta praxis no crea solo una posición relativamente estable en medio de la inestabilidad de una vida ilegal en un país extranjero. En la medida en que ese país también está caracterizado por el libertinaje y muchos otros defectos, y que el propio migrante participa en su iglesia y ahora también predica de vez en cuando, adquiere, en consecuencia, una mayor responsabilidad: ahora predica la verdad a un pueblo perdido para llevarlo nuevamente a los caminos del Señor. En otras palabras, las nuevas estrategias han cambiado radicalmente su identidad. Buitrago resume esto en su investigación con la diferenciación entre migrantes y expatriados (*expatriates*). Los migrantes son, en la percepción pública y, con frecuencia, en su propia percepción, personas desarraigadas y necesitadas. Por el contrario, el término "expatriado" se refiere a los expertos que son enviados, por ejemplo, como cooperantes por un determinado período de tiempo. Francisco Quiacaín hace algo parecido. Es un expatriado para una doble ayuda al desarrollo: ayuda espiritual en los EE.UU. y ayuda material para su familia en Guatemala. Su período de servicio pronto terminará. Probablemente volverá a su pueblo el año que viene.

Los migrantes necesitados se convierten en expatriados que ayudan espiritualmente. Al cambiar el autoposicionamiento de los actores y su posición objetiva en las iglesias, se produce un cambio en sus estrategias y, por tanto, también en los efectos que tienen en los Estados Unidos. Hoy en día, los pentecostales latinos llenan grandes iglesias y sus predicadores llenan estadios; y los católicos latinos están transformando el catolicismo en los Estados Unidos. El concepto de entrelazamiento en esta situación también connota competencia religiosa así como alternativas sociales y políticas.

Cambios en el Protestantismo de los Estados Unidos

Otrora el protestantismo fue a América Latina con un mensaje individual de salvación y una doctrina social de liberalismo económico; ahora ha empezado a regresar a los EE.UU. con los migrantes y los fundadores de iglesias, quienes traen una opción en pro de la familia extendida y del Gran Gobierno (*Big Government*). El "retorno" del protestantismo de su viaje al sur a los EE.UU. no tiene solamente aspectos cuantitativos, sino también cualitativos. Además, este retorno no rompe las conexiones con el sur. En virtud del rápido desarrollo de los medios de comunicación en las últimas dos décadas, los migrantes permanecen en constante comunicación con sus familias y los grupos eclesiales de sus lugares de origen. Sus identidades sociales y religiosas originarias se mantienen estables.

De hecho, no se puede desconocer que, ante todo, es el mero aumento de la población hispana, lo que hace temer a los evangelicales blancos que pronto terminará la "nación cristiana". Después de todo, en 1991 los evangelicales blancos todavía constituían la mitad de la población estadounidense; hoy en día solo constituyen un tercio (Jones y Cox 2017, 23). Particularmente drástico debe parecerles el desarrollo que se observa en el "Nuevo suroeste". En los estados de Arizona, California, Nuevo México y Texas más del 30% de la población es hispana. Alrededor del 13% de la población total habla español en casa. Al viajar por el sur de California, uno puede desenvolverse muy bien con el español, pero tampoco se sentirá solo en Nueva York (Flores 2017a). Al fin y al cabo, los protestantes anglosajones blancos no tienen que temer únicamente a los católicos, ya que, a más tardar, en la última década, se ha establecido entre los hispanos una clara tendencia del catolicismo al protestantismo, en su mayoría a las iglesias pentecostales. Mientras que, en 2006, el 69% de los encuestados en un estudio acerca de esta cuestión, todavía se describían como católicos, en 2013 esta cifra había disminuido a solo el 59%. Casi de manera complementaria puede percibirse el aumento del número de organizaciones evangelicales y pentecostales (Pew Research Center 2014, 37s.). Si uno se pregunta por las razones de esta tendencia, no encuentra la respuesta en una "americanización estadouni-dense" del catolicismo o algo similar. Mucho más se advierte que la mayoría de los conversos son migrantes católicos relativamente nue-vos. El 16% de los migrantes nacidos en el extranjero, en los EE.UU. cambia de confesión.[87] Mucho habla a favor de que experimentan una integración más inmediata (y no solo ayuda caritativa) en las iglesias pentecostales, lo que va acompañado de una redefinición religiosa de la identidad y del rol social. Por consiguiente, en las iglesias hispanas pentecostales no son los programas de caridad los que crecen, sino se extienden las formas litúrgicas entusiastas, que también se observan en forma más débil en el movimiento carismático católico. Si aún no las han conocido en las iglesias pentecostales y neopentecostales la-tinoamericanas, los conversos aprenden, desde la perspectiva de los migrantes subalternos, las prácticas del empoderamiento espiritual en los EE.UU. En cualquier caso, casi la mitad de los miembros de gru-pos protestantes entusiastas afirman haber experimentado al menos algunas de las siguientes prácticas:[88] la sanación divina, la revelación directa de Dios, la expulsión de demonios y la glosolalia.

A partir del ya mencionado desarrollo de la población – y cierta-mente, entre otras razones más – se deriva también una importante diferencia entre los evangelicales blancos y los latinos, así como tam-bién, los protestantes negros: la expectativa del futuro.[89] El 75% de los latinos protestantes entrevistados espera que la situación general mejore en los próximos 10 años. Una encuesta similar informa que el 70% de los evangelicales blancos opina que, desde la década de 1950,

---

[87] Pew Research Center 2014, 12. Aproximadamente el 30% de los inmigrantes nacidos en el extranjero han dejado el catolicismo a través de la conver-sión, el 16% después de entrar en los Estados Unidos y el 13% en sus países de origen.

[88] En promedio, el 48% de los actores protestantes frente al 22% de los católi-cos. Ver Pew Research Center 2014, 95s.

[89] El promedio entre hispanos es de 72%. Ver Pew Research Center 2014, 131.

la situación en los Estados Unidos ha ido empeorando, mientras que solamente el 38% de los católicos latinos comparte esta opinión.[90]

Muchos de los evangelicales blancos, especialmente de la derecha religiosa, han reaccionado a este desarrollo con jeremiadas sobre la decadencia de la nación, el desarrollo de una mentalidad de "barrera de carruajes" o con expectativas apocalípticas. Esto, a su vez, ha desencadenado discusiones en la escena evangelical con los Nuevos Evangelicales (*New Evangelicals*) que, como Gregory Boyd, sin ningún tipo de rodeos catalogan de mito la idea de la nación cristiana (Boyd 2005). De esta manera, la creciente presencia de los cristianos hispanos ha desencadenado un debate entre los evangelicales blancos en torno a su identidad religiosa y su autocomprensión política.

En cuanto a la política, el promedio de los cristianos latinos difiere claramente de los evangelicales blancos.[91] De importancia decisiva para la discusión sobre la política estadounidense es la cuestión de los poderes y responsabilidades del gobierno, es decir, la cuestión de "gran gobierno" o "pequeño gobierno" (*Big* o *Small Government*). Es notorio que la mayoría de los hispanos prefiera, con mucho, un gobierno con amplias competencias.[92] Un Estado fuerte se percibe como normal en toda América Latina, especialmente en México. Los protestantes están con un 62% a favor del *Big Government* y los católicos con un 72%. Este resultado de los latinos es totalmente coherente con la orientación más corporativa y comunitaria de la Iglesia Católica, que refuerza la inclinación de los hispanos hacia el Estado de bienestar.

En términos de política partidaria, los evangelicales blancos se mantienen firmes con los republicanos (49% R, 14% D),[93] mientras que los latinos son claramente simpatizantes de los demócratas. No

---

[90] Los protestantes latinos no se tomaron en cuenta. Cf. Jones et al. 2016, 8.

[91] En los EE.UU. siempre incluyendo los pentecostales clásicos.

[92] En promedio, el 67% a favor de *Big Government* y el 21% a favor de *Small Government*; cf. Pew Research Center 2014, 130.

[93] El resto de los encuestados están inclinados (*lean*) hacia uno de los lados o están completamente indecisos.

obstante, hay una pequeña diferencia que da que pensar. Los latinos católicos están con un 40% a favor de los demócratas (con un 9% R), mientras que los protestantes solo con un 30% por estos (con un 17% R; cf. Jones y Cox 2017, 36). ¿Por qué es así? Por ahora, no podría responderlo de manera concluyente. Probablemente depende de la influencia de las inclinaciones del liderazgo de la Iglesia Católica, por un lado, y las de los portavoces evangelicales, por el otro. A esto se añade, probablemente, e el hecho de que el catolicismo entre los hispanos es más bien una religiosidad consuetudinaria con poca movilización actual, mientras que el protestantismo de avivamiento entre los hispanos representa una religiosidad más joven y fuertemente movilizadora. De este modo, el nexo generalmente observable en los EE.UU. entre la intensidad de la práctica religiosa cristiana y el conservadurismo político sería crucial para explicar esta diferencia. Cuanto más a menudo los individuos vayan a la iglesia y oren, y cuanto más fuertemente representen el biblicismo, más serán antiabortistas y se inclinarán hacia los republicanos.[94]

En lo que respecta al entrelazamiento, observamos en estas actitudes políticas un interesante efecto retroactivo del sistema político en la estructuración de la presencia hispana en los Estados Unidos. Este efecto estructurador se puede ver aún con mayor precisión en relación con el protestantismo. Han surgido dos organizaciones paraguas hispano-protestantes que replican la aguda polarización política de los Estados Unidos en la comunidad latina.

Organizaciones Latinas

Con el nuevo milenio se han formado, en los EE. UU, dos grandes organizaciones protestantes latinas que canalizan políticamente el retorno del protestantismo al Norte, en el marco de un estilo religioso evangelical pentecostal. En la proyección religioso-política, la

---

[94] Nota bene: ¡el 29% de las personas que no están ligados a la religión oran o rezan diariamente!

mayor tiende más a la formación GERENCIA y políticamente a la derecha; la menor tiende a la formación VALORES DEL REINO DE DIOS y es liberal de izquierda.

La *National Latino Evangelical Coalition* (NaLEC, Coalición Nacional Evangélica Latina)[95], de tendencia liberal de izquierda, fundada en 2010 por Gabriel Salguero. El pastor de la iglesia multiétnica Iglesia del Cordero (*Lamb's Church*) de Nueva York, representa a unas 3000 iglesias, ONG y a evangelicales latinos individuales. Más allá del cabildeo omnipresente entre los hispanos por la reforma de la ley de inmigración la NaLEC busca perfilarse como una voz defensa para lograr el bien común y la justicia social, que puede alcanzarse a través de cooperaciones a largo plazo con organizaciones humanitarias, programas para el perfeccionamiento de las organizaciones miembros y la defensoría (*advocacy*) política. La organización mantiene contactos con los Nuevos Evangelicales y también combina programas teológicamente conservadores y socialmente progresivos. Así, la organización "siempre busca la guía de Dios" y al mismo tiempo se perfila por la acción social y la construcción de coaliciones por el bien común y la justicia social. Las medidas se centran, entre otras, en las áreas siguientes: pobreza y hambre "entre las comunidades desatendidas de Estados Unidos"; reforma de la legislación de inmigración; justicia educativa; reforma de la salud; trabajo juvenil; reforma del sistema penal; ayuda de emergencia actual, especialmente en la frontera con México. Además, NaLEC trabaja con ONG como *International Urban Strategies*, *Evangelical Immigration Table*, *Evangelical Environmental Network* y *Evangelicals for Social Action*.

La *National Hispanic Christian Leadership Conference* (NHCLC, Conferencia Nacional de Liderazgo Cristiano Hispano)[96] fue fundada en 2001 por el reverendo Samuel Rodríguez para "unir, servir y representar" a los hispanos evangelicales, tal como lo informa

---

[95] National Latino Evangelical Coalition, http://nalec.org/ (19.01.2019).

[96] National Hispanic Christian Leadership Conference, http://nhclc.org/ (19.01.2019).

el sitio web. De acuerdo a sus propias informaciones, la organización representaría a 40.000 iglesias. Rodríguez, siguiendo el estilo de la formación GERENCIA, quiere cortar a la medida de la "Agenda del Cordero" la dimensión "vertical, divina" y la "horizontal, humana" de un espacio imaginario a través de las "siete directivas" de la organización. Esto significa algo así como que, en calidad de "líder" supremo, hacer que las personas "nacidas de nuevo" (*born again*) sean "personas de influencia clave" (*key influencers)* en la plaza del mercado (*marketplace)*. Se afirma que la NHCLC vincula el programa de Billy Graham con el de Martin Luther King. Con ello, la organización intenta contrarrestar la imagen mediática del evangelical blanco enfurecido con la de una "comunidad de cultura del Reino, multiétnica, convencida y a la vez compasiva, comprometida a compartir la verdad con amor".[97] Además, se plantea, que debe construirse un cortafuegos (*Firewall*) multiétnico contra el relativismo moral, la decadencia cultural y la tibieza eclesial y que los materiales deben ser el matrimonio bíblico, el rechazo al aborto y la libertad religiosa. La influencia clave debe ejercerse en la educación, los medios de comunicación, los negocios, el arte, el gobierno y las iglesias. Una diferencia interesante en comparación con la NaLEC es el concepto de justicia. Mientras que la NaLEC se refiere a la justicia social como una condición no garantizada de una existencia humana digna, la NHCLC coloca la "justicia", por un lado, en el contexto de la compasión y, por el otro lado, la entiende como un restablecimiento retributivo de un equilibrio abstracto a través de pago y castigo, o sea la ley de talión. Finalmente, la libertad religiosa se entiende como la libertad que gozan los representantes políticos para permitir la influencia religiosa en la política. ¿A quién le puede extrañar entonces, que Rodríguez con este programa y con su fuerte capacidad de cooptación (40.000 iglesias) sea miembro del círculo de asesores religiosos en torno al

---

[97] "…convicted yet compassionate multi-ethnic kingdom culture community committed to sharing truth with love" https://nhclc.org/mission-vision-statement (25.10.2019).

presidente Donald Trump, los llamados "evangelicales de la corte"? (Fea).

Samuel Rodríguez de la NHCLC nació en los Estados Unidos como hijo de padres puertorriqueños, es decir, con ciudadanía estadounidense. O sea, con los pies bien puestos en los Estados Unidos. Su marca distintiva política, sin la cual ciertamente no habría llegado hasta la Casa Blanca, es poder mediar entre la política republicana y los intereses de aquellos latinos que todavía están afectados por las leyes de inmigración y la deportación. Está al servicio de las normas del Partido Republicano con un énfasis recurrente en la legalidad y con ocasionales difamaciones menores de los migrantes, como por ejemplo, la referencia a la "industria del parto" (*birthing industry*) para obtener la ciudadanía por nacimiento para los recién nacidos. Por otro lado, ha modificado algunas de las propuestas de Trump y, por ejemplo, aconseja en contra de una enmienda constitucional para abolir el derecho de nacimiento.[98] En un anuncio en el New York Times, hizo correr la voz de que "los inmigrantes y la inmigración fortalecen a los EE.UU.".[99] En relación con la "caravana" de migrantes de América Central, afirmó el deber de los cristianos de ayudar a los necesitados. Pero, siguiendo el espíritu de Trump, ha confiado esta tarea a las iglesias de México y Centroamérica, argumentando que los Estados deben proteger sus fronteras y que el cruce ilegal de la caravana – o más bien, sobre todo, de sus 70% de hombres jóvenes – era

---

[98] 'We Could Do Better' – Trump Faith Advisor Says President Should Talk About More than Immigration (http://nhclc.org/we-could-do-better-trump-faith-advisor-says-president-should-talk-about-more-than-immigration/ y https://www1.cbn.com/cbnnews/us/2018/november/we-could-do-better-ndash-trump-faith-advisor-says-president-should-talk-about-more-than-immigration (Acceso 21.01.2019)

[99] 'How We Treat Immigrants Reflects Our Values': Christian Leaders Publish Pro-Immigration NYT Ad., http://nhclc.org/how-we-treat-immigrants-reflects-our-values-christian-leaders-publish-pro-immigration-nyt-ad/ copiado de: https://www1.cbn.com/cbnnews/us/2018/july/how-we-treat-immigrants-reflects-our-values-nbsp-christian-leaders-publish-pro-immigration-nyt-ad (Acceso 5.7.2018).

una violación de la ley. Hasta ahora, Rodríguez ha resuelto los problemas relacionados con la migración de una manera legalista. Para ello, se apoya claramente en los latinos firmemente establecidos en los EE.UU., los pochos[100], porque aunque los inmigrantes ilegales son indispensables como trabajadores agrícolas, no tienen ningún lobby. Esto, también, probablemente es del gusto de Trump, pero está mucho menos en el espíritu de Francisco Quiacaín.

Los "ilegales" y Trump

La noche de las elecciones, en noviembre de 2016, estaba yo en la iglesia. Era una pequeña iglesia pentecostal tipo *storefront*, no muy al sur del Parque McArthur en Los Ángeles, donde se reúne una congregación compuesta, en su mayoría, por inmigrantes ilegales. La sobria sala con la eterna tribuna a un lado y unas cuantas mesas con una máquina de café al otro, estaba decorada con una larga fila de banderas representando a todas las naciones latinoamericanas.

El ambiente, alrededor de las 6 de la tarde, antes de que comenzara el culto de oración, era tenso. La campaña electoral racista y xenófoba de Trump no había dejado sin huellas ni siquiera a los miembros políticamente poco interesados de la congregación; las amenazas contra los migrantes aún menos. Para las treinta personas presentes, la pregunta era ¿qué es lo que Dios iba a hacer en esta situación? En el transcurso de las conversaciones se pudo apreciar que tenían una clara opinión política: ¡no a Trump! La pastora también compartía esta posición. Además sabía muy bien que no había que hacerse ilusiones sobre Trump, absolutamente ninguna, desde la perspectiva de los inmigrantes ilegales. La reunión de esa noche estaba bajo un signo especial.

La pastora comenzó el culto rutinariamente con los rituales usuales de entrada, oraciones y un saludo usual, nada específico a la congregación. Luego decidió abandonar el escenario habitual y pidió a

---

[100] El término "pocho" se utiliza para describir a los ciudadanos estadounidenses de descendencia latinoamericana que han vivido en los EE.UU. durante mucho tiempo o, incluso, en la segunda o tercera generación y cuya identidad, a menudo, se deriva de un rechazo de América Latina.

los presentes que se alinearan en un círculo frente a la tribuna. Comenzó su discurso con una sombría descripción de la situación. Era un día importante para todos los latinos y, especialmente, para los inmigrantes ilegales que corrían un gran peligro con Trump. Si Trump salía elegido, cabía esperar mucha desesperación. También el país estaba en gran peligro y en una grave crisis. Tras este análisis de la situación, la pastora no formuló, por supuesto, un llamamiento a la protesta o a la acción política. Hasta llegó a decir explícitamente que la protesta con pancartas frente a la Casa Blanca claramente no era el medio para contrarrestar a Trump; el medio más bien era "la rodilla", es decir, la oración.

Por eso, el círculo de creyentes tenía que formar ahora "un muro defensivo" contra la influencia del diablo, todos tomándose de las manos y orando. De esta manera el diablo no podría salirse con la suya. En la oración, tenían que pedir que se cumpliera la intención de Dios y que se hiciera su voluntad. En la oración misma, durante la cual la voz de la pastora se perdió ocasionalmente en la habitual borrasca de voces de los creyentes que oraban en voz bastante alta, ella invocó primero, de la manera habitual, la sangre de Cristo. No obstante, a continuación, el contenido de la oración no se desarrolló en dirección al exorcismo, lo que uno podría haber esperado, si los creyentes hubieran tenido suficientes capacidades para la acción. Más bien, la identificación implícita de Trump con el diablo se relativizó de diferentes maneras, pero siempre con el mismo punto de fuga: la acción religiosa y el insondable consejo de Dios como última palabra. Dios tiene un plan, aunque no podamos conocerlo. Dios también puede transformar el corazón de una persona como Trump. Y finalmente, "declaró" – bastante al estilo de la doctrina neopentecostal de dominio, pero sin ninguna consecuencia política – "el dominio de Dios sobre esta nación"; y se suponía que este dominio debía hacerse sentir como un "reavivamiento" religioso, para que "la gente reconociera que solo había "esperanza en ti [Dios]". ¡Gloria a Dios!

Hasta ese momento, los fieles no conocían extrapolaciones (a pie de urna) de la votación, las cuales aún, con toda probabilidad, no eran visibles ni siquiera para los estadísticos. La unidad performativa –

formada por la combinación del "muro defensivo" con la implícita demonización de Trump y el texto de la oración de mera compensación religiosa – dejaba las cosas en el limbo. Si Trump perdía, sería el éxito de la contención espiritual contra las maquinaciones del diablo. Si ganaba, entonces Dios sabía con certeza por qué y, con la transformación del corazón de Trump, se mantenía abierto un campo de acción. Y, finalmente, los ilegales políticamente impotentes, no se veían sobrecargados con demandas de acción política, sino que eran remitidos a una solución sin peligro por medio de la acción religiosa (oración) con un resultado religioso (avivamiento).

De manera similar, la pastora continuó su discurso después de la oración con una explicación bastante bien informada de las condiciones políticas. Incluso si Trump llegaba a ser presidente, no podría hacer lo que quisiera, porque todavía estaba la Corte Suprema. Además, un presidente dependía de asesores y funcionarios. Por lo tanto, dijo, había que orar por los ministros de los diferentes sectores. Hasta aquí, todo bien. Por lo menos un asunto político crucial ha encontrado lugar en la conciencia religiosa de los creyentes.

Pero luego se produjo la confusión sistemática de las esferas, que ocasiona que tantos creyentes de la clase baja caigan en el anzuelo de la derecha religiosa: Si en las oficinas gubernamentales entraran solamente creyentes y personas "temerosas de Dios", entonces, también, dictarían las buenas leyes correspondientes y harían buena política. En otra oración libre la pastora se dedicó primero al tema principal de los migrantes, la estabilidad económica en forma de puestos de trabajo y un ingreso modesto. Pero, luego ella insertó en su discurso el tema evangelical mundialmente divulgado: Israel. Por lo menos no habló de un traslado de la embajada de los Estados Unidos a Jerusalén, como lo persigue la derecha desde hace tiempo, sino se limitó a un mensaje puramente religioso. Más exactamente, se perdió en la paradoja perpetua del entusiasmo conservador evangelical y pentecostal por Israel: los israelíes tienen que convertirse al cristianismo y reconocer a Jesús como el verdadero Mesías.

El tiempo siguió avanzando con el largo discurso de un predicador invitado y una lección sobre un texto bíblico, ambos sin referencia a las elecciones. Hacia el final del culto, a las 22 horas (hora del Pacífico), ya se disponía de proyecciones razonablemente confiables de la votación y, en consecuencia, el ánimo estaba por los suelos. La pastora dijo que, aunque Trump era un peligro para los inmigrantes, si la voluntad de Dios era que Trump asumiera el gobierno, había que aceptarla... Dios podía usar su poder para cambiar el corazón del presidente y, por lo tanto, había que orar para que Dios hiciera de Trump un hombre piadoso o, por lo menos, un hombre guiado correctamente y que pusiera a su disposición consejeros adecuados. No obstante, los miembros de la iglesia tenían que saber que, pasara lo pasara, Dios estaba llevando a cabo su plan para el beneficio de "su pueblo".

En conclusión, el mensaje de la pastora posiblemente es lo único que se le puede decir a un grupo de inmigrantes ilegales sin ninguna posibilidad de acción política o social frente a esta situación. Que en esta situación de gran tensión política se haya puesto un fuerte énfasis en la oración por estabilidad económica, indica una de las preocupaciones más urgentes de los feligreses. Incluso tres años después de este culto, Francisco dijo – en una conversación por Skype – que los planes de Dios respecto a Trump, a él realmente no le importaban nada. Mucho más importante para él era encontrar trabajo regularmente y poder enviar el dinero a casa. Esto está claro. Sin embargo, la creencia bastante difundida de que las personas con una fachada religiosa son políticos más aceptables es, desde la perspectiva política, altamente manipulable. Pero, es probable que sus efectos sean mínimos entre las personas a las que no les está permitido votar y que tienen que poner cuidado para no ser capturadas en eventos políticos. Finalmente, los creyentes con estatus de ilegales que asisten al culto al poner énfasis en el tema de Israel arriesgan a caer en la mala compañía de aquellos de la derecha religiosa los cuales querrían deportarlos inmediatamente – por supuesto,, con un gran despliegue periodístico para ganar puntos en su electorado de pochos y evangelicales blancos.

Un día después de la elección de Trump, escuché en Los Ángeles, en el coche en que iba, una emisora de radio religiosa latina. El locutor estaba encantado con la decisión de Dios de llevar a Trump a la silla presidencial. Naturalmente – dijo – que los inmigrantes tenían problemas. Pero en gran medida – continuó – esto era en gran parte, su propia culpa por cruzar ilegalmente la frontera. En resumen, el las numerosas dificultades ya previstas que tendrán que afrontar los migrantes son minimizadas en la transmisión y se culpa a las víctimas de su situación. El locutor enfatizó que era mucho más relevante que Trump iba a poner fin a la homosexualidad y a las drogas, demostrando así que estaba del lado de Dios. Además, ese magnífico país también tenía una grandiosa democracia. "¡Dios bendiga a América!" Fin del programa.

7. Panamá 2016 y el contexto social

Después de 100 años de misión estadounidense en la línea del Congreso de Panamá de 1916, Panamá volvió a ofrecer espacio para un congreso y un simposio en 2016, esta vez sin las amenazas de excomunión por parte del arzobispo. Ambos eventos recuerdan el anterior congreso misionero, aunque desde perspectivas muy diferentes. El simposio de los pentecostales latinoamericanos proponía un contraesbozo de la praxis eclesial. El congreso de la Alianza Evangélica Mundial (*World Evangelical Alliance*, WEA) parecía abrir nuevos horizontes con el lema de la misión policéntrica; pero al examinar más de cerca, continúa con el viejo modelo. Antes de examinar estos encuentros veremos brevemente algunas fuentes de irritación entre los protestantes latinoamericanos y los estadounidenses.

7.1 Malentendidos

En nuestras reflexiones sobre la Tierra Prometida nos hemos centrado en las irritaciones causadas por el surgimiento de más y más latinos religiosos entre los protestantes de los Estados Unidos, especialmente entre los evangelicales blancos. Sin embargo, la mayor fuente de irritación en América Latina es la misión protestante, especialmente, la de los evangelicales conservadores. El entrelazamiento ocurre aquí como un malentendido no intencionado, pero sistémicamente inevitable.

Nación cristiana

Una gran parte de las actividades de la misión la llevan a cabo las formaciones LEY y GERENCIA. Muchos de estos actores consideran a los Estados Unidos como una nación cristiana con la obligación de difundir, a nivel mundial, "el evangelio"; o dicho de manera más concreta: su versión bastante particular de él. He conocido a muchos misioneros que lo hacen con una sincera convicción y con la alegre certeza de que están haciendo algo realmente bueno para los destinatarios. (Otros han abandonado esta idea y se han convertido en teólogos junto a sus colegas latinoamericanos, sin la pretensión de tener un encargo especial de los EE.UU.). Si están convencidos de que los EE.UU. son una nación cristiana o, incluso, *la* nación cristiana ejemplar, cometen un grave error. Gregory Boyd describe este error desde la perspectiva de los Nuevos Evangélicos (Boyd 2005) e investiga la cuestión del papel que desempeña la idea de la nación cristiana en la conexión entre la misión y la política exterior de los Estados Unidos. Toma el ejemplo de la guerra contra Irak bajo G.W. Bush. Este presidente, dirigió esta guerra injusta como un evangelical confeso combinándola con la retórica de la difusión de la "libertad" (*freedom*) por todo el mundo. Pero lo que "algunos pueblos alrededor del mundo" perciben – dice Boyd – es "que el imperialismo americano está vivo y bien" y que los EE.UU. quieren poner de manera agresiva y egoísta a otros gobiernos bajo su control. No obstante, según Boyd, el meollo para la tarea de la misión cristiana no es simplemente esta relación, sino reside en que

> "este resentimiento se asocia con Cristo cuando Estados Unidos se identifica como una nación cristiana. ¡La trágica ironía es que aquellos que deberían negar con mayor vehemencia esta asociación con el propósito de preservar la hermosa santidad del Reino de Dios (...) son los principales que insisten en la identificación! El resultado es que se ha vuelto humanamente imposible para muchos en todo el mundo escuchar las Buenas Nuevas como *buenas*. En cambio, (...) escuchan el Evangelio como *malas* noticias, como noticias *estadounidenses*, noticias *capitalistas explotadoras*, noticias *codiciosas*, noticias *violentas* y noticias *moralmente decadentes*. No pueden ver la belleza de la cruz porque todo lo que la bandera americana representa para ellos bloquea el camino." (Boyd 2005, 89 [e-book])

Precisamente porque Boyd no duda del sentido de la misión estadounidense, y en su propia iglesia organiza actividades en el extranjero (aunque más bien en el área de servicios sociales) y él mismo representa convicciones evangelicales, su crítica es, en efecto, particularmente aguda. Los evangelicales blancos, que consideran a los EE.UU. como nación cristiana –ante todo los de la derecha religiosa – dañan de este modo la reputación del evangelio en relación con los destinatarios de su trabajo misionero. Es decir, dañan el mensaje auténtico, al utilizarlo para revalorizar el Estado y sus prácticas a través de la religión. Para ir al quid teológico: por esta identificación practican la blasfemia.

Esto acerca de Boyd. No obstante, incluso desde una perspectiva fielmente cristiana uno puede preguntarse con todo el derecho si la misión es realmente necesaria en absoluto.

Encuentro pentecostal

Si bien no se practica la misión, de todas maneras es posible celebrar reuniones entre las contrapartes para promover el entendimiento mutuo y la cooperación con buenos propósitos. Tales encuentros parecen ser particularmente prometedores entre los seguidores de la misma tradición confesional. Pero también en estos caminos de entendimiento, los peregrinos pueden perderse en las arenas movedizas de la incomprensión sistemática.

Un ejemplo de ello es la experiencia del historiador mexicano-estadounidense Daniel Ramírez (Ramírez 2015, XIss.), miembro de la Iglesia Apostólica de la Fe en Cristo Jesús (IAFCJ), con ocasión de un congreso de la Sociedad de Estudios Pentecostales (*Society of Pentecostal Studies*, SPS) en Guadalajara en 1993. Es la única conferencia anual de las SPS celebrada fuera de los Estados Unidos entre 1971 y hoy en día. El informe de Ramírez explica por qué el intento de comunicación directa en 1993 no ha vuelto a conducir a una repetición de reuniones internacionales en lugares del extranjero. Ramírez informa que las sesiones de habla inglesa se llevaron a cabo en el hotel de la conferencia y las sesiones de habla hispana en una iglesia. Finalmente, una mesa redonda estaba destinada a facilitar a los dos grupos de teólogos una conversación entre ellos. En el curso de las discusiones, el moderador Manuel Gaxiola hizo la siguiente pregunta a los representantes estadounidenses:

"¿Cuál es su opinión sobre los peligros que el neoliberalismo representa para el bienestar de los miembros de nuestra iglesia en América Latina, y qué pueden hacer las iglesias norteamericanas para frenar su expansión?"

La respuesta fue:

"Debemos tener cuidado con todas las corrientes de liberalismo que puedan influir en la iglesia. Quizás nosotros en Norteamérica podamos hacer un mejor trabajo publicando materiales para ayudar a la iglesia en Latinoamérica a madurar teológicamente y a estar en guardia."

Ramírez comenta, en primer lugar, que los participantes latinoamericanos de la conferencia quedaron bastante sorprendidos y que, una vez más, se desperdició una oportunidad de diálogo entre el sur global y el norte global. En el trasfondo de la pregunta de Gaxiola estaba la preocupación por el acuerdo neoliberal del TLCAN (NAFTA)[101] y sus efectos devastadores para los pequeños agricultores mexicanos y la mediana industria, así como el incipiente levantamiento zapatista en el sur. ¿Qué podían decir los estadounidenses? No habían entendido nada. Más bien, el término socioeconómico "neoliberalismo" lo entendían equivocadamente como un liberalismo teológico que amenazaba a la Iglesia. Y este peligro tenía que ser combatido por medio de escritos teológicos, para cuya producción los estadounidenses se consideraban especialmente calificados, puesto que las iglesias latinoamericanas no habían alcanzado la madurez teológica suficiente para estar adecuadamente en guardia. Mientras los pentecostales latinoamericanos estaban ocupados con los problemas socioeconómicos – como dice Ramírez – correspondía a la vida cómoda de los estadounidenses que vieran solo una amenaza teológica – tal vez una nueva Teología de la Liberación. La inconmensurabilidad entre los pentecostales de este lado y del otro lado del Río Grande era más profunda que sólo en las opiniones teológicas: está en los "prismas epistémico-experienciales".

"El sur pentecostal, cuya reflexión teológica y práctica religiosa, al igual que la de los liberacionistas, estaba moldeada por las exigencias

---

[101] Como de costumbre, sólo se "liberalizó" la circulación de mercancías, no la de personas.

económicas y, así, denunciaba los acuerdos injustos en la producción y el consumo de alimentos. En respuesta, el norte pentecostal se comprometía a producir mejores alimentos para el pensamiento (*food for thought*)."

Hay que tomar la referencia a los "prismas epistémicos", es decir, a las condiciones fundamentales de la percepción de la realidad, aún más seriamente que Ramírez. Si los cristianos latinoamericanos adoptan el positivismo de los Estados Unidos como "alimento para el pensamiento", este entrelazamiento sería equivalente a una colonización del pensamiento. Un problema aún de mayor alcance es la refeudalización del pensamiento a través de los programas de las organizaciones de GERENCIA.

7.2 Colonización y Refeudalización

Si uno habla con los pentecostales progresistas y otros protestantes de América Latina, se aprecia que muchas prácticas de la derecha religiosa y los conservadores son atribuidas a la influencia estadounidense. Los misioneros que provienen en su mayoría del sur de los Estados Unidos representan las corrientes más conservadoras del protestantismo de esa región. Ponen la impaciencia del pensamiento apocalíptico por encima de la religiosidad cotidiana pentecostal y promueven actitudes antisocialistas y antiecuménicas. Además, los latinos los culpan de ser responsables de la impaciencia en el contacto, la insistencia dogmática y las duras sanciones contra los pastores y miembros progresistas, incluso en el caso de utilizar un vocabulario equivocado. Reducen el espectro de la labor de la Iglesia a temas como el aborto, las prácticas sexuales, la familia y el género. Además, imponen el tema de Israel, que nada tiene que hacer en América Latina por el momento. De esta manera se está suprimiendo un nuevo liderazgo joven y bastante progresista. Sin embargo, sobre todo, cuestiones importantes como la justicia social y el medio ambiente están siendo suprimidas por el proselitismo. En lugar del contenido de la praxis de la Iglesia, el número de las conversiones se considera como la medida absoluta. Números, números, números.

Ahora, el conteo como tal no es el problema. Más bien lo es una colonización de la mente por una tradición de epistemología fundamentalista evangelical que conlleva una fijación en los números y una comprensión doctrinaria de la verdad. Se intenta responder a los desafíos del presente con los medios de un empirismo de los siglos XVI y XVII.

Colonización

Como hemos visto a lo largo de este libro, en América Latina existe una diferencia profunda entre dos diferentes estilos de pensamiento teológico. Uno surgió en América Latina misma de la transformación y el amalgamiento de tres tradiciones diferentes: la teología católica europea así como el protestantismo europeo y, finalmente, el protestantismo *mainline* estadounidense. Este estilo es cultivado por la formación VALORES DEL REINO DE DIOS. El otro estilo se remonta a la transferencia del protestantismo conservador, biblicista o bien carismático de los EE.UU., transformado por las disposiciones culturales como lo hemos mostrado arriba. Este estilo está representado sobre todo por las formaciones LEY DE DIOS y GERENCIA.

El primer estilo de pensamiento mencionado siempre lleva un rastro más o menos fuerte de relativismo hermenéutico. El saber teológico y, en consecuencia, la verdad religiosa continúan desarrollándose programáticamente (¡!) siempre en relación con los conocimientos ya adquiridos y con las condiciones sociales de los intérpretes, y se sigue transformando en constante diálogo. De todas maneras, este es también el caso en la teología católica oficial, a partir del Concilio Vaticano Segundo. La reflexividad hermenéutica también es representada explícitamente por el protestantismo de orientación ecuménica y por partes del movimiento pentecostal. Y además se encuentra implícitamente en la praxis discursiva de muchas pequeñas iglesias o congregaciones pentecostales, en las que los laicos, como cuasi expertos, en un diálogo continuo debaten sobre la verdad válida para determinadas situaciones y, a veces, también discuten enérgicamente.

Sin embargo, en el evangelicalismo ortodoxo y el "carismatismo" de los Estados Unidos, especialmente en la derecha religiosa, está presente una comprensión positivista de la verdad, desarrollado en el siglo XIX. Se basa en última instancia en el empirismo de Francis Bacon, orientado en las ciencias de la naturaleza, y en su refinamiento por la Teología de Princeton que daba forma al fundamentalismo biblicista. Aquí el texto de las Escrituras, entendido "literalmente", se considera un hecho científico del que se pueden sacar conclusiones inequívocas sobre los hechos divinos eternos. Esto significa que – en teoría – un pasaje bíblico dado está fijado en una sola interpretación. Por lo tanto, se excluyen categóricamente las interpretaciones divergentes. En la práctica, significa simplemente que el más poderoso impone su interpretación. Y como el versículo bíblico expresa finalmente una verdad irrefutable, atemporal y por lo tanto superior, los problemas profanos como la producción de alimentos bajo condiciones neoliberales no pueden ser considerados en absoluto como problemas teológicos. Más bien, se considera peligroso el liberalismo teológico y social que supera la comprensión positivista de las Escrituras.

Para difundir estas enseñanzas fundamentalistas, sus protagonistas toman medidas sorprendentes. Por ejemplo, el profesor de teología pentecostal brasileño y pastor David Mesquiati, de Vitória, cuenta que un día llegó a su universidad un camión lleno de libros, destinados claramente a la biblioteca pero sin nombrar el remitente. Eran traducciones al portugués de literatura fundamentalista de los Estados Unidos. Durante mucho tiempo él y sus colegas deliberaron qué hacer con ellos. No les fue posible determinar el remitente. La biblioteca no quería tener tales libros bajo ninguna circunstancia. Pero también la quema de libros tenía una mala tradición. Durante mucho tiempo discutieron si los iban a llevar al vertedero. Pero por respeto a la palabra escrita, también se prescindió de eso. En su lugar, se decidió – por una mentalidad ecuménica abierta, creo yo – distribuir los libros en casas para la rehabilitación de drogadictos y personas sin hogar, que eran mantenidas por iglesias pentecostales conservadoras. La razón: los libros corresponden a la cosmovisión de aquellos actores. Aparte de la cuestión de si los libros pueden ser usados de manera beneficiosa en aquellos lugares, uno se pregunta quién proporciona el dinero para tales "regalos" de libros no deseados.

Refeudalización

Esta pregunta lleva a la relación entre la refeudalización[102] de las sociedades actuales, ya mencionada en la introducción, y los intereses religioso-políticos. La teoría de la refeudalización analiza e interpreta las dinámicas económicas, sociales y culturales asociadas a la progresiva concentración del capital en grandes fortunas. Entre otras cosas, demuestra una consolidación casi estamental del origen y de las posesiones asociadas a él; ingresos financieros obtenidos sin trabajar y sin riesgos para unas pocas personas y la transformación de la política social en limosna y asistencialidad. Además de las ya señaladas, hay otras características de este desarrollo que nos parecen importantes para nuestro planteamiento acerca del papel de la religión en este escenario.

La característica primera es el acceso de los oligarcas del dinero a la política. En Estados Unidos, la condición plutocrática del sistema político determina, de todas formas, que solo las personas que cuentan con el apoyo de donantes ricos pueden competir con eficiencia por la presidencia del país; aun cuando la actual presidencia de un multibillonario pueda considerarse más bien como una casualidad. En América Latina, como en otras partes del mundo, cada vez más millonarios y billonarios están entrando en la política, y la mayoría, incluso entrando como "cambiadores de carrera" directamente en la cima, como presidentes o candidatos presidenciales.[103] O bien los pretorianos de los multimillonarios, como Jair Bolsonaro, entran en funciones con el apoyo de las oligarquías nacionales y la derecha religiosa.

---

[102] Cf. Kaltmeier 2019 y Neckel 2010, por su parte anudando a Habermas.

[103] Como presidentes: Sebastián Piñera en Chile, Mauricio Macri en Argentina, Donald Trump en EE.UU., Petro Poroschenko en Ucrania, Bidsina Iwanischwili en Georgia, Thaksin Shinawatra en Tailandia, Saad Hariri en Líbano, Silvio Berlusconi en Italia.

¿Qué tiene que ver esto con la religión? En su viaje a los EE.UU., Max Weber también observó la relación de los multimillonarios con la religión e hizo una observación lúcida:

"Es bien sabido que no pocos (…) de los 'promoters', 'captains of industry', multimillonarios e incluso magnantes de los *trusts* americanos pertenecían formalmente a sectas. (…) Sin embargo, es natural que muchas veces lo hicieran únicamente por motivos convencionales, como entre nosotros, a fin de obtener legitimación personal y social, pero no económica. Pues, como ya ocurría en tiempos de los puritanos, tales 'superhombres económicos' no necesitaban de apoyo semejante, siendo muchas veces su religiosidad de sinceridad más que dudosa." (Weber 1983b, 174)

Weber señaló con toda certeza que los multimillonarios no necesitan la religión. Lo que vemos, en la actualidad, quizás con mayor nitidez – pero que ya entonces también estaba claro con el patrocinio de la misión por John D. Rockefeller para promover el comercio – es lo siguiente: Si bien los multimillonarios no necesitan la religión, sí la utilizan. La religiosidad de los demás es algo útil para ellos en muchos sentidos. Por lo tanto, apoyan de diversas maneras a los grupos religiosos que les son gratos. Un presidente puede nombrar a actores religiosos para tomar parte de su "corte" y así obtener ganancias mutuas en capital simbólico. No obstante, en la mayoría de los casos los actores religiosos son apoyados directamente por los magnates o a través de fundaciones, como hemos visto con el IRD. Nombres como Rockefeller, J.P. Grace, Richard deVos, Arthur de Moss, Adolph Coors, la John Birch Society, el American Enterprise Institute, la American Heritage Foundation y muchos otros representan esto. La derecha religiosa, financiada de estas fuentes – y por supuesto de las suyas propias, como los millones de donaciones – funciona como una brigada religioso-política para la intervención privada en los asuntos políticos, como bien se puede ver en la ayuda de infraestructura para la Contra nicaragüense.

Y finalmente, nuestra tercera característica es la actuación de los expertos religiosos que, a su vez, son millonarios y multimillonarios.

Allí donde la laicidad es débil, la libertad religiosa se interpreta de manera amplia y los actores religiosos tienen libre acceso a los medios de comunicación son, especialmente, las organizaciones de la formación GERENCIA las que se constituyen en imperios económicos con una fuerte influencia en la opinión pública. De esta manera, los propios oligarcas religiosos se convierten en hacedores de reyes en la política, utilizando la propaganda religiosa – aun cuando en su propia teoría es "Dios quien nombra a los reyes". Pero esto solo es aquello que se hace creer la clientela en las reuniones, frente a la televisión y en los medios de comunicación (a-) social. Más bien, los oligarcas religiosos buscan promover el nombramiento de aquellos con los que pueden lograrse las mejores sinergias. Los religiosos promueven el neoliberalismo a cambio de una liberalización de la legislación religiosa que sirva a sus intereses. Específicamente ganan, por ejemplo, el acceso gratuito a los medios, o bien, la posesión de medios de comunicación, lo que va acompañado de la exención de impuestos para las emisoras "religiosas". El autoritarismo estatal que promueven contra la oposición de izquierda de todos modos favorece a los gobernantes de derecha y a los oligarcas religiosos, de manera similar, ya que entre los manifestantes por la justicia muy a menudo se encuentran críticos religiosos ecuménicos de la derecha religiosa molidos a palo.

En América Latina y en los Estados Unidos la derecha religiosa tiene su papel en la refeudalización de la política de manera homóloga al papel de la economía. Al igual que la economía, busca poner los procesos políticos bajo el control de lógicas de acción y de actores ajenos a la política. Por cierto, se respetan los procedimientos formales y así se preserva la apariencia de ser procesos políticos democráticos. Pero los contenidos con los que se sobredeterminan los procesos políticos no son políticos, sino económicos o religiosos. En razón del poder mediático, los votantes pueden ser llevados a creer que en la política se trata primordialmente de una cuestión del mejor *deal* o de la manifiesta voluntad de Dios. Por consiguiente, la refeudalización se ve impulsada aún más por el derribamiento sistemático de los límites entre los campos diferenciados de las sociedades modernas.

La diferenciación funcional es socavada por la economía y la religión. El *Alliance Defense Fund* en los EE.UU., en la década de 1990, tenía como objetivo dar a los Diez Mandamientos un estatus constitucional; también, en América Latina, se realizan esfuerzos similares en algunos países. La doctrina del dominio tiene como meta la conquista de todos los sistemas sociales por parte de las autoridades religiosas, tal como lo propaga el dominionismo de las Siete Montañas (*Seven Mountain Dominionism*). De modo que podría pensarse que ciertos actores religiosos tienen en su agenda el retorno a la Edad Media.

Aunque, por muchas razones, esto tenga pocas posibilidades de éxito, es bastante obvio que la relación entre la religiosidad moderna y la política democrática fue rescindida por los actores de la derecha religiosa, especialmente por la formación GERENCIA – aunque hablen constantemente de *democracy*. Una mirada retrospectiva a la historia de las iglesias muestra lo siguiente. En la Edad Media, la reivindicación política del poder la Iglesia Católica se basaba en la religión. Este reclamo encontró su expresión más fuerte en la llamada "teoría de las dos espadas" (*Bula Unam Sanctam*, 1302), que el Papa Bonifacio VIII derivó rocambolescamente del versículo bíblico Lucas 22:38.[104] Una espada debía ser empuñada *por* la Iglesia, una segunda por las autoridades políticas *para* la Iglesia. Es decir, que la Iglesia reclama para sí misma el dominio total de la sociedad feudal. La Reforma luterana eliminó esta creencia, para el deleite de la burguesía urbana y de los primeros sujetos económicos, muy seguros de sí mismos, del capitalismo temprano. En tanto que, en aquel entonces, todavía se reconocía el sistema estamental de autoridad, en el protestantismo clásico se desarrollaron diferentes modelos de democracia dentro de la Iglesia, ya fuera en el orden congregacional, presbiteral o sinodal. Con ello surgió una apertura fundamental para la evolución

---

[104] Para los interesados en la Biblia: El contexto del versículo es un anuncio del sufrimiento de Jesús. Jesús recomienda a los discípulos que compren una espada. Pero, sin ser afectado por esto, les dice a los discípulos que Él está llegando a su fin. Cuando los discípulos responden que ya tienen dos espadas, Jesús rechaza la petición de usarlas, pero con las palabras: "No me entiendes". Quizás el Papa Bonifacio VIII tampoco lo entendió.

de las teorías del contrato político y la formación de la democracia política. En el desarrollo de Europa y América del Norte pueden observarse por regla general paralelismos entre los métodos de organización del protestantismo histórico y los de las constituciones democráticas. Además, no solo la estructura organizativa, sino también el modo de legitimación jurídico-racional son similares. Las estructuras semejantes a la democracia también se han mantenido en gran medida en el evangelicalismo de los EE.UU. y América Latina. No obstante, en sus fraccionamientos fundamentalistas, suelen ser sustituidos por el autoritarismo doctrinario. Además fueron creadas sociedades misioneras evangelicales que funcionaron y siguen funcionando según el modelo de las empresas comerciales. Ya que se financiaban con donaciones, como toda empresa industrial, tenían que demostrar un éxito cuantitativo en la producción de conversos. Así fue creada la base para la forma organizativa del "ministerio" libre, una empresa de salvación – un desarrollo ulterior de la "institución de salvación" luterana según Weber – dirigida por un propietario que era responsable del éxito de la producción y que puede beneficiarse de la ganancia obtenida, fuera un capital simbólico como misionero exitoso o simplemente dinero. Con Dwight Moody, y más todavía con Billy Sunday, se dieron ambas cosas.

Un fenómeno especial se produjo en los grupos del movimiento pentecostal temprano, a saber, la forma carismática de legitimación. Aquí la demanda es de una legitimación religiosa por la revelación divina directa, no por escrito, ni legal ni racional. Esto puede entenderse como un intento de las personas discriminadas étnica, económica y/o religiosamente para ganar autoestima y una nueva capacidad para actuar en su situación, sin que esta autoestima pueda ser cuestionada por los ricos y educados. Mientras esta dinámica se desarrolle en pequeñas comunidades con relaciones cara a cara y en salidas para predicar en las calles, tiene un carácter emancipador y *práctico*-democrático. Las revelaciones de una hermana en la fe pueden ser cuestionadas o superadas en la próxima oportunidad por revelaciones propias de diferente contenido. Hasta ahora, todo bien. Pero lo traicionero de la vida social son sus efectos no deseados. En la medida en que las empresas de eventos religiosos y los actores de los medios de comunicación adopten el modo carismático de legitimación, este se convierte en un instrumento de autoritarismo religioso. Precisamente esto es lo que ha estado sucediendo en los EE.UU. y en América Latina más o menos desde la década de 1970 con la imposición del movimiento neopentecostal en el mercado de la industria de la salvación. En lugar de la relativización mutua de las pretensiones de revelación divina como sucede en las pequeñas congregaciones, ahora prevalece la autoridad de los predicadores de masas en la televisión, en las campañas evangelizadoras en los estadios deportivos o en las megaiglesias. Los expertos hablantes y las masas oyentes se encuentran sin establecer ningún tipo de diálogo. Los predicadores reclaman ahora para sí la autoridad de la revelación de Dios, que primero ejercen sobre las masas de sus oyentes y, luego, también la demandan para otros contextos, como por ejemplo, la política. La reivindicación religiosa de tener una posición absoluta no se basa, por tanto, en nada más que en la propia opinión, que se desarrolla a partir de una buena intuición populista y de unos cuantos versículos de la Biblia. Al igual que el papa Bonifacio VIII, esto expertos pueden manipular sus reclamos globales de poder a partir de un versiculito perdido de la Biblia o, incluso, de su mera pretensión. Para que la reivindicación también sea legitimada históricamente, de manera similar inventan para sí mismos el oficio del "apostolado", que los pone en un nivel jerárquico con el papa católico. Pero existe la sutil diferencia de que, según el Vaticano I (1870), el papa es considerado infalible únicamente para las declaraciones sobre la fe ex catedra. En contraste, los apóstoles neopentecostales gozan de infalibilidad también para los asuntos políticos o privados, o sea para todo lo que les da la santa gana. Ya nos hemos referido a la declaración que hizo Pat Robertson de haber tenido una revelación que decía que el presidente venezolano Hugo Chávez tenía que ser asesinado por la CIA. Este tipo de programas son difícilmente compatibles con la participación democrática, pero sí con la refeudalización y la postdemocracia.

Las estrellas de los eventos religiosos actúan como expertos en relaciones públicas frente a una masa callada que simplemente reacciona a sus señales; y, además, como cabilderos que utilizan las reacciones de las masas para propagar una política de su propio interés, que se realiza a puerta cerrada. Esto coloca a las masas en un estado de fijación religiosa, un desinterés en el argumento político y un estado de fácil manipulación, "por lo que voluntariamente reasumen la posición que fueron obligados a ocupar en tiempos predemocráticos" (Crouch 2004, 23).

Hasta aquí, muy mal. Pero esta no es toda la historia. Las lógicas de la colonización del pensamiento y la refeudalización no determinan de ninguna manera la lógica práctica de todo el protestantismo en los Estados Unidos y en América Latina.

7.3 Panamá 2016

Panamá es demasiado caluroso para un congreso en el cual se supone que la gente de latitudes templadas debería trabajar durante el día. Pero el país cuenta, desde 1914, con el canal interoceánico y, por lo tanto, está ubicado, desde la perspectiva de las comunicaciones, mucho más convenientemente que San José de Costa Rica, de temperaturas más moderadas. La construcción del canal, en la que en ese entonces era provincia "Panamá" de Colombia, fue iniciada en el siglo XIX por una compañía francesa, pero el proyecto nunca se completó. Una tentativa de los EE.UU. de negociar un contrato con Colombia para la construcción del canal bajo la dirección de los EE.UU., fracasó en 1903. Por eso, los EE.UU. apoyaron el movimiento de independencia de la provincia y reconocieron a la joven República de Panamá, ya en 1904, para iniciar la construcción del canal. El "palo grande" (*Big stick*) estadounidense creó un nuevo estado de "puertas abiertas" (*Open doors*) para la economía estadounidense. El canal se convertiría en un emblema para el comercio mundial dominado por los Estados Unidos. Para la población de Panamá también se transformaría en un emblema de la segregación étnica. Los trabajadores negros de las Antillas que trabajaron en la construcción del canal se vieron obligados a hacerlo en malas condiciones de trabajo. Al finalizar la construcción, en 1914, la mayoría de ellos permanecieron en Panamá como un grupo de población marginal. Hasta hoy en día, es ante todo la Iglesia Episcopal de Panamá la que está plagada de segregación entre miembros blancos y negros, como lo sé por mi trabajo con esta iglesia. Como siempre, todo depende de cómo uno ve las cosas.

En Panamá, como sabemos, se celebraron dos reuniones en 2016, en las que se analizaron desde perspectivas bastante diferentes el canal y la política protestante en América Latina.

Policentrismo: Alianza Evangélica Mundial

La asamblea mundial (3 a 7 de octubre de 2016) de la Alianza Evangélica Mundial (*World Evangelical Alliance*, WEA, que se remonta a una iniciativa de Billy Graham de 1974), tiene como logo la imagen de un barco mercante en el canal con el telón de fondo de un bordado de los indígenas Cuna de la costa caribeña de Panamá. El barco domina la imagen y parece estar siendo desplazado hacia el espectador por el aparatoso equipo técnico de las esclusas. En el fondo lleno de colores e inmóvil como el firmamento, el bordado indígena. ¿Cómo debe entenderse el cuadro como emblema de un congreso misionero en un lugar tan lleno de historia como Panamá? ¿La misión identificada con el barco mercante y el Panamá indígena como un mero lugar o, tal vez, mejor, como una puerta de enlace para el comercio mundial con los bienes de salvación? Sea como fuere, es evidente que el canal y la misión se afirman mutuamente, tal como lo hicieron a finales del siglo XIX.[105] Nada más se puede encontrar en la "breve reseña histórica" de Timothy Halls, quien en el "contexto geopolítico" echa una mirada nostálgica a la apertura de la zona del canal con el hermoso Hotel Tivoli y la visita de Teddy Roosevelt. No pude encontrar un examen crítico de las posiciones de la conferencia

---

[105] https://www.worldea.org/news/4723/wea-mission-commission-highlights-polycentric-mission-during-panama-global-consultation (29.10.2019), https://weamc.global/category/conferences/panama/ (29.10.2019);

de 1916 en los documentos de la conferencia de 2016. Entonces, ¿qué ha cambiado?

La misión se ha convertido en "policéntrica", dicen. El tema de la reunión consultiva es "Misión Policéntrica – de todas las naciones a todas las naciones". La introducción a la conferencia[106] especifica que "el cambiante escenario mundial" requiere de "soluciones de asociación" (*partnership solutions*). En el mundo actual hay cristianos bien posicionados en varios lugares. ¿Qué podría ser más obvio para una organización mundial que adaptar formalmente su concepto de trabajo a esta condición estructural? De este modo, la adaptación corresponde a los cambios del movimiento evangelical en la periferia global. En América Latina se fundó en la década de 1980 la mencionada CONELA, que por su parte inició la fundación del Congreso Misionero Iberoamericano (COMIBAM, 1987), que resume las iniciativas nacionales de misión evangelical y las orienta internacional y étnicamente.[107] Por lo tanto, la Alianza Evangélica Mundial puede recurrir en diferentes grados a las iniciativas evangelicales regionales en todo el mundo y agruparlas. Como lo formuló en Panamá el recién nombrado jefe de la Comisión de Misión, David Ruiz (2016), la visión de las regiones sigue orientada hacia el crecimiento cuantitativo, pero ahora en el horizonte de las actividades coordinadas de la misión mundial. Esto puede llevar a que los antiguos países de envío se conviertan ahora en países receptores que piden ayuda misionera al sur. Pero no se especifica si se trata de los EE.UU. o más bien de Europa.

Con la esperanza de encontrar algo realmente nuevo, recurro a dos ponencias de la conferencia. Una de ellas, por su título, es un examen de la reunión de 1916. El exégeta Samuel Pagán (2016) del Centro de Estudios Teológicos de la Florida (Florida Center for Theological Studies), en Miami, lo promete en el título de su exposición, pero no cumple. Solo examina de manera muy descriptiva el uso de

---

[106] http://mc.worldea.org/panama-global-consultation-intro/   28.9.2016 (12.12.2016)

[107] https://www.comibam.org/es/ (acceso: 29.11.2018). Lema: "Iberoamérica llevando todo el evangelio a todas las etnias".

la Biblia en el congreso de 1916 y luego aborda los desafíos exegéticos para el presente. Menciona la complejidad de las sociedades y la necesidad de una interpretación contextual de la Biblia, pero no propone una hermenéutica contextual, sino nos remite a las bendiciones de la computadora, que permite encontrar más detalles en el texto. Con lo cual señaliza una posición que es aún decenios anterior a la Teología de la Liberación. Reconoce el problema – y lo circunnavega.

El autor de la ponencia "Misión desde la periferia", Samuel Escobar, promete la salvación. Uno se entera primero que la misión siempre es un riesgo – una autoevaluación muy común así como un lugar común entre los misioneros estadounidenses. Seguidamente Escobar aborda la interesante idea de Orlando Costas de aplicar a la misión la retórica centro-periferia de la teoría de la dependencia. Esto, asegura, sometería a la misión del centro a la crítica. Una mirada a las cifras de conversión muestra además que el crecimiento en el sur, actualmente, es casi 20 veces mayor que en el norte. En consecuencia, habría un movimiento misionero desde la periferia y – en los países musulmanes – "desde abajo". Afirma que los misioneros del sur son más autocríticos de modo que con ellos se volvería a modelos bíblicos con una "conciencia histórica". Pero, el significado de todo esto para la praxis, también aquí, sigue permaneciendo en la oscuridad.

La finalidad central de la conferencia, la "misión policéntrica", se describe con mayor precisión en la declaración final con la ayuda de otros "conceptos estrechamente relacionados":

> "[La misión policéntrica] incluiría una conversación misionera polifónica, polidireccional, poligeneracional, crucicéntrica o cristocéntrica, y la unidad en la misión." (WEA Mission Commission 2016)

Si bien es muy cierto que los misioneros estadounidenses ya no tienen el mando exclusivo del barco de la misión, las metas de la misión –

crecimiento cuantitativo de las iglesias a expensas de las denominaciones no evangelicales[108] y las religiones – continúan siendo iguales tal y como los contenidos no cambian: teología evangelical conservadora, sacrificial, y centrada en la cruz así como individualismo de conversión.

Desde una perspectiva decolonial, no puede descartarse la suposición de que el programa de la misión policéntrica sea un intento exitoso de colonizar las disposiciones religiosas de los actores religiosos del sur global con los conceptos centrales de la tradición misionera estadounidense de modo tal que los propios actores, de manera completamente voluntaria, piensen y actúen como los propios colonialistas, y a través de la misión sur-norte, incluso, en dirección a los propios colonialistas. Si esto fuera así, sería una operación exitosa del tipo "violencia simbólica" (Bourdieu).

Desde una perspectiva teológica, hay algunas evidencias que apoyan esta suposición. Éstas se hacen más probables al contrastar la misión policéntrica con otros modelos de acción latinoamericanos y la correspondiente crítica teológica. En todo caso, justamente la teología sacrificial, propagada por la WEA (y favorecida por el fundamentalismo tradicional de los Estados Unidos), ha sido muy criticada por diversos teólogos pentecostales de América Latina como, por ejemplo, por el teólogo brasileño Paulo Ayres Mattos en la conferencia de la Red Latinoamericana de Estudios Pentecostales (RELEP) en 2016.

Red Latinoamericana de Estudios Pentecostales (RELEP)

Esta red de estudiosos latinoamericanos se originó a partir de varias reuniones de asociaciones teológicas[109] entre 1995 y 2000, en las que un grupo de académicos pentecostales de formación ecuménica decidió formar esa red. Comenzó en México, en 1998, con una

---

[108] ....con tolerancia creciente para con los católicos.

[109] La Comunidad de Educación Teológica Ecuménica Latinoamericana y Caribe (CETELA) y la Asociación de Teólogos del Tercer Mundo (ASETT).

reunión de cuatro activistas de México, Brasil, Perú y Chile. La primera gran reunión se celebró en Santiago de Chile, en 1999, con 20 académicos pentecostales de 8 países. En 2002, se organizó un segundo encuentro en Costa Rica con el apoyo de la Universidad Bíblica Latinoamericana; y, posteriormente, otros eventos en Santiago de Chile (2008, 2009), en Quito (2011) y finalmente en Panamá (2016). Las contribuciones presentadas en las conferencias se publicaron.[110] De particular importancia es que con el tiempo empezaron a surgir grupos regionales. Actualmente, el grupo brasileño cuenta con unos cuarenta miembros, y el grupo hispano latinoamericano con unos cien. La red reúne diversas disciplinas partiendo de la teología pasando por la historia, la antropología, la arquitectura, la pedagogía para llegar a la sociología de la religión. Su meta es reflejar la práctica de las iglesias pentecostales en el contexto social de América Latina y, por lo tanto, apoyarla dentro de un marco teológicamente responsable. En contraste con la rigurosa separación de la teología normativa de las ciencias sociales descriptivas en los países del Atlántico Norte, aquí estas ciencias se reúnen en un diálogo interdisciplinario orientado a los problemas sociales. Los miembros de la asociación trabajan en su mayoría en universidades, seminarios teológicos u ONG y generalmente son buenos conocedores del campo religioso de sus respectivos países.

La reunión de 2016 en Panamá para revisar críticamente el Congreso de 1916 se celebró en cooperación con el Foro Pentecostal Latinoamericano y Caribeño (FPLC), una asociación informal de iglesias y personas interesadas en el diálogo ecuménico en el sentido más amplio de la palabra. Fue creado entre 2007 y 2010 como una expresión regional del trabajo del Foro Cristiano Mundial (*Global Christian Forum*)[111], el cual, a su vez fue fundado en 1998 por iniciativa del Consejo Mundial de Iglesias (CMI) para ofrecer un espacio de comprensión ecuménica también a aquellas iglesias para las cuales la

---

[110] Mesquiati de Oliveira und Freire de Alencar 2017. Ver también Chiquete y Orellana 2003; 2009a; 2009b.

[111] http://www.globalchristianforum.org/ (acceso 29.10.2019).

pertenencia institucional al Consejo Mundial significaba un vínculo demasiado estrecho con el programa del Consejo. En la actualidad, el Foro es, desde la perspectiva institucional, completamente independiente del CMI y trata de unir a través del diálogo a iglesias de diversas tradiciones.

Numerosos miembros de RELEP también están comprometidos con el trabajo del Foro Pentecostal. Por ello, en Panamá, entre el 21 y el 26 de noviembre de 2016, se celebraron dos reuniones directamente consecutivas, en el mismo lugar, con casi los mismos participantes y con una fuerte influencia de RELEP. Con algunas pocas excepciones, todos los participantes pertenecían al movimiento pentecostal latinoamericano, cuya visión de la situación del cristianismo en América Latina difería profundamente de la de los misioneros policéntricos, no por último en lo que se refiere al canal.

La reunión pentecostal 2016

El canal es también un punto de referencia para varios de los ponentes en las conferencias del FPLC y de RELEP. En claro contraste con el evento de la Alianza Evangélica Mundial, la mayoría de ellos sitúa el congreso de 1916, así como el canal, en el marco de la Doctrina Monroe y la ideología del destino manifiesto. Estas y otras posiciones de los pentecostales latinoamericanos, que se esbozarán a continuación, muestran de nuevo con nitidez la diferencia que ya hemos visto en los malos entendidos entre los teólogos de la Sociedad de Estudios Pentecostales (SPS) y los de la Iglesia Apostólica de la Fe en Cristo Jesús.

Un malentendido sistemático de esta índole se repitió en la reunión del FPLC. El veterano teólogo pentecostal estadounidense y durante mucho tiempo profesor del *Fuller Theological Seminary*, Mel Roebeck, fue invitado a la reunión del FPLC como miembro del directorio del Foro Cristiano Mundial. Habló – en inglés – al final del segundo día frente a los académicos latinoamericanos reunidos. Dijo que el norte estaba interesado en un diálogo con las fuertes voces del sur. Además, añadió, que había que buscar un proceso de perdón mutuo (¡!). Argumentó que en el movimiento pentecostal de los Estados

Unidos se enseñaba teología y no sociología, como era obviamente el caso en América Latina. Pero que las preguntas de los latinoamericanos tenían que ser respondidas espiritualmente, de la misma manera como Jesús enseño a sus discípulos a mirar las hojas de un árbol para reconocer la estación del año y, también, como Juan, el apocalíptico había recibido en una visión las cartas a las siete congregaciones. Prosiguió diciendo que era importante que "todos nosotros" escucháramos lo que decía el Espíritu Santo. A continuación, destacó la importancia del diálogo interconfesional e interreligioso. La gran ventaja del pentecostalismo, según el veterano teólogo, era ser una forma de espiritualidad que podía ser vinculada a muchas otras confesiones. El historiador brasileño Gideon Freire de Aléncar respondió – con la presión de la derecha religiosa brasileña a sus espaldas – que era común entre los conservadores protestantes y católicos de América Latina la cooperación interconfesional en temas como la homosexualidad y el aborto; pero que él mismo se pregunta si no sería mejor cooperar en temas como la violencia, la guerra o la emancipación. Roebeck contestó refiriéndose a sus experiencias en el diálogo con la Iglesia Católica, especialmente con Juan Pablo II, y dijo que se podía hablar de muchos temas, como la dignidad humana o, incluso, la educación. El historiador chileno Luis Orellana se orientó en la realidad concreta e hizo una pregunta sobre la responsabilidad política de las iglesias. Supo por Roebeck que lo principal era mantener la Iglesia unida y mantenerse a sí mismo apolítico; pero, bueno, las iglesias del sur deberían de empujar a las del norte a hablar más de política. Quién sabe, pero quizás esta concesión fue un fruto de la cortesía.

Los participantes latinoamericanos de la conferencia, a su vez, hablaban incesantemente de política, condiciones sociales y discriminación cultural como contextos muy concretos de su trabajo eclesial. Había un amplio consenso en que el contexto social juega un papel decisivo en el diálogo interconfesional. Una vez más la diferencia con los Estados Unidos se hizo evidente. La mayoría de esos cristianos latinoamericanos ya no aceptan que la teología se ejerza como un juego académico de cuentas de cristal y que la unidad de la Iglesia sea entendida como un acuerdo verbal sobre frases doctrinales. Esto se puso de manifiesto en la mayoría de las contribuciones a los encuentros.

El tema del *congreso misionero de 1916* fue tratado en 4 de las 18 ponencias del FPLC y en 12 de las 22 presentaciones de la RELEP. El rango de evaluaciones va desde una apreciación de los esfuerzos misioneros que perseguían una estrategia panamericana de democratización en América Latina (Tomás Gutiérrez) pasando por reflexiones sobre la modernización del continente en el marco de la Doctrina Monroe (Daniel Oviedo) hasta un crítico posicionamiento del congreso de 1916 en el contexto de las estrategias geopolíticas de poder (Freire de Alencar y David Mesquiati).

Freire de Aléncar examina el congreso de 1916 y el canal de Panamá en el contexto de la geopolítica (Freire de Aléncar 2016). En 1914 comenzó la Primera Guerra Mundial (y en los Estados Unidos la discusión sobre su participación) y la construcción del canal fue finalizada. Aléncar subraya que al congreso Christian Work in Latin America (1916) asistieron como invitados ministros de gabinete panameños, embajadores extranjeros, enviados del Departamento de Estado de los EE.UU. y el jefe del canal, un coronel estadounidense. También indica que de los 230 delegados religiosos, únicamente 145 estadounidenses vivían en América Latina y que solo 21 latinoamericanos nacidos en Latinoamérica estaban presentes. Que estos factores contextuales eran importantes para entender el congreso de 1916 fue una opinión compartida ampliamente por muchos participantes en la reunión de 2016. Desde la perspectiva de un pentecostal brasileño moderno, Aléncar reconoce un problema del congreso de 1916 y es que este perfilaba al protestantismo como un modelo cultural anticatólico y con esta orientación también influyó en el incipiente movimiento pentecostal latinoamericano.[112] Pero, antes de todo, según Aléncar, el congreso reflejaba una imagen colonialista de América Latina, nutrida por prejuicios racistas e intelectualistas. Finalmente, un problema importante del congreso es – Aléncar cita el es-

---

[112] Freire de Alencar 2016; y grabación de una ponencia oral, 21.11.2016.

tudio fundamental de Arturo Piedra (1993) – que se orientó princi-palmente hacia los intereses de las clases medias y altas latinoameri-canas.

Aléncar demostró su afirmación, no a través del discurso de los misioneros estadounidenses, sino por medio del ejemplo de los tres representantes brasileños en el congreso. El congreso de Panamá fue precedido por un cisma en la Iglesia Presbiteriana Brasileña, ocurrido en 1903: la proestadounidense *Igreja Presbiteriana do Brasil*, que estaba equipada con misioneros y era cercana a la masonería, contra el proyecto nacionalista, sin misioneros, de los pastores brasileños en la *Igreja Presbiteriana Independiente*. Fueron representantes de la primera quienes viajaron a Panamá. Esto explica, según Aléncar, que ellos – cada uno en mayor o menor medida – presentaban a los EE.UU. y su protestantismo como blanco (lo que se entiende como un valor en sí mismo), educado y capitalista, mientras que América Latina era pintada como de bajo valor, mestiza y enferma. En este tipo de discursos, concluye Aléncar, el movimiento pentecostal – aunque ya presente en los Estados Unidos, Brasil y otros países – ni siquiera se mencionó, porque sus miembros eran y siguen siendo po-bres y negros.

El profesor de teología David Mesquiati veía las cosas de manera semejante. En su opinión, desde 1916 la misión y el capitalismo se están identificados mutuamente. Por ello considera urgente centrar el concepto de evangelización en los derechos humanos, la justicia so-cial y la paz.

Por su parte, el pastor y teólogo Daniel Chiquete sobre la base de un análisis de los medios de comunicación explicó de qué manera, en el siglo XIX, se tejió una "Leyenda negra" sobre el catolicismo lati-noamericano, y cómo las metáforas de justificación como "moderni-zación", "libertad" y "ética" siguen legitimando la misión, incluso, hasta hoy en día.

Otros enfatizan que el panamericanismo dominado por el norte de ninguna manera ha llevado solo democracia a Latinoamérica, sino también dictadura, tortura, falta de libertad y marginación. ¿Y qué, de todo, significa democracia en el contexto panamericano? Es cierto que muchos misioneros también han criticado las políticas imperialistas, pero la misión es muy ambivalente y ocasionalmente ni siquiera se ha detenido frente al genocidio, según lo testifican los pueblos indígenas. El profesor brasileño de teología Paulo Ayres Mattos ha propuesto la metáfora de "antropofagia cultural" para la relación misionera norte-sur, ya que en esta relación la cultura dominada es devorada por la dominante; hecho que se puede apreciar, por ejemplo, en la militarización de los cantos pentecostales por parte de los misioneros estadounidenses de modo que constantemente hablan de sangre y envían "batallones de Cristo" a la lucha por conquistar las ciudades.

Muchas de las presentaciones y debates en el encuentro de la RELEP están directa o indirectamente relacionados con los *desafíos pastorales* del movimiento pentecostal. En este contexto es i de relevancia señalar que, hasta donde yo estoy informado, ninguno de los académicos pentecostales presentes pertenece a una megaiglesia y que todos están familiarizados con la vida en una congregación pentecostal de la clase media baja e, incluso, de la clase baja. Para muchas pequeñas congregaciones, especialmente en las áreas marginales, la misión en las calles de la vecindad es claramente más importante que la misión mundial. Así pues, ciertamente se plantea la cuestión de un proselitismo legítimo. El pastor y autor teológico Bernardo Campos del Perú responde a esta inquietud asegurando que la evangelización y la integración en las comunidades eclesiales tienen que tener como meta la realización del ser humano en un sentido holístico, pero de ninguna manera el cumplimiento de metas misioneras cuantitativas. Las innumerables pequeñas congregaciones de los trabajadores pobres e informales suelen estar compuestas por unos 20 o 30 miembros, a menudo una mujer a la cabeza y, prácticamente, todos los miembros cumplen el papel de activistas y expertos. Uno de los retos particulares de la pastoral cotidiana en estos barrios son las pandillas juveniles, a menudo, involucradas en el tráfico de drogas. Muchas de estas iglesias pequeñas se desempeñan en la mediación de conflictos o sirven como una opción de salida para los jóvenes.

Los participantes no solo quieren documentar su praxis pastoral, sino que también la analizan de manera autocrítica. David Mesquiati subraya que la violencia no es de ninguna manera un nuevo desafío, sino que el movimiento pentecostal, en tiempos pasados, simplemente no le había prestado atención. Muchos pentecostales, según él, siguen siendo poco críticos y se adaptan a las condiciones y estructuras de poder imperantes. A menudo, son eclesiocéntricos y solo se interesan por los cultos y las campañas de evangelización, traicionando así la obligación de las iglesias de la Reforma con respecto a la responsabilidad social. En cambio, están aferrados a los conceptos estadounidenses de conservadurismo religioso y dejan abandonados a los activistas de los derechos civiles. Mesquiati sostiene que el movimiento pentecostal, sin embargo, afronta el desafío de involucrarse críticamente en la cultura y la sociedad, de descolonizarse, de aprender a leer la Biblia hermenéuticamente y de establecer una buena relación con los católicos.

Formuladas de manera algo más abstracta, las demandas mencionadas pueden ser identificadas con contenidos como la justicia social, la paz y la ecología, que de hecho desempeñan un papel importante en las más diversas contribuciones como la demanda de una nueva ética. En lugar de obtener un visado para el cielo, dijo alguien, se trata de realizar los valores mencionados.

Con todo lo dicho, por supuesto, que nadie se refería a las *megaiglesias neopentecostales*. Los actores de la formación GERENCIA más bien son identificados claramente como oponentes en el campo religioso, aunque no se les dedicó mucho tiempo de debate.[113] Una crítica común era que los neopentecostales se habían posicionado en América Latina como "virreyes de los EE.UU." y que seguían la ló-

---

[113] Sólo una vez se mencionó elogiosamente a los neopentecostales por sus conocimientos y uso de los medios de comunicación sugiriendo que podrían ser invitados a una reunión para obtener apoyo para las propias estrategias

gica neoliberal de la "culpabilización de la víctima" de su propia miseria, lo que causaba adicionalmente daños psicológicos a la víctima, por un lado, y una legitimación barata de la riqueza, por el otro.

Objeto de una aguda crítica fue, además, la terminología sacrificial del movimiento evangelical estadounidense que, en su mayoría, está organizado en la formación LEY DIVINA. Paulo Ayres Mattos explicó que la teología del sacrificio y de la expiación con su idea de desagravio mediante el castigo había distorsionado la doctrina cristiana de la salvación por medio de una interpretación jurídica. Y, de esta manera había sido preparado, aseguró el teólogo, el camino para otra distorsión aún más profunda de la doctrina cristiana mediante la introducción del programa neopentecostal y neoliberal de prosperidad. Esta doctrina pone en términos equivalentes el sacrificio del derramamiento de sangre de Cristo con el sacrificio del dinero al donar; y a partir de allí, como en un negocio crediticio, se deriva una obligación de Dios y, finalmente, se establece el dinero como modalidad de salvación. De este modo, concluye el obispo Mattos, se legitima el capitalismo neoliberal, se culpa a las víctimas del sistema no haberse esforzado lo suficiente y se escenifica el consumo como la Tierra Prometida.

La tensión entre la misión de los Estados Unidos y la praxis religiosa latinoamericana resulta particularmente evidente en relación con los *pentecostales indígenas*. Aquí, el entrelazamiento se produce a menudo con una fuerte dosis de cultura indígena. El peruano Bernardo Campos señaló que existía una "sintonía" entre el pentecostalismo y la cultura indígena, que se expresaba, por ejemplo, en el hecho de que los pastores pentecostales asumen, a menudo, un papel similar al del sacerdote indígena. Más allá de esta analogía funcional, estaban en marcha entrelazamientos programáticos de una praxis pentecostal inculturada y la identidad indígena. Esta corriente, que es particularmente fuerte en los Andes y en Guatemala, estuvo representada en la conferencia por el teólogo aymara Jacobo Tancara de Bolivia, doctorado en Alemania.[114] Tancara posee una experiencia profunda y reflexiva sobre la vida cotidiana indígena y como pastor de comunidades indígenas en barrios marginales de Bolivia,[115] así como un amplio conocimiento académico de la Teología y la Filosofía de la Liberación. El teólogo, quien trabaja en una universidad teológica en los Andes peruanos, presentó en el encuentro el diseño de un contraprograma indígena frente al de la misión y el movimiento pentecostal blanco conservador.

Para ello recurre, por un lado, a prácticas religiosas indígenas fusionadas hasta cierto punto con prácticas pentecostales, como por ejemplo la suposición de una naturaleza animada por espíritus[116] y una alta valoración de la comunidad en contraste con el individuo. Por otro lado, apoyado en el recurso académico de la literatura sobre la descolonización (desde Mariátegui a Quijano y Enrique Dussel), Tancara descubre y refuerza los elementos de descolonización presentes en la práctica pentecostal. Si las iglesias pentecostales se aprecian a sí mismas como innovadoras, lo que sin duda hacen, Tancara las insta a poner en marcha la innovación de cara a la sociedad. Señaló que así como Trotsky hablaba de la revolución permanente, era necesario hablar de la reforma permanente.[117] Finalmente puso énfasis en que de la Teología de la Liberación podía aprenderse que solo podía hacerse teología y praxis eclesial, si se tomaba en serio el conflicto entre las clases sociales y su traducción en un conflicto étnico como base para la práctica teológica y pastoral. Desde la perspectiva indígena, el punto de fuga de tal teología y praxis pastoral es la descolonización, o sea, el abandono de un entrelazamiento perjudicial

---

[114] Doctorado en Bielefeld con el autor.

[115] Cf. el libro Tancara Chambe 2011.

[116] Desde el punto de vista de la teología hay posibilidades de mediación, semejanzas y sinergias a partir de una pneumatología debidamente desarrollada.

[117] Este pensamiento ya está bien establecido en el protestantismo reformado.

con el norte y la perspectiva hacia un nuevo intento de entrelazarse desde el sur – quizás, algún día.

Por ahora, para muchos el *des*entrelazamiento parece ser la mejor forma del entrelazamiento.

Postfacio: Dinámica del entrelazamiento

El entrelazamiento de prácticas, habitūs e instituciones sociales se produce de las más diversas formas. En este libro solo hemos examinado un campo fácilmente delimitado, o sea el de la misión protestante de los Estados Unidos en América Latina y sus repercusiones. Esta mirada ha revelado una dinámica de entrelazamiento que revela no sólo asimetría sino también una cierta dialéctica. La misión estadounidense (la posición) produce a través del entrelazamiento con América Latina un protestantismo bien específico (negación), que luego vuelve a ser activo en los EE.UU. y conduce a una síntesis. ¡Si fuera así, sería muy bonito! Los procesos son mucho más complicados, aunque aquí sólo se consideren bajo la condición de dos actores colectivos. En el mejor de los casos, se pueden mostrar las siguientes formas de entrelazamiento práctico.

Dominación: El entrelazamiento objetivo se logra mediante el establecimiento de instancias de control en el polo subalterno. La misión clásica estadounidense persigue el objetivo de la dominación cultural de América Latina y administra la praxis protestante a través de los misioneros estadounidenses. Un dominio cognitivo-emocional surge cuando esquemas de percepción y evaluación se transfieren e incorporan a través de una praxis obligatoria de larga duración. Esto puede suponerse para las escuelas de misión y, más aún, para la formación de los predicadores latinoamericanos.

Subalternidad: Es el complemento de la dominación. Los actores subalternos aceptan la subalternidad, se identifican con la dominación y desarrollan las prácticas correspondientes. El protestantismo hispano de derecha en EE.UU. parece seguir esta dinámica, al igual que la misión "policéntrica" del sur.

Subversión: Esta también opera bajo las condiciones de la dominación, pero adquiere conciencia de esta situación y trabaja en su propia emancipación utilizando los elementos de la práctica dominante. Este sería el caso de la praxis de los protestantes indígenas y, de manera similar, de la Teología de la Liberación. Una forma drástica de la subversión del catolicismo es el culto a la Santa Muerte.

Cooperación: La forma ideal del entrelazamiento se produce cuando se generan sinergias objetivas y percibidas. Este fue el caso entre los primeros misioneros liberales en América Latina y las élites criollas (económicamente) liberales. También puede observarse entre los protestantes indígenas de América Latina y las agencias de ayuda ecuménica del norte o, también, entre los evangelicales conservadores de los EE.UU. y CONELA de América Latina.

Fusión: Se produce cuando, debido a un equiparación objetiva de las posiciones sociales, se desarrollan, en el transcurso del tiempo, habitūs (religiosos) coincidentes y, de este modo, se posibilita una comprensión más o menos inmediata. Es probable que este sea el caso de la "clase religiosa transnacional" (como la describe Sklair) que ha surgido en las últimas cinco o seis décadas. En casos individuales se puede asumir que las posiciones de algunos misioneros individuales y disidentes se asemejen con el tiempo, a las de los cristianos latinoamericanos, especialmente si se han establecido lazos familiares de larga data.

Malentendido: Puede describirse como un intento fallido de establecer una cooperación. Ocurre cuando las disposiciones de percepción y evaluación de los actores son tan diferentes que un mismo concepto se entiende de forma completamente distinta. Hemos observado esto entre los teólogos estadounidenses y latinoamericanos.

Renuncia: La renuncia a las ventajas prometidas por el entrelazamiento y su rechazo expresa una considerable confianza en sí mismo que permite a los actores afrontar mejor su propia situación que bajo la injerencia desde el exterior. Esta estrategia puede observarse entre los pueblos indígenas en el rechazo de las iniciativas de las misiones.

Abandono: El abandono es una variante activa de la renuncia a las relaciones ya existentes, por ejemplo, de dominación. Un ejemplo emblemático es la nacionalización de muchas misiones clásicas de los Estados Unidos en América Latina en la década de 1960.

Contraataque: Ésta sería probablemente la única forma de entrelazamiento que puede describirse como dialéctica. Ocurre como la crítica consciente y explícita de las posiciones de los contrincantes.

Es el caso, por ejemplo, del levantamiento de los jóvenes evangelicales en el Congreso de CLADE en Bogotá (1969) y en el Congreso Misionero Mundial en Lausana, 1974. En el plano de la praxis religiosa cotidiana, una forma velada de contraataque se encuentra posiblemente en la acción de los migrantes latinos creyentes en los Estados Unidos, que actúan como expatriados religiosos que se atribuyen la tarea, asignada por Dios, de llevar la fe correcta a los "gabachos" (gringos) adictos al consumo.

Obras citadas

Alarcon, Rafael, Luis Escala, y Olga Odgers. 2016. *Making Los Angeles Home, The Integration of Mexican Immigrants in the United States.* Berkeley: University of California Press.

Alba, Richard D, Albert J. Raboteau, y Josh DeWind. 2009. *Immigration and Religion in America: Comparative and Historical Perspectives.* New York: New York Univ. Press.

Arbeitskreis ILV. 1979. *Die Frohe Botschaft unserer Zivilisation: evangelikale Indianermission in Lateinamerika: eine Dokumentation über den Einfluss protestantisch-fundamentalistischer Mission am Beispiel des Summer Institute of Linguistics (ILV/SIL/WBT).* Göttingen; Wien: Gesellschaft für bedrohte Völker.

Banks, Adelle. 2018. "Trump to Sign Executive Order Creating New White House Faith-Based Initiative". Newspaper. National Catholic Reporter. 3.5.2018. Acceso 11.10.2019. https://www.ncronline.org/news/politics/trump-sign-executive-order-creating-new-white-house-faith-based-initiative.

Barreto Jr, Raimundo. 2010. "O Movimento Ecumênico e o Surgimento da Responsabilidade Social no Protestantismo Brasileiro". *Numen: revista de estudos e pesquisa da religião* 13 (1 & 2): 273–323.

Beecher, Lyman. 1835. *A plea for the West.* Cincinnati: Truman & Smith.

Bellah, Robert N. 1967. "Civil Religion in America". *Daedalus* 96 (1): 1–21.

Blanke, Svenja. 2003. "Civic Foreign Policy. U.S. Religious Interest Groups and Central America". Disertación doctoral, Berlin: Freie Universität.

Bourdieu, Pierre. 1991. "Genesis and Structure of the Religious Field." Edited by Craig Calhoun. *Comparative Social Research* 13: 1–44.

Boyd, Gregory A. 2005. *Myth of a Christian Nation. How the quest for political power is destroying the church.* Grand Rapids: Zondervan.

Brinkley, Douglas. 2007. "Reagan, Unscripted." *Vanity Fair*, 1. Mai 2007. Acceso 1.10.2019. https://www.vanityfair.com/news/2007/06/reagan200706.

Bubeck, Mark I. 1975. *The Adversary: The Christian versus Demon Activity.* Chicago: Moody Press.

–––. 1984. *Overcoming the Adversary: Warfare Praying Against Demon Activity*. Chicago: Moody Press.

Buitrago Valencia, Clara. 2020 (in preparación). *Missionaries: Migrants or Expatriates? Guatemalan Pentecostal Leaders in Los Angeles*. Trier/Temple: Wissenschaftlicher Verlag Trier/Bilingual Press.

Bustillos Almendáriz, Daniel. 2014. "Hasta lo último de la tierra". In *Cien años de Pentecostés*, ed. Domingo Torres Alvarado, 461–537. Mexico: Iglesia Apostólica de la Fe en Cristo Jesús.

Caballeros, Harold. 1999. *De victoria en victoria: conceptos, experiencias y tecnicas sobre la guerra espiritual*. Nashville, TN: Caribe/Betania.

Calvani, Carlos Eduardo B. 2015. "Protestantismo liberal, ecumênico, revolucionário e pluralista no Brasil – um projeto que ainda não se extinguiu". *Horizonte* 13 (40): 1896–1929.

Cambridge Tribune. 1911. "Pageant of Darkness and Light", 6. Mai 1911. Acceso 11.10.2019. https://cambridge.dlconsulting.com/cgi-bin/cambridge?a=d&d=Tribune19110506-01.2.88&e=-------en-20--1--txt-txIN-------.

Capitol Ministries. o. J. Capitol Ministries. Acceso 11.10.2019. https://capmin.org/.

Capitol Ministries. "Nicaragua President to CM: Come Establish Bible Studies to National Leaders!" 2019. Capitol Ministries. Acceso 13.7.2019. https://capmin.org/nicaragua-president-to-cm-come-establish-bible-studies-to-national-leaders/.

Carbonelli, Marcos A. 2014. "Evangélicos, globalización y política en Argentina. Intervenciones públicas y misión divina". *Civitas – Revista de Ciências Sociais* 14 (3): 507–22.

Casaús Arzú, Marta Elena. 2007. *Guatemala: Linaje y racismo*. Guatemala: F&G Editores.

Castillo Hernández, Juan Carlos. 2014. "Escenarios socioculturales de la IAFCJ en México (1914-2014)". In *Cien años de Pentecostés*, ed. Domingo Torres Alvarado, 37–93. Mexico D.F.: Iglesia Apostólica de la Fe en Cristo Jesús.

Catholic Institute for International Relations. 1989. *The Road to Damascus: Kairos and conversion: a document signed by Third World*

Christians from El Salvador, Guatemala, Korea, Namibia, Nicaragua, Philippines, South Africa. London; Washington, D.C.: Catholic Institute for International Relations ; Center of Concern.

CEH. 1999. *Guatemala: Memoria del silencio*. Guatemala: UNOPS.

Cesar, Waldo. 2007. "Sociólogo relembra a abertura dos evangélicos para a realidade social brasileira nos anos 60". *Ultimato*, 2007. Acceso 2.5.2019. https://www.ultimato.com.br/revista/artigos/305/sociologo-relembra-a-abertura-dos-evangelicos-para-a-realidade-social-brasileira-nos-anos-60#extras.

Chiquete Beltrán, Daniel. 2014. "La arquitectura apostólica". In *Cien años de Pentecostés*, ed. Domingo Torres Alvarado, 339–85. Mexico D.F.: Iglesia Apostólica de la Fe en Cristo Jesús.

Chiquete, Daniel, y Luis Orellana, ed. 2003. *Voces del pentecostalismo Latinoamericano*. Concepción: RELEP.

– – – , ed. 2009a. *Voces del pentecostalismo Latinoamericano II. Identidad, teología, historia*. Concepción: RELEP.

– – – , ed. 2009b. *Voces del pentecostalismo Latinoamericano III. Identidad, teología, historia*. Concepción: RELEP.

Clawson, Michael. 2012. "Misión Integral and Progressive Evangelicalism: The Latin American Influence on the North American Emerging Church". *Religions*, Nr. 3: 790–807.

Committee on Co-operation in Latin America. 1915. "Change of name of the conference". *Congress on Christian Work in Latin America* Bulletin No. 4 (August). Acceso 12.12.2018. http://hdl.handle.net/2027/nnc2.ark:/13960/t5k99p97n.

– – – . 1916. *Christian work in Latin America. Message and method. Education. Report of commission II*. Bd. 2. New York N.Y.: Committee on Co-operation in Latin America. Acceso 12.12.2018. http://hdl.handle.net/2027/nnc2.ark:/13960/t9z08j32x.

– – – . 1917. *Christian work in Latin America. Survey and occupation. Message and method. Education. Reports of commissions I, II and III*. Bd. 1-3. New York: Missionary Education Movement.

Conrado, Flávio. 2008. "Igreja e sociedade em meio às rápidas transformações sociais". Revista Ultimato. 2008. Accessed 30.4.2019. https://www.ultimato.com.br/revista/artigos/310/igreja-e-sociedade-em-meio-as-rapidas-transformacoes-sociais.

Crouch, Colin. 2004. *Post-Democracy*. Malden, MA: Polity.

Damboriena, Prudencio. 1963. *El Protestantismo en América Latina. Vol. I*. Fribourg: FERES.

D'Antonio, William V., y Fredrick B. Pike. 1967. *Religión, revolución y reforma. Nuevas formas de transformación en Latinoamérica*. Barcelona: Herder.

Dawson, John. 1989. *Taking Our Cities for God: How to Break Spiritual Strongholds*. Lake Mary: Creation House.

De Sanctis, Fausto Martin. 2015. *Churches, Temples, and Financial Crimes: A Judicial Perspective of the Abuse of Faith*. Cham: Springer.

Department of the Army Headquarters. 1971. *Operaciones de contraguerrilla. FM 31-16*. Buenos Aires: Editorial Rioplatense.

Diamond, Sara. 1989. *Spiritual Warfare. The Politics of the Christian Right*. Boston: South End Press.

Dickason, C. Fred. 1987. *Demon Possession and the Christian*. Chicago: Moody Press.

Drollinger, Ralph. 2019. *Dr. Ralph Drollinger transmite mensaje de Paz en el 40/19*. Youtube. 19.7.2019, Managua. Acceso 11.10.2019. https://www.youtube.com/watch?v=bur_HW_j1MI&app=desktop.

Duchrow, Ulrich, Gerd Eisenbürger, y Jochen Hippler, ed. 1989. *Totaler Krieg gegen die Armen. Geheime Strategiepapiere der amerikanischen Militärs*. München: Kaiser.

Durkheim, Émile. 1982. *Las formas elementales de la vida religiosa*. Madrid: Akal.

Ehrenreich, Barbara. 2010. *Smile or Die. How Positive Thinking fooled America and the World*. Granta Books.

Escobar, J. Samuel. 1994. "Conflict of Interpretations of Popular Protestantism". In *New Face of the Church in Latin America: Between Tradition and Change*, ed. Guillermo Cook, 112–34. Maryknoll: Orbis Books.

Ezcurra, Ana María. 1982. *The Neoconservative Offensive: U.S. Churches and the Ideological Struggle for Latin America*. New York: CIRCUS Publications.

– – – . 1983. "Neoconservative and ideological struggle toward Cental-America in the USA". *Social Compass* 30(2–3): 349–62.

Fea, John. 2020. *Believe Me. The Evangelical Road to Donald Trump.* Grand Rapids, MI: Eerdmans.

Ferreira Vilela, Márcio Ananias. o. J. ""Cristo e o Processo Revolucioná-rio Brasileiro": a Conferência do Nordeste e a responsabilidade social da Igreja Presbiteriana do Brasil". Acceso 2.5.2019. https://www.encontro2012.historiaoral.org.br/resources/anais/3/1338502095_ARQUIVO_CristoeProcessoRevolucionarioBrasileiro-aConferenciadoNordesteearesponsabilidadedesocial-daIPB.pdf.

Flores, Antonio. 2017a. "Facts on U.S. Latinos, 2015. Statistical Portrait of Hispanics in the United States". *Pew Research Center* (blog). Acceso 18.9.2017. http://www.pewhispanic.org/2017/09/18/facts-on-u-s-latinos/#growth-sources.

– – – . 2017b. "How the U.S. Hispanic Population Is Changing". *Pew Research Center* (blog). Acceso 18.9.2017. https://www.pewresearch.org/fact-tank/2017/09/18/how-the-u-s-hispanic-population-is-changing/.

Freire de Alencar, Gedeon. 2016. "El ethos anticatólico del protestantismo brasileño: evangelización y geopolítica". Beitrag auf der Konferenz des RELEP, 24.-27.11.2016, Panama.

Fuerstenberg, Georg. 1984. "Kreuzzug gegen den Kommunismus. Die Vereinigungskirche in Lateinamerika". *Evangelische Kommentare* 17 (8): 430–32.

Fuller, Robert C. 1995. *Naming the Antichrist: The history of an American obsession.* New York: Oxford University Press.

García Canclini, Néstor. 1999. *La globalización imaginada.* Buenos Aires: Paidós.

Garrard-Burnett, Virginia. 2010. *Terror in the Land of the Holy Spirit. Guatemala under General Efraín Ríos Montt, 1982-1983.* Oxford; New York: Oxford University Press.

Goff, Fred. 1966. "Some Reflections on the Role of the Churches in the Formulation of Foreign Policy". *NACLA*, Dezember.

Gutiérrez Sánchez, Tomás. 2015a. "Perspectivas y desafíos para estable-cer una cultura de valores y justicia desde las ideas y las prácticas del cristianismo evangélico". Contribución a la conferencia: *45 años*

FTL y las fronteras teológicas de la contemporaneidad. 4.-6.6.2015, São Paulo.

– – – . 2015b. "La teología pública en América Latina". Contribución a la conferencia: *45 años FTL y las fronteras teológicas de la contemporaneidad*. 4.-6.6.2015, São Paulo.

– – – . 2017. "Protestantismo y política en América Latina una interpretación desde las ideologías políticas. Siglo XX". Disertación doctoral, Lima: Universidad Nacional Mayor de San Marcos.

Habermas, Jürgen. 2004. "Glauben und Wissen." Discurso de agradecimiento en la presentación del Premio de la Paz del Comercio Librero Alemán 2001, Frankfurt a.M. Acceso 5.1.2007. https://www.friedenspreis-des-deutschen-buchhandels.de/sixcms/media.php/1290/2001_habermas.pdf.

Hochgeschwender, Michael. 2007. *Amerikanische Religion*. Frankfurt: Verlag der Weltreligionen.

Holland, Clifton L. 2011. "Encyclopedia of Religious Groups in Latin America and the Caribbean: Religion in Guatemala". PROLADES.

Howell, Leon. 2003. *United Methodism @ risk: A wake-up call*. Kingston N.Y.: Information Project for United Methodists.

Huntington, Samuel P. 1982. *American Politics: The Promise of Disharmony*. Cambridge: The Belknap Press of Harvard University Press.

Hvalkof, Søren, y Peter Aaby. 1980. *Is God an American?* Kopenhagen: IWGIA.

Jefferson, Thomas. 1998. "Jefferson's Letter to the Danbury Baptists, sent on Jan. 1. 1802". The Library of Congress. 1998. Acceso 24.10.2019. https://www.loc.gov/loc/lcib/9806/danpre.html.

– – – . "First Inaugural Address. 4.3. 1801." In *The papers of Thomas Jefferson. 17 February to 30 April 1801*, 33:148–52. Princeton N.J.: Princeton University Press. Acceso 1.4.2019. https://avalon.law.yale.edu/19th_century/jefinau1.asp.

Jones, Robert P., y Daniel Cox. 2017. *America's changing religious identity. Findings from the 2016 American Values Atlas*. Washington D.C.: Public Religion Research Institute (PRRI). Acceso 5.6.2018. https://www.prri.org/research/american-religious-landscape-christian-religiously-unaffiliated/.

Jones, Robert P., Daniel Cox, E.J. Dionne, William A. Galston, Betsy Cooper, y Rachel Lienesch. 2016. "How immigration and concerns about cultural changes are shaping the 2016 election. Findings from the 2016 PRRI/Brookings Immigration Survey." Washington D.C.: Public Religion Research Institute / Brookings.

Juergensmeyer, Mark, ed. 2005. *Religion in global civil society.* Oxford; New York: Oxford University Press.

Kaltmeier, Olaf. 2016. *Konjunkturen der (De-)Kolonialisierung: Indigene Gemeinschaften, Hacienda und Staat In den ecuadorianischen Anden von der Kolonialzeit bis heute.* Bielefeld: Transcript.

– – – . 2019. *Refeudalización.* Bielefeld: Transcript Verlag.

Kirkpatrick, David. 2019. "Reforming Fundamentalism in Latin America: The Evangelical Left and Universidad Bíblica Latinoamericana". *Journal of the American Academy of Religion* 87 (1): 122–55.

Krumwiede, Heinrich-W. 2002. *Soziale Ungleichheit und Massenarmut in Lateinamerika.* Berlin: Dt. Inst. für Internat. Politik und Sicherheit.

Lalive d'Epinay, Christian. 1969. *Haven of the Masses. A Study of the Pentecostal Movement in Chile;* London: Lutterworth.

– – – . 1975. *Religion, dynamique sociale et dependance. Les mouvements protestants en argentine et au Chili.* Paris: Mouton.

Lienemann-Perrin, Christine, y Wolfgang Lienemann, ed. 2006. *Kirche und Öffentlichkeit in Transformationsgesellschaften.* Stuttgart: Kohlhammer.

Lint Sagarena, Roberto. 2009. "Migration and Mexican American Religious Life, 1848-2000". In *Immigration and Religion in America: Comparative and Historical Perspectives,* ed. Richard Alba, Albert J. Raboteau, y Josh DeWind, 56–70. New York/London: New York University Press.

López Torres, Samuel. 1999. *Historia de la Iglesia Apostólica de la Fe en Cristo Jesús.* Tijuana: Iglesia Apostólica de la Fe en Cristo Jesús.

– – – . 2014. "Historia, cotidianidad y testimonio". In *Cien años de Pentecostés,* ed. Domingo Torres Alvarado, 387–427. Mexico D.F.: Iglesia Apostólica de la Fe en Cristo Jesús.

Luque, Elias. 2014. "La doctrina apostólica". In *Cien años de Pentecostés*, ed. Domingo Torres Alvarado, 153–96. Mexico D.F.: Iglesia Apostólica de la Fe en Cristo Jesús.

Martin, David. 1990. *Tongues of Fire. The Explosion of Protestantism in Latin America*. Oxford: Blackwell.

– – –. 2001. *Pentecostalism. The World Their Parish*. Oxford: Blackwell.

Martín-Baró, Ignacio. 1984. "Guerra y salud mental". *Estudios Centroamericanos*, Nr. 429–430: 503–14.

Melander, Veronica. 1999. *The Hour of God. People in Guatemala Confronting Political Evangelicalism and Counterinsurgency (1976-1990)*. Studia Missionalia Upsaliensia 71. Uppsala: Swedish Institute of Missionary Research.

Mesquiati de Oliveira, David, y Gedeon Freire de Alencar. 2017. "Research Note: The Contribution of the Rede Latino-Americana de Estudos Pentecostais". *International Journal of Latin American Religions* 1 (1): 156–165.

Míguez Bonino, José. 1995. *Rostros del protestantismo Latinoamericano*. Buenos Aires/Grand Rapids: Nueva Creacion/W.B. Eerdmans Pub. Co.

Montejo, Victor. 2008. *Voices from Exile. Violence and Survival in Modern Maya History*. Norman, OK: University of Oklahoma Press.

Montero, Paula. 2006. "Religião, pluralismo e esfera pública no Brasil". *Novos estudos*, Nr. 74: 47–65.

National Archives and Records Administration, ed. 1789. "George Washington's Inaugural Address of 1789". Acceso 1.11.2018. https://www.archives.gov/exhibits/american_originals/inaugtxt.html.

Neckel, Sighard. 2010. "Refeudalisierung der Ökonomie. Zum Strukturwandel kapitalistischer Wirtschaft. MPIfG Working Paper 10/6". Max-Planck-Institut für Gesellschaftsforschung, Köln.

Noll, Mark. 2008. *God and race in American politics*. Princeton: Princeton University Press.

O'Sullivan, John. 1845. "Annexation". *United States Magazine and Democratic Review* 17 (1): 5–10.

Pagán, Samuel. 2016. "Congreso misionero en Panamá (1916): Realidades, desafíos y posibilidades". World Evangelical Alliance: Misión Policéntrica, Panama.

Pally, Marcia. 2008. *Warnung vor dem Freunde. Tradition und Zukunft US-amerikanischer Aussenpolitik*. Berlin: Parthas.

Pareto, Vilfredo. 1916. *Trattato di sociologia generale*. Firenze: G. Barbèra.

Pew Research Center. 2014. "The Shifting Religious Identity of Latinos in the United States. Nearly One-in-Four Latinos Are Former Catholics". Washington, D.C.: Pew Research Center.

Piedra Solano, Arturo. 1993. "Latin American Protestantism from the neglected continent to the continent of opportunity: An assessment of the justification for Protestant expansion in Latin America, 1894-1960". Disertación doctoral. Edinburgh: University of Edinburgh.

Prätorius, Rainer. 2003. *In God we Trust: Religion und Politik in den U.S.A.* München: C.H. Beck.

Prien, Hans-Jürgen. 1985. *La historia del cristianismo en America Latina*. Salamanca, España: Sígueme.

Ramírez, Daniel. 2015. *Migrating Faith: Pentecostalism in the United States and Mexico in the Twentieth Century*. Chapel Hill: University of North Carolina Press.

Roberts, W. Dayton, y John A. Siewert. 1989. *Mission Handbook*. Monrovia: MARC.

Rosenberg, Emily S. 1999. *Spreading the American Dream: American Economic and Cultural Expansion, 1890-1945*. New York: Hill and Wang.

Ruiz, David. 2016. "Asuntos misionológicos de América Latina en el protestantismo latinoamericano de la segunda mitad del siglo XX". World Evangelical Alliance: Misión Policéntrica, Panama.

Rushdooney, Rousas. 1986. "Back to the future". *New Wine*, Nr. November: 24.

Salinas, Daniel. 2009. *Latin American Evangelical Theology in the 1970's: The Golden Decade*. Leiden; Boston: Brill.

–––. 2017. *Taking up the Mantle: Latin American Evangelical Theology in the 20th Century*. Carlisle: Langham Global Library.

Schäfer, Heinrich Wilhelm. 1990. "'...und erlöse uns von dem Bösen.' Zur politischen Funktion des Fundamentalismus in Mittelamerika". In *"Gottes einzige Antwort"*. *Christlicher Fundamentalismus als Herausforderung an Kirche und Gesellschaft*, ed. Uwe Birnstein, 118–39. Wuppertal: P. Hammer Verlag.

–––. 1992a. "Líbranos del mal! Estructuras simbólicas y funciones políticas en el protestantismo centroamericano". In *Protestantismo y crisis social en América Central.*, ed. Heinrich Wilhelm Schäfer, 189–214. San José: Departamento Ecuménico de Investigaciones.

–––. 1992b. *Protestantismo y crisis social en América Central*. San José: Departamento Ecuménico de Investigaciones.

–––. 1992c. *Protestantismus in Zentralamerika. Christliches Zeugnis im Spannungsfeld von US-amerikanischem Fundamentalismus, Unterdrückung und Wiederbelebung "indianischer" Kultur*. Studien zur interkulturellen Geschichte des Christentums 84. Frankfurt a.M.: Lang.

–––. 2008. *Kampf der Fundamentalismen. Radikales Christentum, radikaler Islam und Europas zweite Moderne*. Frankfurt am Main: Verlag der Weltreligionen (Suhrkamp).

–––. 2009. "Pfingstbewegung – sozialer Wandel und religiöser Habitus". In *Woran glaubt die Welt? Analysen und Kommentare zum Religionsmonitor 2008*, ed. Bertelsmann Stiftung, 553–608. Gütersloh: Verlag Bertelsmann Stiftung.

–––. 2013. "Notizen zu religiöser Transnationalisierung – Lateinamerika". In *Transnationale Vergesellschaftungen. Verhandlungen des 35. Kongresses der Deutschen Gesellschaft für Soziologie in Frankfurt am Main 2010*, ed. Hans-Georg Soeffner, CD. Wiesbaden: VS Verlag für Sozialwissenschaften.

–––. 2015. *Identität als Netzwerk. Habitus, Sozialstruktur und religiöse Mobilisierung*. Wiesbaden: Springer VS.

–––. 2016. "Mission inverted: Inter-American Religious Flows and how to capture them". In *Entangled and Mobile Americas*, ed. Maryemma Graham y Wilfried Raussert. Farnham: Ashgate.

– – – . 2019. *Friedenspotenzial von Freikirchen in den USA und Latein-amerika: Potenziale und Hindernisse für die internationale Zusammenarbeit*. ifa-Edition Kultur und Außenpolitik. Stuttgart: ifa – Institut für Auslandsbeziehungen.

– – – . 2020. *HabitusAnalysis, Vol. 2. Praxeology and meaning*. Wiesbaden: Springer VS.

Schäfer, Heinrich Wilhelm, Tobias Reu, y Adrián Tovar Simoncic. 2013. "Cambios en el campo religioso de Guatemala y Nicaragua: 1985 a 2013". *Sendas. Revista Semestral del Instituto de Investigaciones del Hecho Religioso* 1 (1): 11–32.

Schäfer, Heinrich Wilhelm, Leif Hagen Seibert, Adrián Tovar Simoncic, y Jens Köhrsen. 2015a. "Towards a Praxeology of Religious Life 1: Modes of Observation". In *Making Religion: Theory and Practice in the Discursive Study of Religion*, ed. Frans Wijsen y Kocku von Stuckrad, 147–71. Leiden: Brill.

– – – . 2015b. "Towards a Praxeology of Religious Life 2: Tools of Observation". In *Making Religion: Theory and Practice in the Discursive Study of Religion*, ed. Frans Wijsen y Kocku von Stuckrad, 175–202. Leiden: Brill.

Schilling, Annegreth. 2016. *Revolution, Exil und Befreiung. Der Boom des lateinamerikanischen Protestantismus in der internationalen Ökumene in den 1960er und 1970er Jahren*. Göttingen: Vandenhoeck & Rupprecht.

Segnini, Giannina, y Mónica Cordero. 2019. "Líderes evangélicos amparados por la Casa Blanca exportan agenda fundamentalista a América Latina". Centro Latinoamericano de Investigación Periodística. August 2019. Acceso 14.8.2019. https://www.elclip.org/lideres-evangelicos-amparados-por-casa-blanca-exportan-agenda-fundamentalista-america-latina.html.

Sherman, Amy L. 1997. *The soul of development: biblical Christianity and economic transformation in Guatemala*. Religion in America series. New York: Oxford University Press.

Silva, Elizete. 2017. "Protestantes no Brasil: entre a omissão e o engajamento político". *Esboços: histórias em contextos globais* 24 (37): 126–48.

Sinner, Rudolf von. 2012. *The Churches and Democracy in Brazil: Towards a Public Theology Focused on Citizenship*. Eugene: Wipf and Stock Publishers.

Sklair, Leslie. 2001. *The Transnational Capital Class*. Oxford, MA: Blackwell Publishers.

Smith, Brian H. 1998. *Religious politics in Latin America. Pentecostal vs. Catholic*. Notre Dame: University of Notre Dame Press.

Smith, Samuel. 2018. "California's Sanctuary Cities ,a Little Picture of Hell,' Franklin Graham Says". *The Christian Post* (blog). 30. Mai 2018. Acceso 14.1.2019. https://www.christianpost.com/news/california-sanctuary-cities-little-picture-of-hell-franklin-graham.html.

Sombart, Werner. 1976. *Why Is There No Socialism in the United States?* White Plains: M.E. Sharpe.

Stoll, David. 1990. *Is Latin America turning Protestant? The politics of Evangelical growth*. Berkeley: University of California Press.

Strong, Josiah. 1900. *Expansion. Under new World-Conditions*. New York: The Baker and Taylor Company.

Swartz, David R. 2012. "Samuel Escobar and the Global Reflex". In *Moral Minority: The Evangelical Left in an Age of Conservatism*, 113–34. Philadelphia, Pennsylvania: University of Pennsylvania Press.

Tancara Chambe, Juan Jacobo. 2011. *Teología pentecostal popular*. La Paz, Bolivia: Instituto Superior Ecuménico Andino de Teología.

The Interhemispheric Education Resource Center. 1988. *Honduras. Private Organizations with U.S.-Connections. Directory and Analysis*. Albuquerque, NM: IHERC.

Torres Alvarado, Domingo, ed. 2014. *Cien años de Pentecostés: desde la vivencia de la Iglesia Apostólica*. Mexico D.F.: Iglesia Apostólica de la Fe en Cristo Jesús.

Trump, Donald J. 2018. "Executive Order on the Establishment of a White House Faith and Opportunity Initiative". The White House. Acceso 28.10.2019. https://www.whitehouse.gov/presidential-actions/executive-order-establishment-white-house-faith-opportunity-initiative/.

United States. 1969. *Rockefeller Report on Latin America: hearings before the United States Senate Committee on Foreign Relations, Subcommittee on Western Hemisphere Affairs, Ninety-First Congress, first session, on Nov. 20, 1969.* Washington: U.S. G.P.O.

United States Senate, ed. 1791. "Constitution of the United States". Acceso 1.11.2018. https://www.senate.gov/civics/constitution_item/constitution.htm#amdt_1_(1791).

– – – . 1976. *Supplementary Detailled Staff Reports on Foreign and Military Intelligence. Book IV, Final Report.* Washington D.C.: U.S. Government Printing Office.

Valcárcel, Luis. 1972. *Tempestad en los Andes.* 2. Aufl. Lima: Ed. Universo.

Vasquez, Manuel A, y Marie F Marquardt. 2003. *Globalizing the Sacred: Religion across the Americas.* New Brunswick, N.J.: Rutgers University Press.

Volkan, Vamik D. 2018. *Psychoanalysis, international relations, and diplomacy: A sourcebook on large-group psychology.* London/New York: Routledge.

WEA Mission Commission. 2016. "WEA Mission Commission highlights Polycentric Mission during Panama Global Consultation". World Evangelical Alliance: Misión Policéntrica. Panama. Acceso 12.12.2016. https://mc.worldea.org/author /mc-communications/.

Weber, Max. 1983a. "La ética protestante y el espíritu del capitalismo". En *Ensayos sobre la sociología de la religión* I, 23–168. Madrid: Taurus.

– – – . 1983b. "Las sectas protestantes y el espiritu del capitalismo". Ibd., 169–92.

– – – . 1983c. "Teoría de los estadios y direcciones del rechazo religioso del mundo". Ibd. 437–64.

– – – . 2002. *Economía y sociedad.* México, D.F: Fondo de Cultura Económica.

Weiß, Anja, y Peter A. Berger. 2008. "Logik der Differenz – Logik des Austausches: Beiträge zur Transnationalisierung sozialer Ungleichheiten". In *Transnationalisierung sozialer Ungleichheit*, ed. Peter A.

Berger y Anja Weiß, 7–13. Wiesbaden: VS Verlag für Sozialwissen-schaften / GWV Fachverlage GmbH Wiesbaden.

Werner, Michael, y Bénédicte Zimmermann. 2002. "Vergleich, Transfer, Verflechtung. Der Ansatz der Histoire croisée und die Herausforde-rung des Transnationalen". *Geschichte und Gesellschaft* 28 (4): 607–36.

Willems, Emílio. 1967. *Followers of the New Faith. Culture Change and the Rise of Protestantism in Brazil and Chile.* Nashville: Vanderbilt University Press.

Williams, William Appleman. 1980. Empire as a Way of Life. New York: Oxford University Press.

Wisdom, Alan. n. y. "Discernment Needed: What Mainstream Christians Know and Don't Know about Possible War with Iraq". IRD. Acceso 10.10.2019 (ya no accesible el 18.3.2020). http://www.theird.org/Docu-ment.Doc?id=11.

Wong, Janelle. 2018. *Immigrants, Evangelicals, and Politics in an Era of Demographic Change.* New York N.Y.

World Evangelical Fellowship. 1974. "Pacto de Lausana". *Lausanne Movement. 1974 International Congress on World Evangelization (ICOWE),* Agosto de 1974, Lausanne. Acceso 18.3.2020. https://www.lausanne.org/es/contenido/pacto-de-lausana/pacto.